# 불교(佛敎)와 '마음'

# 불교(佛敎)와 마음:큰글씨책

1판 1쇄 발행 2017년 3월 22일

지은이 황정원
펴낸이 강수걸
펴낸곳 산지니
등록 2005년 2월 7일 제333-3370000251002005000001호
주소 부산시 해운대구 수영강변대로 140 BCC 613호
전화 051-504-7070 | 팩스 051-507-7543
홈페이지 www.sanzinibook.com
전자우편 sanzini@sanzinibook.com
블로그 http://sanzinibook.tistory.com


ISBN 978-89-6545-408-3 93220

* 책값은 뒤표지에 있습니다.
* 이 도서의 국립중앙도서관 출판예정도서목록(CIP)은
서지정보유통지원시스템 홈페이지(http://seoji.nl.go.kr)와
가자료공동목록시스템(http://www.nl.go.kr/kolisnet)에서 이용하실 수
있습니다.(CIP제어번호: CIP2017006677)

# 불교(佛教)와 마음

큰글씨책

황정원 지음

산지니

## 머리말

불교(佛敎)에서 말하는 '마음'은 도대체 무엇인가? 깨달음을 강조하는 불교에서는 그 교리의 핵심을 흔히 '일체유심조(一切惟心造)'라고 표현한다. 이른바 우주(宇宙)의 삼라만상(森羅萬象)은 내 '마음'이 만든 것이라는 뜻인데, 과연 그 '마음'은 무엇을 지칭하는 것인가? 현재 시중에는 그 '마음'에 대한 개론적인 내용을 알려주는 책이 별로 없다. 일심(一心)을 가지고 세상을 설명하는 불교서적이 더러 있지만, 불교에서 말하는 '마음'의 의미만 전적으로 다룬 전문적인 해설서는 시중에서 구하기가 쉽지가 않다. 그래서 한문(漢文)에 약한 청소년들을 위하여 마음을 풀이하는 책이 필요하다는 생각에서 나름대로 해설서를 하나 엮어보았다.

불경(佛經)이 많지만 '마음'만을 자세하게 설명한 내용은 〈능엄경〉이 으뜸이다. 그런데 〈능엄경〉은 불교의 철리(哲理)와 수행(修行)을 전반적으로 요약(要約)한 것이므로 내용이 방대하고 부피가 크다. 너무 전문적(專門的)인 내용이라서 설사 책을 구하여도 독서(讀書)에 진도가 나가지 않고, 몇 장도 넘기지 못하고 중도에서 포기하는 경우가 허다하다. 그래서 이번 강의에는 〈능엄경〉 중에서 '마음'을 설명하는 내용만을 가려내어서 설명을 달아보았다.

일찍이 인도(印度)의 '달마(達磨)'대사가 중국에 와서 '**직지인심(直指人心) 견성성불(見性成佛)**'을 주창하면서 중국 남북조(南北朝)시대에 '마음'이 불교의 핵심적인 진리로 재차 부각(浮刻)되었다. 그가 혜가(慧可)에게 심법(心法)을 전한 이후로, '마음'을 체득한 수많은 사람들이 선종(禪宗)이라는 이름으로 동'아시아'의 불교를 주도(主導)하여왔다. 이 선종(禪宗)에는 '마음'을 직지(直指)한 선사(禪師)들의 귀중한 글들이 많이 전해오고 있다. 그래서 이번 강의에는 〈능엄경〉을 근본으로 하되, 중국 선사(禪師)들의 글 중에서 마음을 잘 설명한 것을 가려내서 같이 실었다. 마음을 명백하게 밝힌 글 중에서, 고려(高麗)의 보조(普照)국사 지눌(知訥)스님의 〈수심결〉(修心訣)과 백운(白雲)스님의 〈불조직지심체요절〉(佛祖直指心體要節)을 비롯하여, '달마'대사의 〈혈맥론〉(血脈論), 중국 당(唐)의 규봉(圭峰)스님의 〈법집별행록〉(法集別行錄), 송(宋)의 연수(延壽)대사의 〈주심부〉(註心賦), 원(元)의 중봉(中峰)대사의 〈능엄징심변견혹문〉(楞嚴徵心辯見或問)이 유명하다. 고려(高麗)시대 글은 이미 시중(市中)에 번역본이 많이 나와 있으므로, 번역본이 없는 중국 선사(禪師)들의 글을 많이 인용하였다.

아직도 현대를 풍미하고 있는 불교는 '마음'을 찾는 선(禪)불교라고 하여도 과언이 아니다. 역사적으로 승려뿐 아니라 세상생활을 꾸려나가는 거사(居士)들도 '마음'을 체득(體得)한 이가 아주 많았다. 남자뿐 아니고 여자도 마음을 체득한 사례가 적지 않다. 그들은 대체로 〈능엄경〉을 교과서로 삼아 마음을 공부하였다고 전해온다. 고려(高麗)시대에는 정몽주(鄭夢周) 선생을 위시하여 〈능엄경〉을 공부한 선배들이 많았었고, 조선(朝鮮)시대에 한글로 역경(譯經)작업을 할 적에도 경(經) 중에서 〈능엄경〉을 제일 먼저 출간한 것을 보아도 이 경(經)의 중요성은 알 만하다.

평생에 마음에 관심이 많았던 필자가 정년(停年)을 맞이하여 40여 년간 '마음'을 공부한 결과를 이 한 권의 책을 통하여 세상에 내보이는 짓이 과연 잘하는 짓인지, 아니면 공연히 헛수고만 한 것인지는 전적으로 이 글을 읽을 독자들에게 달린 일이지만, "평소 마음에 관심이 있는 독자들에게는 도움이 될 수도 있으리라"고 용기를 내어서 출판에 부치기로 했다. 마음을 이미 체득한 선배(先輩)들의 질정(叱正)을 기대하면서 머리말을 마친다.

서기 2011년 1월

야청(也靑) 황정원 합장

차례

## 제3장 견(見)을 설명하여 진심(眞心)을 밝히다



## 제4장 중봉(中峰)의 〈징심변견〉(徵心辯見)



## 제5장 규봉(圭峰)의 〈법집별행록〉(法集別行錄)



## 제6장 연수(延壽)의 〈주심부〉(註心賦)

## 일러두기

1. 〈능엄경〉의 한글해석은 읽기 쉽게 하고자 의역(意譯)을 원칙으로 하였고, 이해를 돕기 위해 한문(漢文) 경전(經典)을 붙였다.
2. 다른 의미로 착각하기 쉽거나 중요한 부분이라고 생각되면, 필요한 경우에 굵은 글자나 따옴표를 사용하였다.
3. 중요한 단어는 이중(二重)으로 표현하기도 하였다. 예를 들면 '분명하게 아는 명료심(明了心)'에서 '분명하게 아는'은 '명료(明了)'를 풀이한 것이고, '알아보는 견(見)'에서 '알아보는'은 '견(見)'을 풀이한 것이다.
4. 원래 한역본(漢譯本)이 넉자배기로 번역되어 있어서, 한문에 능통한 세대(世代)라도 풀이하는 스님들의 견처(見處)에 따라서 번역과 해설이 다른 경우가 있으므로, 서로 주장이 엇갈리는 부분은 필요한 경우에 설명을 간단하게 붙였다.
5. 〈번역〉은 주로 운허(耘虛)·탄허(呑虛)·각성(覺性) 큰스님의 역해(譯解)를 참조하였다.
6. 〈강의〉는 중국 명(明)나라의 교광(交光) 진감(眞鑑)대사의 〈능엄경정맥소〉(楞嚴經正脈疏)와 감산(憨山) 덕청(德淸)대사의 〈능엄경통의〉(楞嚴經通議)를 주로 참고하였다.
7. 선사(禪師)들의 글은 분량이 많아서 필요한 부분만 가려내서 초역(抄譯)하였다.

# 제1장
# 서론

## 제1절 마음과 영혼

사람의 마음은 영원(永遠)한 것인가? 사람이 사망한 뒤에도 **영혼**(靈魂)이 있어서 내생(來生)을 맞이하게 되는가?

유가(儒家)에서 선조(先祖)의 제사(祭祀)를 모시는 것은 조상의 영혼이 찾아온다고 생각하기 때문인가? 기독교(基督敎)에서 영생(永生)을 얻기 위하여 노력하는 것은 내생(來生)은 영원하다고 믿고 있기 때문인가? 물론 윤회(輪廻)를 인정하는 불교(佛敎)에서는 몸은 죽어도 마음은 죽지 않는다고 믿는다. 전생(前生)은 누구였다가 내생(來生)에는 어디로 가서 누구로 태어날 것인가? 불교를 진리라고 생각하는 전통적인 사고방식은 그렇게 생각한다. 현대 의학(醫學)에서는 모든 지식과 경험이 두뇌(頭腦)에 저장되어 있고, 견문각지(見聞覺知) 역시 두뇌와 관련이 있다고 알고 있으니, 마음을 몸과 결부시킨다.

실제로 의학(醫學)에서 말하듯이 몸과 마음이 공생(共生) 공존(共存)하다가 결국에는 공멸(共滅)하는가? 아니면 종교(宗敎)에서 강조하듯이 몸과 마음은 별개(別個)의 존재인가?

우리가 주위에서 흔히 듣는 귀신(鬼神) 이야기나 저승사자에 대한 이야기, 그리고 죽었다가 다시 살아난 경험담(經驗談)들은 어떻게 이해(理解)하여야 과학적(科學的)인 해설을 할 수가 있을까? 영혼이나 귀신의 존재를 보여줄 수 있는 객관적 증거(證據)를 찾고 있는 사람들이 많지만, 그것은 어려운 작업이다. 우리가 사용하는 육안(肉眼)의 시각(視覺)으로는 영혼이나 귀신의 '사이클'을 포착할 수가 없기 때문이다. 우리의 눈으로는 영혼과 귀신을 볼 수가 없다. 장차 사진(寫眞)기술이 발달하면 그런 '사이클'도 영상(映像)으로 가시화(可視化)할 수가 있을 것이라고 기대를 할 수는 있다.

문제(問題)는 그렇게 된다고 해서 **마음**이라는 존재가 확인되는 것은 아니다. 흔히 마음이라는 단어를 확대해석하여 영혼(靈魂)이나 귀신(鬼神)을 포함하는 개념으로 사용하기도 하지만, 마음이란 바로 '나'를 가리키는 말이다. 평소에 보고 듣고 맛보고 생각하고 말하고 즐기고 고민하는 그것이 '나'이고 **내 마음**이다. 우리가 기억하는 한, '나'는 어려서부터 지금까지 한결같은 '나'이다. 10살 때의 '나'와 20살 때의 '나'는 동일(同一)한 놈이다. 물론 그 10년 동안에 지식과 기억이 많이 늘었겠지만, 그런 줄 아는 '나'는 여전히 '나'이다. 이 변함없는 놈이 바로 내 마음이다. 이 사실은 누구나 알고 있는 사실이다. 학력(學歷)의 다소(多少)나 지적능력의 고하(高下)에 관계없이 분명하게 요지(了知)하는 사실이다.

그런데도 우리는 가장 가까운 내 마음의 존재를 확인할 객관적(客觀的)인 증거를 찾지 못하고 있다. "마음은 모습이 없으니 내보일 수가 없다"고 핑계를 대면서, 자기 자신의 **마음**을 확인하려는 시도(試圖)조차 하지 아니하고 살아가고 있다. 그리고도 사람이 만물의 영장(靈長)이라고 자부한다면 좀 우습지 않는가?

## 제2절 일체유심조(一切惟心造)

불교(佛敎)에서는 '일체유심조(一切惟心造)'라는 말을 다반사(茶飯事)로 사용하고 있다. 보통은 세상만사가 제 마음먹기에 달렸다는 의미로 사용하기도 하는데, 원래의 뜻은 그런 것이 아니다. 삼라만상이 제 마음에서 나타난 것이라는 말이다.

〈화엄경〉(華嚴經)에 보면, "**약인욕요지 삼세일체불 응관법계성 일체유심조**"(**若人欲了知 三世一切佛 應觀法界性 一切唯心造**)라는 구절이 있다. "만약 과거와 현재와 미래의 모든 부처님을 알고자 하면, 마땅히 우주(宇宙)의 본질(本質)을 관찰하여보아라. 우주(宇宙)에 나타난 삼라만상(森羅萬象)은 오직 마음이 만든 것이다'라는 뜻이다. 다시 말해서, 산(山)과 들과 강물과 나무와 집과 자동차와 나아가서 하늘의 구름과 태양과 북극성(北極星)까지도 모두 마음이 만들었다는 말이다. 우주(宇宙)는 '빅뱅'으로 시작된 것이고, 집과 자동차는 사람들이 만들었다는 상식(常識)으로 보면 '일체유심조(一切惟心造)'라는 말을 이해할 수가 없다. 여기서 우리는 불교에서 말하는 이 '마음'이란 단어의 의미와 내용을 먼저 알아야 이 유명한 노래가 도대체 무슨 의미를 가지고 있는지, 마음이 무엇을 가리키는 것인지, 또 누구의 마음을 가리키는지, 알 수가 있다. 즉 '마음'을 먼저 알아야 이 '일체유심조(一切惟心造)'라는 말을 완전히 이해할 수가 있다.

그런데 불교에서 말하는 '마음'이 어떤 내용인지, 어떤 것이 마음인지 설명한 글을 찾아보면 "**심불급중생 시삼무차별**"(**心佛及衆生是三無差別**)이라는 구절이 나온다. "마음과 부처와 중생(衆生), 이 셋은 차별(差別)이 없다"는 뜻인데, 결국 부처와 중생이란 것은 모두 마음이란 말이다. 몸은 죽어도 마음은 죽지 않고 계속 윤회한다는 말이나 같은 맥락이다.

일반적으로 마음을 분명하게 파악하려면, "먼저 〈**능엄경**〉을 읽어보아야 한다"고들 말한다. 물론 다른 불경(佛經)에도 '마음'을 설명하는 글이 많이 있지만, 〈능엄경〉처럼 마음을 자세하게 설명한 경(經)은 별로 없다고 한다. 그래서 승려들의 전통적인 교육과정인 사교(四教)에는 〈능엄경〉이 제일 먼저 배워야 할 불경(佛經)으로 확정되어 있다. 고려(高麗)의 보조국사 지눌(知訥)스님은 〈진심직설〉(眞心直說)의 서두(書頭)에서 "진심(眞心)을 알려고 하면 〈능엄경〉을 배워야 한다"고 하였고, 역대(歷代)의 고승(高僧)들도 마음을 설명하는 경우에는 〈능엄경〉을 제일 자주 인용(引用)하였다.

그런데도 작금(昨今)의 불가(佛家)에서 대중 교육에 〈반야심경〉(般若心經)과 〈금강경〉(金剛經)을 애용하는 것은 무슨 까닭인가? 〈반야심경〉은 아주 짧고, 〈금강경〉도 두 권인데, 〈능엄경〉은 10권이나 되기 때문이라고 대답한다. 실은 〈능엄경〉이 분량이 많기도 하지만, 그 첫 장부터 알기 힘든 '마음'을 설명하는 법문(法門)이 등장하여서 입문(入門)하는 수준에서는 읽어서 이해하기가 어렵기 때문이다. 그래서 불가(佛家)에서는 예전부터 '차돌능엄'이라고 불러왔다.

물론 처음에 배우는 불경(佛經)이라서 한문(漢文)이 생소(生疎)하기도 하였겠지만, 아무 '모습이 없는 마음'을 이리저리 설명한 것인지라 그 핵심을 파악하기가 쉽지가 않기 때문이다. 그러나 누구나 알고 있는 "**색즉시공(色卽是空) 공즉시색(空卽是色)**"이 나오는 〈반야심경〉(般若心經)도 사실은 어려운 경(經)이고, 경(經)의 대명사로 들먹이는 〈금강경〉(金剛經)도 아주 심오(深奧)하고 난해(難解)하다. 저 "**색즉시공(色卽是空) 공즉시색(空卽是色)**"에 대한 해설은 가히 각인각색(各人各色)이라고 하여도 과언이 아닐 정도로 다양한 것이 사실이지만, 이 구절을 정확하게 이해하고 있는 사람은 많지 않다. 또 〈금강경〉(金剛經)에 나오는 유명한 구절인 "**응무소주 이생기심**"(**應無所住 而生其心**)이라는 글의 내용도 각자가 나름대로 해석들을 하고 있지만 정확한 해설은 극히 드물다.

사람마다 '마음'이 없는 이가 없으니, 이 친밀(親密)한 마음을 자세하게 설명한 〈능엄경〉의 의미는 누구나 쉽게 알아들을 것 같은데, 사실은 가장 이해하기가 어려운 불경(佛經)으로 알려져 있다. 그래서 일반인에게는 권하지 않고, 대중에게는 자연히 생소한 불경(佛經)이 되고 말았다. 그러나 불교에서 말하는 '마음'이 무엇인지 알지 못하면 불교철학을 바르게 이해할 수가 없으니, 불교에서 말하는 '마음'이 무엇인지 관심이 있다면 이 〈능엄경〉에 나오는 부처님의 설명을 먼저 들어두어야 한다.

참고로 〈능엄경〉에 나오는 마음에 대한 법문(法門)의 내용을 대강 요약(要約)해보면, 먼저 '마음'을 '진짜 마음'과 '허망한 마음'으로 구별하고, 진짜 마음은 **진심**(眞心), 가짜 마음은 망심(妄心)이라 한다. 망심은 경계를 따라다니는 마음으로 **반연심**(攀緣心)이라고 부르고, 진심(眞心)은 마음의 '청정(淸淨)한 바탕'으로 변(變)하지 않는다고 한다. 그 다음에 **변견지심**(辯見指心)이란 법문(法門)이 전개되는데 시각현상(視覺現象)을 알아보는 견정(見精)을 방편(方便) 삼아서 진짜 마음을 직지(直指)하는 방식으로 설명을 길게 벌린다. 견정(見精)과 견성(見性)의 차이(差異)를 설명하여 이해시키고, 제 마음에서 망심(妄心)과 진심(眞心)을 분명하게 파악(把握)하도록 자세하게 예(例)를 들어가면서 마음을 설명한다. 그리고 마지막에 견(見)의 주체인 **견성**(見性)과 **진심**(眞心)을 구별(區別) 짓는 설명이 나온다. 이 **변견지심**(辯見指心) 법문은 매우 깊고 높은 내용을 압축한 내용이라서 이해하기가 쉽지 않다. 반복하여 읽어야 이해가 되므로 '차돌능엄'이라고 하는 것 같다.

그렇지만 이 마음이란 것은 불교의 기초적인 용어(用語)이므로 이것을 모르면 일체유심조(一切惟心造)를 이해할 수 없고, 나아가 오묘한 불교이론을 배우기도 어렵다. 이른바 산수(算數) 공부에 나오는 '구구단'과 같이 긴요(緊要)한 내용이다. 그래서 〈능엄경〉은 그 벽두(劈頭)에서 이 '마음'에 대한 설명부터 시작하고 있다.

## 제3절 〈능엄경〉의 배경(背景)

**[경(經)] 이와 같이 나 '아난'은 들었다.**

**한때에 부처님께서 '실라벌'성(室羅筏城)[1]의 '기환'정사(祇桓精舍)[2]에서 대비구(大比丘)의 무리 1,250명과 함께 계셨는데, 그들은 모두 마음이 경계를 따라 새어나가지 않는 무루(無漏)의 경지에 도달한 대'아라한'(大阿羅漢)들이었다.[3] 또 한량없는 '벽지불'(辟支佛)[4]의 무리들인 무학(無學)[5]과 초심자(初心者)들이 함께 부처님의 처소(處所)인 '기환'정사(祇桓精舍)에 모였다.**

如是我聞 一時 佛 在室羅筏城 祇桓精舍 與大比丘衆 千二百五十人俱 皆是無漏 大阿羅漢 復有無量 辟支無學 幷其初心 同來佛所

---

1) **'실라벌'**(室羅筏)은 Sravasti의 음역(音譯)으로 당시 '파사익(波斯匿)'왕(王)이 다스리던 사위국(舍衛國)의 수도(首都)이며, 흔히 사위성(舍衛城)이라고 한다.

2) **'기환'정사**(祇桓精舍)는 일명 '기원'정사(祇園精舍)라고도 부르는데, 정식명칭인 '기수급고독원'(祇樹給孤獨園)은 '기타반나'(祇陀槃那) 태자의 숲과 급고독(給孤獨) 장자의 정원이 합성된 약칭(略稱)이다.

3) **'아라한'**(阿羅漢)은 Arahan의 음역(音譯)으로, 번뇌(煩惱)를 능히 끊어서 윤회(輪廻)를 벗어난 불제자(佛弟子)를 가리킨다.

4) **'벽지불'**(辟支佛)은 Pratiya-budha의 음역(音譯)으로 부처님이 없던 세상에서 수도(修道)하여 스스로 인연법(因緣法)을 깨달은 구도자(求道者)들로서, 보통 독각(獨覺)이나 연각(緣覺)이라고 번역한다.

5) **'무학'**(無學)은 더 공부할 것이 없는 경지에 이른 수도자를 말한다.

**〈강의〉** **무루**(無漏)는 '새어나가는 것이 없다.' 즉 생각이 경계를 따라서 흩어지지 않는다는 뜻이다. 무루(無漏)는 '유루'(有漏)의 반대말인데, 우리들은 바깥 경계(境界)를 만나면 마음이 자꾸 경계를 따라다니면서 분별(分別)을 하는데, 이렇게 '견물생심'(見物生心)처럼 생각이 바깥으로 새어나가면서, 번뇌(煩惱)가 생기는 것을 유루(有漏)라고 한다. 그러나 마음공부를 성취한 도인(道人)들은 마음이 주위의 경계를 반연(攀緣)하는 분별이 없어서 생각이 바깥으로 새어나가지도 않고 번뇌(煩惱)도 생기지 않으므로, **무루**(無漏)의 경지에 도달했다고 한다. 〈금강경〉에 나오는 '마땅히 머물지 아니하고 마음을 낸다'는 '응무소주이생기심(應無所住而生其心)'이 바로 이 **무루**(無漏)를 단적으로 표현한 말이다.

**[경(經)] 마침 그때가 비구(比丘)들이 하안거(夏安居)를 마치고 자자(自恣)[6]하는 날인지라, 시방(十方)[7]의 '보살'(菩薩)들이 평소에 공부하다가 의심(疑心)나는 부분을 부처님께 질문(質問)하여 해결하고자 '기환'정사(祇桓精舍)에 찾아와서 자비와 위엄을 갖춘 부처님을 뵙고 심오(深奧)한 설법(說法)을 듣고자 하였다.**

**그때에 여래(如來)께서 법좌(法座)를 펴고 편안히 앉아서 모든 회중(會衆)을 위하여 심오(深奧)한 법문(法門)을 말씀하시니, 법회(法會)에 모였던 청정한 대중(大衆)들은 과거에 일찍이 없었던 미증유(未曾有)의 깨달음을 얻었다.**

---

6) 음력으로 7월 보름인 백중날에 하안거(夏安居)를 해제(解制)하는데, 이때 결제기간인 석 달 동안 닦은 덕행과 지은 허물에 대하여 서로 흉금을 털어놓고 탁마·충고·반성하는 행사를 '**자자**'(自恣)라고 한다.

7) '**시방**'(十方)은 팔방(八方)에다 상하(上下)를 더한 것으로 곧 허공이다.

屬諸比丘 休夏自恣 十方菩薩 咨決心疑 欽奉慈嚴 將求密義 卽時 如來 敷座宴安 爲諸會中 宣示深奧 法筵淸衆 得未曾有

**〈강의〉** 자자(自恣)하는 그날의 부처님 법문(法門)은 끝났다.

[경(經)] **이때 '가능빈가'**(迦陵頻伽) **새소리같이 아름다운 부처님의 선음**(仙音)8) **이 시방세계**(十方世界)**인 우주**(宇宙)**에 가득하자, 그 소리를 듣고서 항사**(恒沙)9) **의 수많은 '보살'**(菩薩)**들이 '기환'정사**(祇桓精舍)**의 도량**(道場)**으로 모여 오는데, '문수사리'**(文殊師利)**가 그 '보살'**(菩薩)**들 중에서 상수**(上首)**가 되었다.**

迦陵仙音 遍十方界 恒沙菩薩 來聚道場 文殊師利而爲上首

**〈강의〉** 불교에는 상식적(常識的)으로는 이해하기가 힘든 용어(用語)가 자주 등장한다. 불교인들이 모두 선생님으로 받드는 '불'(佛)과 '보살'(菩薩)을 예(例)로 한 번 들어보자.

진리를 깨달아서 해탈한 사람은 '붇다(Buddha)' 즉 '불타'(佛陀)라고 하는데, 흔히 '불'(佛)이라고 줄여서 부르고, 우리말로는 '부처'라고 한다. 그런데 생사(生死)를 초탈하신 부처님이 아주 많아서 과거, 현재, 미래인 삼세(三世)를 통하여 삼천(三千) 명의 불타(佛陀)가

8) **'가능빈가'**는 소리가 가장 아름다운 천상의 새[好聲鳥]이고, **'선음'**(仙音)이란 부처님의 음성이 아름다우면서 동시에 거리의 원근(遠近)에 관계없이 바로 곁에서 듣는 것처럼 환하게 잘 들린다는 뜻이다.

9) **항사**(恒沙)는 항하사(恒河沙)의 준말이다. 항하(恒河)는 인도의 '갠지스' 강(江)이고, 항하사(恒河沙)는 '갠지스' 강의 모래[沙]를 말한다.

있다고 하는데, 우리 귀에 익숙한 '석가모니' 불(佛)이나 '아미타'불(佛)도 이런 불타(佛陀) 중에 포함된다.

또 '보살'(菩薩)은 '보디삿트바'(Bodhi-sattva)의 음역인 '보리살타'(菩提薩埵)의 준말로 **각유정**(覺有情)인데, 이 '보살'(菩薩)은 공부가 진행 중인 구도자(求道者)로서, 아직 법왕(法王)인 '부처'는 못 되었으나 중생을 가르칠 정도의 실력은 갖추고 있으므로 법왕자(法王子)라고 하는데, 그 수효는 '부처'보다 훨씬 많다. 불교는 시간, 공간적으로 무한(無限)한 우주(宇宙)와 수많은 종류의 세계(世界)를 인정하므로, 각 세계마다 공부 수준이 서로 다른 수많은 '보살'(菩薩)이 있다고 설명한다. 또 '보살'마다 각각 특징이 있으니 그중에서 지혜(智慧)는 '문수사리'보살이 가장 높고, 자비심(慈悲心)은 관세음(觀世音)보살이 으뜸이고, 행원(行願)은 보현(普賢)보살이 제일이다. 이러한 '보살'(菩薩)들은 우주의 모든 세계에 자유로이 왕래하는 신통력을 갖추고 있으며, **유정물**(有情物)**이 사는 세계**(世界)에는 어느 곳이나 찾아가서 중생제도 작업을 벌이고 있다. 비록 그들은 공부가 상당히 높은 경지에 이르렀지만 여전히 '부처 되는 공부'를 계속하고 있기 때문에, 지구(地球)에서 '석가모니'부처님의 설법이 있으면 금방 신통(神通)으로 알아보고 우주(宇宙)의 여러 다른 세계에 흩어져 있다가 바로 설법장으로 찾아온다. 이런 '불보살'(佛菩薩)이 현존(現存)하고 동시에 불보살이 계시는 **세상**(世上)이 수없이 많이 있다'는 사실이 상식적(常識的)으로 이해하기가 쉽지는 않다.

유정(有情)인 중생(衆生)들이 살고 있는 **세상**(世上)**의 종류**는, 분류기준에 따라서 삼계(三界)와 사생(四生)과 육도(六道)와 구류(九流) 등으로 분류(分類)하는데, 그 수효는 이루 셀 수 없이 많다. 이런 세상은 각기 차원(次元)이 서로 다르고, 각 세상마다 고유한 진동(振

動)의 주파수(周波數)나 '사이클'을 가지고 있는데, 같은 세상에 사는 중생은 같은 주파수를 사용하는 동업중생(同業衆生)이라고 부른다. 그래서 이 주파수(周波數)가 다른 세상은 서로가 보고 듣지를 못한다. 사람이 천상(天上)이나 지옥을 못 보고, 귀신이 인간을 못 보는 것은 모두 고유하게 사용하는 주파수(周波數)나 '사이클'이 다르기 때문이다. 우리가 밤하늘에서 보는 은하계(銀河系)는 인간과 같은 주파수를 사용하는 동업(同業)세계이다. 하늘나라 중에도 '도솔천'이나 '대범천'이나 극락(極樂)세계에서 사용하는 주파수(周波數)도 제각기 서로 다르니, 차원(次元)이 다른 하늘끼리는 서로 알아보지를 못하고, 당연히 서로 그 존재조차 모르고 있다. '진동(振動)이 다른 중생들의 세계가 허공에 겹겹이 존재하면서, 서로서로 걸림이 없이 얽혀 있다'는 것이 불교의 세계관이다. 우선 이 정도로 알아두고 이 경(經)을 읽어나가자.

[경(經)] **그날은 '파사익'왕(波斯匿王)이 돌아가신 부왕(父王)의 제사(祭祀)를 지내는 날이었다. 왕(王)은 부처님을 궁궐의 내전(內殿)으로 청(請)하여서 몸소 영접하고 진수성찬(珍羞盛饌)을 차렸으며, 겸하여 여러 대'보살'(大菩薩)들도 몸소 맞아들였다.**

**'실라벌'성(室羅筏城)에 사는 장자(長者)와 거사(居士)들도 대중(大衆)들께 공양(供養)10)을 올리고자 하여, 부처님께서 왕림해 주시기를 기다리므로, 부처님께서 '문수보살'(文殊菩薩)에게 분부하시어, "'보살'과 '아라한'들 중 일부를 데리고 가서 여러 재주(齋主)의 공양에 응하라."고 하셨다.**

10) **공양**(供養)은 승려(僧侶)의 음식(飮食) 또는 음식(飮食)을 대접하는 행위를 가리킨다.

時 波斯匿王 爲其父王諱日營齋 請佛宮掖 自迎如來 廣設珍羞無上妙味 兼復親延諸大菩薩 城中復有 長者居士 同時飯僧佇佛來應 佛敕文殊分領菩薩及阿羅漢 應諸齋主

**〈강의〉** 조상(祖上)의 은혜와 뜻을 기리는 행사로 제사(祭祀)를 지내는 풍습은 부처님 당시 인도(印度)에도 있었다. 우리가 제사(祭祀)를 유교(儒敎)의 고유한 의식(儀式)으로 보거나 귀신(鬼神)을 모시는 미신(迷信)이라고 폄하하는 것은 잘못이다.

[경(經)] **그런데 '아난'(阿難)11)은 먼저 다른 초청(招請)을 받아서 멀리 출타(出他)하여 그날 궁궐의 초청에 참석하지 못했다. '아난'은 동행하는 승려도 없이 혼자 외출했다가 돌아오는 길이었는데, 그날은 공양(供養)이 없어서 돌아오는 길에 성(城) 중에서 발우(鉢盂)12)를 들고 차례로 걸식(乞食)을 하게 되었는데, 마음속으로, '아직까지 한 번도 스님에게 공양을 시주(施主)한 적이 없는 사람한테 밥을 빌어보자.'고 생각하였다. 아난(阿難)은 일체 중생들이 공덕(功德)을 지을 수 있도록 보시(布施)할 기회(機會)를 고르게 제공하여주고자, 신분계급이나 빈부를 가리지 않고, 미천(微賤)한 사람도 꺼리지 않고 평등(平等)한 자비심으로 걸식(乞食)을 하였다. 또 '아난'은 전날에 부처님께서 '수보리'(須菩提)와 대'가섭'(大**

---

11) **'아난'**(阿難)은 Ananda의 음역(音譯)으로 경희(慶喜)나 환희(歡喜)의 의미이다. 부처님의 사촌동생으로 8세에 출가(出家)했고, 20세에 부처님의 시자(侍者)가 되어 평생 부처님을 모시고 다녔으므로 다문제일(多聞第一)이라고 한다. 모든 불경(佛經)의 첫머리에 나오는 '여시아문'(如是我聞)의 아(我)는 이 '아난'(阿難)을 지칭한다.

12) **발우**(鉢盂)는 '비구'(比丘)인 걸사(乞士)들의 밥그릇으로, 밥을 빌어서 걸식(乞食)할 적에 들고 다닌다.

迦葉)을 보고, "'아라한'인데도 마음이 평등(平等)하지 못하다."고 꾸짖었던 사건(事件)을 상기(想起)하면서,13) 부처님은 항상 툭 트이시어 전혀 아무런 구애를 받지 않으시며 모든 의심과 비방을 초월하셨던 그 거동을 흠앙(欽仰)하여 부처님을 본받고자 하였다. 그리하여 그는 성(城) 밖에서 천천히 성문을 거쳐서 성 안으로 걸어 들어가면서, 위의(威儀)를 엄정(嚴整)하게 가다듬고 걸식(乞食)하는 법도(法度)를 따랐다.

唯有阿難 先受別請遠遊未還 不遑僧次 旣無上座及阿闍黎 途中獨歸 其日無供 卽時 阿難執持應器 於所遊城 次第循乞 心中初求最後檀越 以爲齋主 無問淨穢刹利尊姓及旃陀羅 方行等慈 不擇微賤 發意圓成 一切衆生無量功德 阿難已知 如來世尊 訶須菩提及大迦葉 爲阿羅漢 心不均平 欽仰如來 開闡無遮 度諸疑謗 經彼城隍 徐步郭門 嚴整威儀 肅恭齋法

[경(經)] 그때 '아난'이 걸식(乞食)하는 도중에 홍등가(紅燈街)를 지나가게 되었는데, 거기에서 환술(幻術)을 하는 '마등가'(摩登伽)라는 여자를 만났다. 그녀는 '사비가라'(娑毘迦羅) 외도(外道)들이 사용하는 선범천주문(先梵天呪文)으로 '아난'의 정신을 몽롱(朦朧)하게 만들어서 집안으로 끌어들여서는, 몸을 어루만지면서 유혹(誘惑)하여 '아난'의 계율(戒律)을 허물어버리고자 하였다.

---

13) 걸식(乞食)할 때, '수보리'는 가난한 사람에게 부담을 안 주려고 부자(富者) 집에서만 탁발(托鉢)을 하고, '가섭'은 반대로 가난한 사람들에게 복(福) 지을 기회를 주려고 가난한 집에서만 탁발을 하였다.

**여래(如來)께서는 이때 '파사익'왕(波斯匿王)의 궁궐에 계셨는데, '아난'이 '마등가'(摩登伽)의 요술에 걸려든 것을 아시고는 공양을 마치시자마자 곧 바로 '기환'정사의 도량(道場)으로 급히 돌아오시니, 왕(王)과 대신(大臣)과 장자(長者)와 거사(居士)들이 모두 부처님의 법문(法門)을 듣고자 도량(道場)으로 따라왔다.**

爾時 阿難 因乞食次 經歷婬室 遭大幻術摩登伽女 以娑毗迦羅先梵天咒 攝入婬席 婬躬撫摩 將毀戒體 如來 知彼婬術所加 齋畢旋歸 王及大臣長者居士 俱來隨佛 願聞法要

**〈강의〉** '아난'이 전생(前生)에 오백세(五百世) 동안 부부(夫婦)로 지냈던 '마등가'를 만나자, 그만 업력(業力)에 이끌려서 '이성(異性)과 사귀지 말라'는 음계(婬戒)를 어기는 파계(破戒)사건이 생겼다. 다문(多聞)제일(第一)인 '아난'이 파계(破戒)가 웬 말이냐? 외도(外道)들이 사용하는 **선범천주문(先梵天呪文)**의 마력(魔力)이 대단해서 이런 사건이 생겼을까? 아니면, 두 사람 사이에 전생(前生)의 업연(業緣)이란 것이 작용해서, 이런 사건이 생겼을까?

[경(經)] **그때 세존(世尊)께서 정수리에서 '백 가지의 보배 빛을 나투는 두려움 없는 광명(光明)'인 백보무외광명(百寶無畏光明)을 나투시고, 그 광명 가운데서 '천개의 꽃잎을 가진 보배연꽃'인 천엽보련(千葉寶蓮)을 나투셨다. 그 천엽보련(千葉寶蓮) 위에 부처님의 화신(化身)[14]이 가부좌(跏趺坐)를 틀고 앉아서 신주(神**

14) 누구나 법신(法身), 보신(報身), 화신(化身)이라는 삼신(三身)이 있다. 법신(法身)은 본바탕이고, 보신(報身)은 그 공능(功能)이고, **화신**(化身)은 특정한 세상에 나타낸

呪)[15]를 외우면서, '문수사리'(文殊師利)보살에게 분부하셨다.

"이 신주(神呪)를 가지고 가서 어서 '아난'을 보호하라."

'문수사리(文殊師利)보살'이 즉시 부처님의 분부를 받들어 '마등가'(摩登伽)의 집으로 가시어서 그 신주(神呪)를 외우시니, '마등가'의 '사비가라' 주문(呪文)의 주력(呪力)이 소멸되었다. 이에 '문수사리보살'은 '아난'과 '마등가'를 데리고 부처님이 계신 '기환'정사(祇桓精舍)로 돌아오셨다.

於時 世尊頂放百寶無畏光明 光中出生千葉寶蓮 有佛化身結跏趺坐 宣說神呪 敕文殊師利 將呪往護 惡呪消滅提獎阿難及摩登伽 歸來佛所

**〈강의〉** 불경(佛經)을 읽다 보면 부처님께서 신통(神通)을 보이시는 장면이 가끔씩 등장하는데, 보통사람으로서 이해하기 힘든 부분이다. 이 〈능엄경〉에도 부처님의 신통(神通)이 여러 번 묘사되는데 설법내용에 따라 보여주신 장면(場面)이 각기 다르다. 여기서는 '**정수리에서 백보무외광명(百寶無畏光明)을 나투시고, 그 광명 가운데서**' 다시 **화신**(化身)을 거듭하여 나투는 신통이다. 대웅전(大雄殿)인 법당(法堂)에 모신 불상(佛像) 뒤에 걸려있는 탱화에 이 화신(化身)이 그려져 있는 것이 가끔 있는데, 탱화 속의 부처님 머리 위에 광명(光明)이 나오면서 그 광명(光明) 속에 앉아 있는 '작은 부처님 그림'이 그것이다. 이 **화신**(化身)이 주문(呪文)도 외우고, '문수사리'

---

몸으로 생신(生身)을 포함한다.

15) 신주(神呪)는 신비(神秘)한 주문(呪文)으로, 여기서는 제7권에 나오는 '능엄다라니'(楞嚴陀羅尼)를 가리킨다.

보살에게 분부(分付)도 한다. 육신(肉身)인 화신(化身)과 관련하여, 자기 몸 밖에 다시 환신(幻身)을 나투는 신통(神通)을 가진 사람에 대한 이야기는 지금도 가끔 세계 '뉴스'에 나오는데, 부처님 당시에는 이런 신통(神通)을 부리는 외도(外道)들이 많았다고 한다.

## 제4절 진심(眞心)과 망심(妄心)

**[경(經)] '아난'이 부처님을 뵙고는 엎드려 절하고 슬피 울면서, 오랫동안 부처님의 설법(說法)을 많이 듣기만 하고 도력(道力)을 얻지 못한 것을 한탄(恨歎)하였다.**

阿難見佛 頂禮悲泣 恨無始來 一向多聞 未全道力

**〈강의〉** 다문제일(多聞第一)인 '아난'이 파계(破戒) 직전에 부처님 덕분에 구출되었다. 다문제일(多聞第一)로서 불법에 박학(博學)한 '아난'이 외도(外道)의 주문(呪文)에 넘어간 것은 도력(道力)이 부족한 탓이라고 한다. 설법을 듣기만 하고 수행(修行)이 없었다는 반성(反省)인데, 남의 일이 아니다.

**[경(經)] 그는 시방(十方) 세계(世界)의 모든 부처님들이 '보리'(菩提)[16]를 얻게 된 묘한 '사마타'(奢摩他)와 '삼마'(三摩)와 '선나'(禪那)의 최초(最初)의 방편(方便)을 말씀해주시기를 부처님께 은근히 청하였다. 이때에 항하사(恒河沙)와 같이 많은 '보살'과 시방(十**

16) '보리'(菩提)는 Bodhi의 음역(音譯)으로 지혜(智慧) · 도(道) · 지(智) · 각(覺) 등으로 다양하게 번역하는데, 여기서는 '가장 높고 바른 지혜'라는 무상정등정각(無上正等正覺)인 '아뇩다라삼먁삼보리'를 말한다.

**方)의 대'아라한'(大阿羅漢)과 '벽지불'(辟支佛) 등이 함께 법문(法門)을 듣고자 하여, 모두 물러나 앉아서 잠자코 부처님의 설법(說法)을 기다렸다.**

殷勤啓請 十方如來 得成菩提 妙奢摩他 三摩 禪那 最初方便 於時 復有恒沙菩薩及諸十方大阿羅漢辟支佛等 俱願樂聞 退坐默然 承受聖旨

**〈강의〉** '아난'이 슬피 울면서 도력(道力)을 얻는 수행(修行)에 들어가는 최초(最初)의 공부법을 부처님께 묻고 있다.

'사마타'(奢摩他)는 Samatha의 음역(音譯)으로, 한자(漢字)로 지(止)·적정(寂靜)·능멸(能滅) 등으로 번역한다. '삼마'(三摩)는 Samadhi, Samapatti의 음역으로, 보통 '삼마제'(三摩提)·'삼마지'(三摩地)·'삼마발제'(三摩鉢提)·'삼매'(三昧) 등으로 표기(表記)하는데, 한자(漢字)로는 정(定)·'삼매'(三昧)등으로 번역한다. '선나'(禪那)는 Dhyana의 음역으로, 흔히 선(禪)·정려(靜慮)·사유수(思惟修)라고 번역한다.

그러나 이 〈능엄경〉 에서는 그 의미가 조금 다르게 사용되고 있다. 즉 '사마타'는 관(觀)이라는 의미로 마음과 물질을 관찰하는 견도(見道)를 가리키고, '삼마'는 선정(禪定)을 익히는 수행을 가리키며, '선나'는 수행하여 불과(佛果)를 증득(證得)하는 과정을 가리킨다.

이 〈능엄경〉(楞嚴經)을 보면 문장(文章)이 앞뒤로 서로 뒤바뀐 경우가 더러 있다. 예를 들어서, 이 책 46쪽에 다음과 같은 문단(文段)

이 나온다.

**이때 세존(世尊)께서 대중 앞에서 금색(金色) 팔을 펴서 '아난'의 정수리를 만지시고, '아난'과 대중께 말씀하셨다.**
**"삼마제(三摩提)가 있으니 이름이 대불정수능엄왕(大佛頂首楞嚴王)이라. 만행(萬行)을 갖추었으며 시방의 모든 부처님이 같은 문(門)으로 초탈(超脫)하신 묘한 장엄로(莊嚴路)이다. 네가 이제 자세히 들어보아라."**
**'아난'이 엎드려 절하고서 자비하신 가르침을 듣고 있었다.**

위의 문단(文段)은 판본(板本)에 따라서 그 위치가 다르다. 이 문단이 우리나라에서 유통하는 판본에는 뒤쪽 46쪽에 붙어 있는데, 현존하는 중국(中國)의 판본(板本)에는 여기 이 부분에 붙어 있다. 내용(內容)상으로 총론(總論)에 해당하는 것이므로 여기에 옮겨서 붙여야 한다고 본다.

**[경(經)]　부처님께서 '아난'에게 말씀하셨다.**
**"너와 나는 사촌(四寸)이라, 정(情)이 친형제와 같다. 네가 처음 발심(發心)할 때에 나의 어떤 모습을 보았기에 세상의 깊고 중한 은혜와 사랑을 단박에 끊어버리고 출가(出家)하게 되었느냐."**
**'아난'이 부처님께 사뢰었다.**
**"여래의 32가지 뛰어난 몸매인 '32상(相)'이[17] 너무 훌륭하고 형체(形體)가 맑게 사무치는 것이 마치 유리(琉璃)와 같으므로,**

17)부처님이 갖춘 훌륭한 몸매를 가리키는 말인데, 당시 인도(印度)의 관상학(觀相學)에서 32상(相) 또는 80종호(種好)라고 불렀다.

**스스로 '이렇게 잘생긴 모습은 세상의 욕애(欲愛)로 생긴 것이 아니다. 왜냐하면 남녀(男女) 간의 욕기(慾氣)는 거칠고 탁(濁)하며 비린내와 누린내가 얽히고 피고름이 뒤섞여서 저렇게 청정(淸淨)하고 밝은 자금광(紫金光)의 몸매를 만들 수가 없다'고 생각하였으므로, 부처님을 진정으로 존경하여 우러러보고 부처님을 따라서 머리를 깎았습니다."**

佛告阿難：汝我同氣 情均天倫 當初發心 於我法中 見何勝相 頓捨世間深重恩愛

阿難白佛：我見如來三十二相 勝妙殊絶 形體映徹 猶如琉璃 常自思惟 此相非是欲愛所生 何以故 欲氣麤濁腥臊交遘 膿血雜亂 不能發生勝淨妙明紫金光聚 是以渴仰 從佛剃落

**〈강의〉** 부처님의 '사마타' 법문이 본격적으로 시작된다. '아난'의 출가(出家)는 '부처님의 뛰어난 몸매를 목격(目擊)한 사건'에서 발단(發端)된 것이므로, 몸매라는 시각(視覺)현상을 '눈'을 통하여 본 사건을 계기(契機)로 삼아서 장차 '마음'을 밝히는 설법을 하시려고 한다. 여기에서 '눈으로 보고 마음으로 생각하는' 심리상태(心理狀態)에 대하여 간단하게 살펴보고 넘어가자.

'아난'이 부처님의 잘 생긴 몸매를 눈이라는 시각(視覺)기관을 통하여 알아보고는, **"이렇게 잘생긴 모습은 세상의 욕애(欲愛)로 생긴 것이 아니다."**라고 나름대로 생각을 한 것이다. 잘생긴 부처님의 몸매라는 경계(境界)를 눈으로 보고서는, '아난'의 **의식**(意識)이 반사적으로 일으킨 분별(分別) 내용이다. 이렇게 '아난'이 32상을 보고 생각이 일어나서 진행되는 인식과정을 살펴보면, 처음 몸매라는 '시각(視覺)현상'이 나타나면서 먼저 광경(光景)을 알아보는 알음알이가 나타나는데 이것을 **안식**(眼識)이라고 한다. 이 안식(眼識)이 생기면 거의 동시에 의식(意識)이 안식(眼識)인 알음알이를 토대로 하여 즉시 가지가지의 '생각'을 일으킨다. 이런 생각들이 접속(接續)하면서 사유(思惟)를 진행하다가 결국에 출가(出家)할 생각까지 하게 된 것이다.

여기서 의식(意識)에 대하여 한번 알아보자. 사람이 외부(外部)의 경계인 '빛깔 · 소리 · 냄새 · 맛 · 촉감'을 지득(知得)하는 감각기관(感覺器官)은 '눈 · 귀 · 코 · 혀 · 몸' 이렇게 다섯 가지가 있다. 이 안이비설신(眼耳鼻舌身)이라는 '오감'(五感) 기관 밖에 '뜻[意]' 이라고 하는 의식(意識) 기관이 하나 더 있는데, 이것은 생각으로 형성된 '법진(法塵)'을 지득(知得)하는 기관이다. 이렇게 사람은 '여섯 가지 경계'(境界)를 '여섯 개 감각기관'(感覺器官)을 사용하여 인식(認識)하고 있으므로 자연히 **육식**(六識)이 일어난다. 평상시에는 먼저 오감(五感)기관인 '눈 · 귀 · 코 · 혀 · 몸'이라는 '오근'(五根)이 '빛깔 · 소리 · 냄새 · 맛 · 촉감'인 '오진'(五塵)경계를 반연(攀緣)하여 **오식**(五識)이 일어나는데, 이때 오식(五識)과 동시에 의식(意識)이 작용을 하면, 이런 의식(意識)을 **오구의식**(五俱意識)이라고 한다. 우리의 일상생활은 이 오구의식(五俱意識)이 대부분이다. 만일 전오식(前五識)이 없는데도 '의식(意識)이 홀로' 작용하여 생각을 일으키는 경우에는 이것을 **독두의식**(獨頭意識)이라고 한다. 이 독두의식의 내용은 기억(記憶)과 지식(知識)을 근거로 일어나는 '산위의식'(散位意識)이 대부분이지만, 꿈꾸는 '몽중의식'(夢中意識)과 병중(病中)에 잘못 생각하는 '산란의식'(散亂意識), 삼매(三昧) 중의 '정중의식'(定中意識)도 포함한다.

의식(意識)을 자세히 관찰하면 다섯 단계(段階)로 진행되는데, 1단계는 **솔이심**(率爾心)이고, 2단계는 **심구심**(尋求心), 3단계는 **결정심**(決定心), 4단계는 **염정심**(染淨心), 5단계는 **등류심**(等流心)이다.

처음에 마음이 외부(外部)의 경계인 '빛깔 · 소리 · 냄새 · 맛 · 촉감'을 만나면 시각(視覺)이나 청각(聽覺) 같은 오감(五感)작용이 갑자기 일어나는데, 이렇게 보고 듣는 즉시 **안식**(眼識)이나 **이식**(耳識)이 발생하여 빛깔과 소리가 나타난다. 유식설(唯識說)에 따르면 이 빛깔과 소리는 제8식(識)의 **상분**(相分)을 의지한 것으로서 아직 빛깔이나 소리가 분명(分明)한 상태가 아니다. 이러한 전오식(前五識)과 동시에 의식(意識)이 이것을 알아차리니, 이것이 의식(意識) 중에서 첫 단계인 **솔이심**(率爾心)이다. 물론 전오식(前五識)과 관련되지 않고 생기는 독두의식(獨頭意識)인 경우에도 생각이 처음 일어나는 제일(第一)단계는 역시 솔이심(率爾心)이다. 독두의식(獨頭意識)의 솔이심(率爾心)에는 고기념(故起念)과 관습념(慣習念)이 있는데, 전자(前者)는 기억과 지식이라는 정보(情報)에 의지하여 일부러 생각을 일으켜서 주변(周邊)의 오욕(五慾)과 잡다(雜多)한 일들을 생각하는 것이고, 후자(後者)는 갑자기 어떤 생각이 저도 모르게 일어나는 것이다.

2단계는 **심구심**(尋求心)이다. 나타난 솔이심을 계기로 하여 제6의식(意識)이 발생한 '경계'(境界)를 대상으로 업식(業識)에 따라서 나름대로 알음알이를 일으키는 것이 심구심(尋求心)이다. 일단 제일념(第一念)인 솔이심이 일어나면 의식(意識)이 그 뒤를 접속(接續)하여 심구(尋求)작용을 하여 제이념(第二念) 이후(以後)의 접속념(接續念)을 일으킨다. 유식설(唯識說)은 여기까지가 현량(現量)이라고 한다. 대상을 심구(尋求)하는 마음이 생기면 일체의 모습이 정립(定立)되므로 바로 주관(主觀)과 객관(客觀)이 나뉘면서 상대(相對)관계가 성립하고, 대상(對象)인 경계(境界)에 따라서 주체인 의식(意識)이 인식(認識)과 '분별'(分別)작용을 전개하기 시작한다. 여기에서 비로소 모습이라는 **삼라만상**(森羅萬像)이 나타나고, 이 영상(影像)을 상대로 주객(主客)의 분별(分別)이 생긴다.

3단계는 **결정심**(決定心)이니, 대상을 심구(尋求)하여 육진(六塵)이라는 객체(客體)를 분명(分明)하게 안립(安立)하고는, 나름대로 그 이름과 모습인 명상(名相)을 붙여서 어떤 것이라고 대상(對象)의 특징을 결정(決定)하는 단계이다.

4단계는 **염정심**(染淨心)이니, 방금 결정(決定)된 명상(名相)을 대상(對象)으로 하여 자기 깜냥대로 '더럽다 깨끗하다, 좋다 싫다'는 '염정(染淨)의 감정(感情)'을 일으킨다.

5단계는 **등류심**(等流心)이니, 염정(染淨)에 대하여 싫어하고 좋아하는 마음을 내고, 그 증애(憎愛)라는 분별(分別)에 집착(執着)하여 접속념(接續念)이 계속 일어나서 제6의식(意識)이 염념(念念)이 간단(間斷) 없이 흘러간다.

원문(原文)으로 돌아가서, '아난'의 생각을 **오구의식**(五俱意識)으로 한 번 정리(整理)를 해보면, '아난'이 부처님을 만나 '**그 몸매를 본 것**'이 솔이심(率爾心)이고, '**여래의 32가지 뛰어난 몸매인 32상(相)을 본 것**'은 심구심(尋求心)이고, '**32상이 너무 훌륭하고 형체(形體)가 맑게 사무치는 것이 마치 유리(琉璃)와 같다**'는 생각은 결정심(決定心)이고, '**이런 잘생긴 모습은 세상의 욕애(欲愛)로 생긴 것이 아니다. 왜냐하면 남녀(男女) 간의 욕기(慾氣)는 저런 청정(淸淨)하고 밝은 자금광(紫金光)의 몸매를 만들 수가 없다고 생각**

**하고, 부처님을 진정으로 존경하여 우러러본 것**'은 염정심(染淨心)이며, '**부처님을 따라서 머리를 깎고 출가한 것**'은 등류심(等流心)이다.

[경(經)] **부처님께서 말씀하셨다.**

**"잘했다. '아난'아. 너희들은 마땅히 알아라. 일체중생이 끝없는 옛날부터 죽고 사는 생사(生死)가 계속하여 이어지는 것은 그 원인이 모두 상주(常住)하는 진심(眞心)의 본성이 '깨끗하고 밝은 바탕'인 줄을 알지 못하고 온갖 망상(妄想)을 쓰기 때문이다. 이 망상(妄想)은 진짜가 아니기 때문에 중생들이 윤회(輪廻)하고 있다.**

佛言：善哉 阿難, 汝等當知 一切衆生 從無始來 生死相續 皆由不知 常住眞心 性淨明體 用諸妄想 此想不眞 故有輪轉

**〈강의〉** 부처님께서 "중생들이 '상주(常住)하는 진짜 마음'인 **진심**(眞心)을 쓰지 않고, '진짜가 아닌 변(變)하는' 망상(妄想)을 쓰기 때문에, 여기 저기 윤회(輪廻)하고 있다."고 입을 여셨다. 이 말씀은, 바로 우리의 **자성**(自性)인 진심(眞心)을 적시(摘示)하여 〈**능엄경**〉**의 대의**(大義)를 처음으로 밝히시는 법문이다.

이제부터 '마음'에 대한 자세한 설명이 시작된다. 부처님은 먼저 우리가 사용하는 찰나 찰나에 변(變)하는 생각을 '가짜 생각' 내지 '가짜 마음'이라고 설명하셨다. 그리고 영원히 변하지 않는 '진짜 마음'인 **진심**(眞心)을 제시(提示)하신다. 가짜는 금방 변(變)하니까 믿을 것이 못 되고, 진짜는 세월이 지나더라도 변하지 않으니 믿을 수가 있다. 원래 '진짜가 아닌' 것은 변(變)하고, 변하기 때문에 가짜라고 한다. 생각은 시시각각으로 변(變)하니 가짜가 분명하고, 믿을 수 없는 허망한 생각이니 '망상(妄想)'이다. 마음도 진짜 마음은 불변(不變)하니까 상주(常住)한다. 그래서 **상주진심**(常住眞心)이라고 부른다. 그런데 이 진짜 마음인 진심(眞心)은 **성정명체**(性淨明體) 즉 그 성품이 '청정(淸淨)하고 원명(圓明)한 바탕'으로 되어 있다고 하신다. 여기에 등장한 '**상주(常住)하는 진심(眞心)의 본성이 깨끗하고 밝은 바탕**'이라는 이 의미(意味)를 중생들에게 분명하게 이해(理解)시키는 것, 즉 '진심(眞心)과 망심(妄心)'을 구별(區別)하여 설명하면서 제자들이 '진짜 마음'을 분명하게 알도록 가르치시는 설법(說法), 이것이 '사마타'(奢摩他) 법문(法門)이다. 우리는 이 '사마타' 법문을 통하여 자기의 마음에서 '상주(常住)하는 진짜 부분'과 '변(變)하는 가짜 부분'을 잘 가려내어서, 내 마음에서 진가(眞假)를 분명하게 구별할 줄 알아야 한다. 왜냐하면 변화(變化)하는 '가짜 마음'으로 닦은 수행(修行)은, 그로 인하여 얻은 도력(道力)이 설령 많다고 하더라도, '변화(變化)하는' 마음으로 얻은 결과(結果)이니 마음이 변하면 도력(道力)도 같이 '변화(變化)한다.' 무엇이든지 변(變)한다면 진리(眞理)가 아니다. 내 마음의 진짜 부분을 확실하게 파악하고 나서야, 비로소 '불변(不變)하는 진짜 마음'을 토대로 하여 불변(不變)하는 대도(大道)를 공부할 수가 있다는 말씀이다. 진리(眞理)가 아닌 것에 재미를 붙여서 귀중한 시간을 보내기에는 인생(人生)이 너무 짧다.

불변(不變)하는 진짜 마음을 이 〈능엄경〉에서는 **진심**(眞心)이라고 부르지만, 〈원각경〉에서는 **원각**(圓覺)이라고 부르고, 또 다른 경전(經典)에서는 **진여**(眞如) · **법계**(法界) · **법성**(法性) · **자성**(自性) · **각**

**성**(覺性)·**법신**(法身)·**불성**(佛性)·**심지**(心地)·**본원**(本源)·**여래장**(如來藏)·**근본지**(根本智) 등으로 다양하게 부르고 있다. 한편 고래(古來)로 전해오는 선종(禪宗)의 조사어록(祖師語錄)의 내용에도 진심(眞心)을 자세하게 밝히는 법문이 대부분이다. 선가(禪家)에서는 진짜 마음을 표기하는 용어로, 불경(佛經)에 등장하는 진심(眞心) 등의 명칭(名稱)을 사용하면서, 동시에 **묘심**(妙心)·**자기**(自己)·**심월**(心月)·**심주**(心珠)·**주인공**(主人公)·**본래면목**(本來面目) 등의 명칭을 즐겨 사용했다. 그리고 진심(眞心)을 분명하고 자세하게 설명한 법문으로는 특히 당(唐)의 규봉(圭峰) 종밀(宗密)스님의 〈**법집별행록**〉(法集別行錄)과 송(宋)의 영명(永明) 연수(延壽)대사의 〈**주심부**〉(註心賦), 그리고 원(元)의 중봉(中峰) 명본(明本)대사의 〈**능엄징심변견혹문**〉(楞嚴徵心辯見或問) 등이 널리 알려져왔다. 또 우리나라에는 고려(高麗)의 보조국사(普照國師)가 저술한 〈**수심결**〉(修心訣)·〈**진심직설**〉(眞心直說)·〈**절요**〉(節要), 백운(白雲)스님의 〈**불조직지심체요절**〉(佛祖直指心體要節)이 유명한데, 이 책들은 한글로 번역된 것을 시중에서 쉽게 구할 수가 있으니 읽어보기 바란다.

**[경(經)] 네가 지금 무상보리(無上菩提)[18]를 공부하여 참으로 본성(本性)을 깨닫고자 한다면, 응당 직심(直心)으로 내가 묻는 말에 대답해야 한다. 시방(十方)의 여래(如來)께서 동일(同一)한 도(道)로 말미암아 생사를 벗어났으니, 모두 이 직심(直心)이기 때문이다. 마음과 말이 다 정직(正直)하기에 처음부터 끝까지 그 중간(中**

---

18) **무상**(無上)은 '위가 없다'는 말이니 '가장 높다'는 뜻이고, **'보리'**(菩提)는 지혜나 깨달음을 말한다. 가장 높고 바른 지혜나 깨달음인 '아뇩다라삼먁삼보리' 즉 무상정등정각(無上正等正覺)을 줄여서 말할 적에 '아뇩보리' 또는 무상'보리'(無上菩提)라고 한다.

**間)에 부정직(不正直)한 모습이 전혀 없다.**

汝今欲硏 無上菩提眞發明性 應當直心 詶我所問 十方如來同一道故 出離生死 皆以直心 心言直故 如是乃至終始地位中間 永無諸委曲相

**〈강의〉** 도(道)를 공부하려면 솔직(率直)해야 한다. 스승에게도 솔직해야 하고, 자신에게도 솔직해야 하고, 도반(道伴)끼리도 서로 솔직해야 한다. '마음공부 잘하는 사람'이라는 말을 듣고 싶다고 자신을 과장(誇張)하는 언동(言動)을 한다면, 자기 공부에도 도움이 안 되면서, 자칫 남의 공부도 망치는 죄업(罪業)을 지을 수가 있다.

**[경(經)] '아난'아, 내가 지금 네게 묻겠다. 너의 발심(發心)이 여래의 32상(相)을 인연했다 하는데, 나의 32상(相)을 무엇으로 보았으며 또 무엇이 좋아했느냐?"**

**'아난'이 부처님께 사뢰었다.**

**"세존이시여, 그것은 저의 눈과 마음으로 애락(愛樂)한 것입니다. 눈으로는 부처님의 훌륭한 몸매를 보고, 마음으로는 좋아하는 생각을 하였기에, 크게 발심(發心)하여 생사(生死)를 버리려고 하였습니다."**

阿難, 我今問汝 當汝發心 緣於如來三十二相 將何所見 誰爲愛樂

阿難白佛言 : 世尊, 如是愛樂 用我心目 由目觀見如來勝相 心生愛樂 故我發心 願捨生死

**〈강의〉** ‘아난’의 출가(出家)가 “**제 눈**으로 보고 **제 마음**이 생각하여” 이루어진 사실임을 한 번 더 확인(確認)하시는 이유는, 부처님께서 장차 ‘아난’의 **눈**과 **마음**을 서로 연관(聯關) 지어가면서 변하지 않는 ‘아난’의 진심(眞心)을 설명하시려는 의도(意圖)가 있기 때문이다.

# 제2장 마음의 주소(住所)

## 제1절 '아난' 이 마음을 찾아보다

[경(經)] 부처님께서 '아난'에게 말씀하셨다.

"네가 말한 바와 같아서, 보고 좋아하는 것은 **눈과 마음으로** 말미암은 것이다. 그러하니 만일에 마음과 눈이 있는 곳을 알지 못하면, 진로(塵勞)[19]를 능히 항복받지 못할 것이다. 비유하면 나라의 임금이 적의 침략을 받아 즉시 군대를 동원하여 적을 토벌하려 할 때에, 마땅히 적이 있는 곳을 먼저 알아야 하는 것과 같다.

지금 너로 하여금 윤회(輪迴)하게 하는 것은 **너의 눈과 마음이** 보고 좋아하기 때문이다. 내가 지금 너에게 묻겠다.

**너의 눈과 마음이 현재 어디에 있느냐?"**

佛告阿難：如汝所說 眞所愛樂 因於心目 若不識知心目所在 則不能得降伏塵勞 譬如國王 爲賊所侵 發兵討除是兵要當知賊所在 使汝流轉 心目爲咎 吾今問汝 唯心與目 今何所在

**〈강의〉** '아난'의 출가(出家)는 '부처님의 뛰어난 몸매를 목격(目擊)한' 사건, 즉 **육처**(六處) 중에서 시각(視覺)현상을 알아보는 견처(見

---

19) 진로(塵勞)는 번뇌(煩惱)의 다른 명칭이다. 진(塵)은 육진(六塵)이고 노(勞)는 피로(疲勞)니, 바깥의 육진(六塵) 경계(境界)를 상대하여 피로(疲勞)하게 일으키는 괴로운 생각, 즉 번뇌(煩惱)를 말한다.

處)에서 발생한 것이므로, 부처님의 몸매라는 시각(視覺)현상을 알아본 '견(見)'을 방편(方便)으로 삼아서 '아난'의 '마음'을 밝히는 설법을 전개하시려고 한다. 즉 "**너의 눈과 마음이 현재 어디에 있느냐?**"라고 질문을 하시어서, **견처**(見處)를 가지고 '마음'을 설명하실 방편으로 삼았다. 그런데 나의 눈은 어디에 있고, 나의 마음은 어디에 있는가?

**눈·귀·코·혀·몸·뜻**으로 구성된 육근(六根) 중에서, '눈·귀·코·혀'는 얼굴에 부착되어 있으니 누구나 알고 있다. 즉 '아난'의 눈은 '아난'의 얼굴에 붙어 있다. 또 '몸'은 감각(感覺)을 느끼는 피부(皮膚)를 가리키고, '뜻'은 생각하는 주체를 말하는데, 이 '뜻'이라는 기관은 육신의 어디에 붙어 있는지 정확하게 알 수가 없다. 요즘은 흔히 두뇌(頭腦)에 있다고 알고 있지만, 확실한 것은 아니다. 육감(六感)기관의 주인공이기도 한 '뜻'인 '마음'이 정말 육신(肉身)에 머물러 있는지 아니면 육신에 있는 것이 아닌지도 알지 못한다. 그런데도 불교(佛敎)신자들은, 흔히 "**내 몸**은 무정물(無情物)과 같다. 견문각지(見聞覺知)하는 내 행동은 내 몸의 주인공인 **내 마음**이 일으키는 작용이다. 따라서 **나**라는 것은 바로 **내 마음**이다."라고 말한다. 이런 생각이 불교인만 하는 생각은 아닐 것이다. 다른 종교(宗敎)를 믿는 문명인(文明人)들도 마음이 자기 자신이라는 생각은 공통적으로 가지고 있다.

그런데 이 '마음'이란 것이 보고, 듣고, 생각하고, 말을 하니 분명히 있기는 있는데, '모습이 없기 때문'에 '어느 곳에 있는지' 파악하기가 어렵다. 부처님은 우리들의 공부(工夫)를 돕기 위하여, '눈'이라는 '분명한 기관'(器官)을 예(例)로 들어서 '모습이 없는 마음'을 설명하는 법문을 하신다. 즉 시각(視覺)현상을 알아보는 '견(見)'을 통하여 우리의 ‘마음’을 밝히려고 하신다.

연수(延壽)대사의 〈주심부〉 제3권에 ‘돈교오위문’(頓教五位門)이라는 글이 있다. 즉 돈교(頓教)를 공부하는 차례가 다섯 단계가 있는데, 첫 번째는 식심(識心)이고, 나중에 다섯 번째는 견성(見性)이다. 식심(識心)을 다음과 같이 설명하고 있다.

> 제일(第一) **식심**(識心)이란 것은, 어(語)가 마음이오, 견(見)이 마음이오, 문(聞)이 마음이오, 각(覺)이 마음이오, 지(知)도 마음이라는 말이니, 이것이 첫 번째 깨달음이다. 일일(一一)이 능히 아는 허다(許多)한 마음이 모두 일심(一心)이니, 일심(一心)이 능히 일체(一切) 처소(處所)에 두루하다.

돈 교 오 위 문 　 운 제 일 식 심 자 　 어 시 심 　 견 시 심
**頓教五位門에서 云 第一識心者는 語是心이오 見是心이오**
문 시 심 　 각 시 심 　 지 시 심 　 차 시 제 일 오 　 일 일
**聞是心이오 覺是心이오 知是心이니 此是 第一悟니라 一一**
능 지 　 여 허 다 심 　 개 시 일 심 　 일 심 능 변 일 체 처
**能知 如許多心이 皆是一心이니 一心能徧一切處니라**

보고, 듣고, 알아차리고, 말하는 것이 모두 내 마음이라는 설명은 잘 알겠는데, “내 마음이 우주(宇宙)에 두루하다”는 말은 수긍(首肯)하기가 쉽지 않다. 만일 이것이 이해가 되면 **식심**(識心)을 기약할 수가 있다.

이제부터 부처님께서 진심(眞心)의 소재지를 찾아가는 칠처징심(七處徵心)법문을 시작하신다.

## 1. 마음은 몸 안에 있는가

[경(經)] '아난'이 부처님께 사뢰었다.

"세존이시여, 부처님의 푸른 연꽃 같은 눈은 부처님 얼굴에 있으며, 저의 눈은 제 얼굴에 있습니다. 그리고 세간에 사는 모든 유정물(有情物)의 **마음인** 식심(識心)은[20] **모두 그 몸 안에** 있으며, 제 식심(識心)도 역시 제 **몸 안**에 있습니다."

부처님께서 '아난'에게 말씀하셨다.

"네가 지금 이 강당에 앉아서 저 '기타'태자(祇陀太子)의 숲을 보는데, 이 강당과 저 '기타'림(祇陀林) 숲은 지금 어디에 있느냐?"

"세존이시여, 크고 겹겹으로 된 이 청정한 강당(講堂)은 '수달'장자(須達長者)의 급고독원(給孤獨園)에 있고, 저 '기타'림(祇陀林) 숲은 이 강당 밖에 있습니다."

"아난아, 네가 지금 이 강당(講堂)에서 무엇부터 먼저 보느냐?"

"세존이시여, 제가 이 강당 안에서 먼저 부처님을 보고, 그 다음 대중(大衆)들을 보고, 그리고 바깥을 바라보면 저 숲과 정원(庭園)을 보게 됩니다."

"아난아, 네가 숲과 정원을 보는데 어떻게 보느냐?"

"세존이시여, 이 대강당의 문(門)이 활짝 열려 있어서, 제가 강당 안에 앉아 있으면서도 멀리 바라보게 됩니다."

阿難白佛言 : 世尊 一切世間十種異生 同將識心 居在身內

---

20) 이 **식심**(識心)은 '식(識)이 주체가 되는 마음'이라는 뜻이다. 〈돈교오위문〉이나 〈육조단경〉(六祖壇經)에서 '마음을 인식(認識)'한다는 의미로 쓰이는 **식심**(識心)과는 의미가 다르다.

縱觀如來靑蓮華眼 亦在佛面 我今觀此浮根四塵 祇在我面 如是識心 實居身內

佛告阿難 : 汝今現坐如來講堂 觀祇陀林 今何所在

(阿難白佛言) : 世尊, 此大重閣淸淨講堂 在給孤園 今祇陀林 實在堂外

(佛告阿難) : 阿難, 汝今堂中 先何所見

(阿難白佛言) : 世尊, 我在堂中先見如來 次觀大衆 如是外望方矚林園

(佛告阿難) : 阿難, 汝矚林園 因何有見

(阿難白佛言) : 世尊, 此大講堂 戶牖開豁 故我在堂 得遠瞻見

**〈강의〉** 사람들은 '자기 마음이 존재한다'는 점에 대해서는 전혀 의심하지 않는다. 세간(世間)을 인식(認識)하고 여러 가지 감정(感情)이 일어나고 있는 현실(現實)을 부인(否認)할 수 없으므로, 마음이 존재한다는 사실(事實)은 분명하다. 그런데 그 마음이 도대체 어디에 있을까? '아난'은 우선 상식적(常識的)으로 **"내 몸 안에** 내 마음이 있다"고 대답했다.

**[경(經)] 이때 세존(世尊)께서 대중(大衆) 앞에서 금색(金色) 팔을 펴서 '아난'의 정수리를 만지시고, '아난'과 대중(大衆)에게 말씀하셨다.**

**"삼마제(三摩提)가 있으니 이름이 대불정수능엄왕(大佛頂首楞嚴王)[21]이라. 만행(萬行)을 갖추었으며 시방의 모든 부처님이 같은 문(門)으로 초탈(超脫)하신 묘한 장엄로(莊嚴路)이다. 네가 이**

제 자세히 들어보아라."

'아난'이 엎드려 절하고서 자비하신 가르침을 듣고 있었다.

爾時 世尊 在大衆中 舒金色臂 摩阿難頂 告示阿難及諸大衆：有三摩提 名大佛頂首楞嚴王 具足萬行 十方如來 一門超出 妙莊嚴路 汝今諦聽 阿難頂禮 伏受慈旨

**〈강의〉** 이 문단(文段)은 삼매(三昧) 중에서 가장 높은 '수능엄왕삼매'를 소개하는 내용인데, 내용이 총론(總論)에 해당하는 것이므로, 중국(中國)의 판본(板本)처럼 30쪽으로 옮기는 것이 옳다.

[경(經)] **부처님께서 '아난'에게 말씀하셨다.**

**"네가 말한 바와 같이, 몸이 강당(講堂) 안에 있으면서도 문(門)이 활짝 열려 있기 때문에 멀리 숲과 정원을 바라본다고 한다면, 어떤 사람이 이 강당 안에 있으면서도 여래는 못 보고 강당 밖을 보는 수가 있겠느냐?"**

**'아난'이 대답하였다.**

**"세존이시여, 강당 안에 있으면서 부처님은 못 보고 숲과 샘물만 본다는 것은 있을 수 없습니다."**

**"아난아, 너도 또한 이와 같아서, 너의 심령(心靈)이 일체(一切)를 분명(分明)하게 요지(了知)하고 있다. 만약 지금 네 눈앞에서 '분명하게 요지(了知)하는 마음'인 명료심(明了心)이 참으로 네**

---

21) **대불정**(大佛頂)은 '위대한 부처님의 정수리'로 무상(無上)·지존(至尊)의 뜻이고, '수능엄'은 Suramgama의 역어(譯語)로 '모든 번뇌를 끊어 다시는 부서지지 않는다'는 의미이며, **왕**(王)은 최고라는 말이다.

**몸 안에 있다면, 먼저 네 몸 안부터 분명히 알아야 될 것이다.**

(佛告阿難) : 如汝所言 身在講堂 戶牖開豁 遠矚林園 亦有衆生 在此堂中 不見如來 見堂外者
阿難答言 : 世尊, 在堂不見如來 能見林泉 無有是處
(佛告阿難) : 阿難, 汝亦如是 汝之心靈 一切明了

**〈강의〉** 불교에서는 흔히 '일체(一切)가 오직 마음뿐이다.'라고 하거나, '심외무법(心外無法)'이라고 설명한다. 그렇다면 '마음이 무엇인가'를 아는 것이 불교 공부(工夫)의 첫걸음이 되겠다.

[경(經)] **그런데 먼저 제 몸 '안'을 보고 그 다음에 몸 '바깥'에 있는 물건을 보는 사람이 이 세상에 과연 있느냐? 비록 심장·간·지라·위장 같은 오장육부(五臟六腑)는 보지 못하더라도, 손톱이 나고, 머리카락이 자라고, 힘줄이 움직이고, 맥박이 뛰는 것쯤은 분명히 네가 알아야 할 터인데, 어찌하여 모르느냐? 마음이 제 몸 '안'의 것도 알지 못하는데, 어떻게 네 몸 '밖'의 것을 알겠느냐?**

若汝現前 所明了心 實在身內 爾時先合了知內身 頗有衆生 先見身中 後觀外物 縱不能見心肝脾胃 爪生髮長 筋轉脈搖 誠合明了 如何不知 必不內知 云何知外

**〈강의〉** 흔히 〈능엄경〉(楞嚴經)은 팔만대장경의 축소판(縮小版)이라고 한다. 그래서 그런지 이 경(經)이 불경(佛經) 중에서 가장 어려운 경(經)이라고 말하며, 실제 상식적(常識的)으로 납득(納得)이 되지 않는 설명이 가끔 나온다.

"마음이 '몸 안'에 있다면, 몸 안에 있는 '오장육부'를 먼저 보고 알아야 한다."는 이 문장부터 상식적(常識的)으로 이해(理解)하기가 어렵다. 우리는 '본다'는 작용은 얼굴에 있는 '눈'이란 감각기관을 통해서 '시신경'(視神經)과 '두뇌'(頭腦)가 상호작용해야만 가능하다고 알고 있다. 즉 빛깔이나 모습을 보는 것은 반드시 감각기관인 '눈'을 통해야만 하고, 눈은 얼굴에 붙어 있으니, 몸 속에 있는 오장육부는 당연히 보이지 않는다고 상식적으로 알고 있다. 따라서 지금이 사제간(師弟間)의 문답(問答)을 보고 '상식(常識) 밖의 이야기'라고 외면하는 사람도 있을 수 있다. 그러나 쉽게 '어리석은 이야기'라고 속단하지 말고, 계속해서 부처님의 설명을 끝까지 경청해볼 필요가 있다.

이 책 뒤에 68쪽에는 이와 관련된 중요한 글이 있다.

**'아난'이 말하였다.**

**"보는 것은 눈입니다. 마음으로 '아는 것'과 눈으로 '보는 것'은 서로 다릅니다. 따라서 마음으로 '아는' 것을 '본다'라고 표현하시는 것은 옳지 않습니다."**

**부처님께서 말씀하셨다.**

**"만약에 눈이 능히 본다면, 네가 방안에 있을 적에 문(門)이 능히 보아야 할 텐데, 사실은 그렇지 않다. 그리고 금방 죽은 사람도 눈은 아직 상(傷)하지 않았으니 응당 물건을 보아야 할 것이다. 만약에 죽은 사람이 능히 물건을 본다면 어찌 죽었다고 하겠느냐.**

부처님은 사물을 보는 것은 '눈'이 아니고 '마음'이라고 하신다. 즉 "얼굴에 붙은 '눈'이 보는 것이 아니니, 만일 '눈'으로 본다면, 금방 죽은 사람의 '눈' 조직은 아직 썩지 않아서 싱싱한데도 어째서 빛깔을 못 보는가?"라고 반문(反問)한다. 보는 작용은 '눈'과 '시신경(視神經)'과 '두뇌(頭腦)'가 관여한다고 상식적으로 알고 있으나, 실제로 보는 놈은 '마음'이라고 말씀하신다. 보는 작용이 우리가 알고 있는 것처럼 '눈'이나 '두뇌'를 통해서 일어나는 것이 아니라는 말씀이다.

우리가 이 세상에 태어나서 사람의 몸을 받으면, 육신(肉身)의 제약(制約)을 어쩔 수 없이 받고 산다. 처음에 사람의 몸을 받아서 이 세상에 신생아로 태어나면 '귀'는 들리지만 '눈'은 '시신경'이 미비한 상태라 잘 안 보인다고 한다. 신생아가 '눈'으로 사물을 보려면 두서너 달 동안 기다려야만 가능하고, 차차 시간이 흐르면서 '눈'으로 사물을 보는 훈련이 숙달되면 그때부터 '눈'을 통해서 볼 수가 있다는 것이다.

사실은 '마음'이 스스로 보고 들으며, 육신(肉身)은 빛과 소리를 모아주는 기관(器官)에 불과하다. 그런데 육신을 가진 사람으로 태어나면 오감(五感)기관인 '눈'이나 '귀'를 사용하여 보고 듣는 버릇이 생겨나면서, '마음'으로 보고 듣는 기능이 쇠퇴하는 것이다. 시간이 흐르면서 '눈과 귀'를 통하여 시청(視聽)하는 버릇이 고착되어, 볼 때는 '눈'을 통해서만 볼 수 있고, 들을 때는 '귀'를 통해야만 듣게 된다. 즉 '눈'이나 '귀'를 사용하여 보고 듣는 버릇이 체질화된 것이다. 그래서 깨어 있는 동안에는 이 버릇에 젖어서 생활하다 보니, 이목(耳目)으로 문견(聞見)한다고 믿게 되었다. 그리하여 "본래는 '마음'이 본다."는 진실(眞實)을 망각하고 산다.

그런데 마음이 육체의 구속을 일시적으로 벗어나는 '꿈속'에서는 '눈'이나 '귀'가 없어도 '마음'이 직접 보고 듣고 하지만, 우리는 "그것은 '꿈속'이니 진짜가 아니고 헛것이다."라고 하여 '마음'이 견문(見聞)한다는 사실을 부정하고 만다. 잠이 들어서 꿈을 꿀 때에는, 분명히 '눈'을 감고 있어서 외부의 물체를 볼 수가 없는데도, 그 꿈속에서도 인물(人物)과 주위배경이 등장하고 그 가운데 내가 있고 다른 사람도 있어서, 모든 상황(狀況)을 내가 분명히 보고 듣는다. 보고 듣기만 하는 것이 아니고 말도 하고 생각도 하면서 생시처럼 행동한다. 이처럼 '꿈속'에서는 얼굴 위에 붙어 있는 '눈'이나 '귀'를 통하여 보고 듣는 것이 아니다. 꿈을 꾸는 주인공인 내 '마음'이 스스로 온갖 꿈속의 광경들을 나투면서 동시에 스스로 보기도 하고 듣기도 하는 것이다. 즉 '꿈속'에서는 '마음'이 보는 것이지 감고 있는 '눈'이 보는 것은 아니다.

'버릇'인 습기(習氣)를 설명하는 비유를 하나 들어보자. 자동차를 운전할 때에, 차 안에서는 머리 위의 하늘이나 바로 발밑의 땅을 '눈'으로 볼 수가 없다. 그저 운전에 필요한 전후방(前後方)이나 좌우(左右)만 유리문이나 '백미러'를 통하여 내다볼 수가 있다. 그렇게 내다보는 것도 처음에는 어색하다. 차차 숙달이 되어야만 제대로 하게 되고, 운전 중에는 유리나 거울을 통하여 보는 것이 습관이 되어 운전자의 시계(視界)는 차의 구조에 따라 제약을 받는 것이다. 그러나 운전자의 '눈'이 원래 상하(上下)를 못 보는 것은 아니다. 차에서 내리면 금방 상하를 다 볼 수가 있다. 그러나 차 안에서 운전할 적에는 창문이나 거울을 통해서만 내다볼 수가 있다. 우리가 '눈'을 통해서 보는 버릇이 굳어지면 '마음'으로 보는 줄을 깜빡 잊어버리는 것도 마치 이와 같다.

알고 보면, 우리의 몸은 목석(木石) 같은 무정물(無情物)이고, 견문각지(見聞覺知)하는 주인공은 내 '마음'이다. 마치 운전자가 차를 몰고 다닐 적에, 자동차의 부속품인 '엔진'이나 '핸들'이 작동하여 차바퀴가 굴러가는 것을 보고서, '엔진'이나 '핸들'이 자동차의 주인공이라고 착각하는 사람은 없는 것과 같다.

[경(經)] **그러니까 마땅히 알아라. 네가 말하기를 '깨어 있으며 능히 아는 마음인 각료능지지심(覺了能知之心)'이 네 몸 안에 있다는 말은 옳지 않다.**"

是故應知 汝言覺了能知之心 住在身內 無有是處

**〈강의〉** 첫 번째 결론이다. '깨어 있으며 능히 아는 마음' 즉, 각료능지지심(覺了能知之心)이 내 **몸 안**에 있다는 우리의 상식(常識)이 틀린 것으로 판명되었다.

이 〈능엄경〉에는 '마음'이란 단어(單語)가 자주 등장하는데, 경우에 따라서 여러 개의 다른 명칭(名稱)으로 마음을 가리키고 있다. 처음에 진심(眞心)과 망심(妄心)을 구별하면서, **진심**(眞心)을 그 '성질이 청정(淸淨)하고 분명(分明)한 바탕'이라고 **'성정명체'**(性淨明體)라고 표현했는데, 앞에서는 그 마음을 '일체(一切)를 분명(分明)하게 요지(了知)하는 놈'이라고 '**일체명료**'(一切明了)라고 표현하였고, 여기에는 '깨어 있으며 능(能)히 아는[知] 마음' 즉 '**각료능지지심**'(覺了能知之心)이라고 부르고 있다. 이렇게 '마음'을 지칭하는 단어가 자꾸 바뀐 이유는 '마음'의 특성(特性)을 여러 가지 표현으로 자세하게 설명하시어 제자들이 '마음'을 분명하게 파악(把握)할 수 있도록 특별히 배려(配慮)하신 것이다. 이러한 의도로 '마음'을 다양(多樣)하게 표현하고 설명하신 것이므로, 가능한 한자(漢字)를 그대로 표기하여서 그 의미(意味)를 온전하게 전하고자 하니, 독자(讀者)는 주의 깊게 읽고 그 표현 내용(內容)을 내 마음과 비교(比較)해서 자세하게 음미(吟味)하길 바란다.

생각해보건대, 이 앞에서 이미 '마음'을 '명료심(明了心)'으로 호칭하였고, 다시 여기에서 **각료능지(覺了能知)**로 표현한 것을 보면, 부처님께서 '안다'는 뜻인 **요지(了知)**를 마음의 특징 내지 본질이라고 설명하시는 것 같다. 즉, 우리 마음은 '항상 깨어 있어서 대상(對象)을 항상 능(能)히 알아차리는 놈'이라는 설명인 것 같다. 여기에서 '능(能)히 알아차리는 놈'이란, 예컨대 시각(視覺)현상이 앞에 나타나면 볼 줄 '알고', 청각(聽覺)현상이 있으면 들을 줄 '알고', 후각(嗅覺)현상이 생기면 냄새를 맡을 줄 '알고', 상각(嘗覺)현상이 생기면 맛볼 줄 '알고', 촉각(觸覺)현상이 있으면 촉감(觸感)을 느낄 줄 '아는 그놈'을 지칭한다. 다시 음미해보면, 각료능지(覺了能知)에서 **각료(覺了)**는 '깨달아 안다' 또는 '깨어 있다'는 의미로서, 잠자거나 기절한 혼수상태가 아니라 '항상 깨어 있다'는 뜻이 강하다. 그리고 **능지(能知)**는 '능(能)히 안다'는 의미인데, 이 '안다'는 단어의 의미는 우리말에서 극명하게 나타나고 있다. 흔히 우리는 "볼 줄 안다", "들을 줄 안다", "맛볼 줄 안다" 등으로 표현을 한다. 여기에서 전구(前句)인 "보고, 듣고, 맛보고" 는 '능(能)'에 해당하고, 후구(後句)인 "안다"라는 말은 바로 지(知)에 해당한다고 하겠다.

원래 이 '능지(能知)'라는 한자(漢字)는 중국(中國) 춘추전국시대에 살았던 유가(儒家)인 맹자(孟子)가 말하는 **양지양능(良知良能)**에서 유래한 용어인 것 같다. 〈맹자〉(孟子)의 진심상(盡心上) 편(編)

에서 "사람이 배우지 않고도 능(能)한 것이 있으면 **양능**(良能)이라 하고, 생각하지 않고도 아는 것이 있으면 **양지**(良知)라고 한다."[22]라고 하였으니, 여기서 맹자(孟子)는 사람이 선천적으로 타고난 마음의 특성을 **지능**(知能) 즉 **양지양능**(良知良能)이라고 설명한 것이다. 한편 동시대(同時代)에 살았던 순자(荀子)도 마음의 작용에 대하여 **가지가능**(可知可能)이라는 표현을 사용했으니, 전국시대(戰國時代)의 대유(大儒)들이 모두 지능(知能)을 마음의 본성(本性)이라고 파악한 점은 서로 같다고 보겠다.

원래 사람의 주인공인 '마음'은 감각기관(感覺器官)을 통하여 시각(視覺)현상·청각(聽覺)현상·후각(嗅覺)현상·미각(味覺)현상·촉각(觸覺)현상·지각(知覺)현상 등(等) 육각(六覺)현상을 알아차리는 여섯 가지 본능(本能), 즉 **육정**(六精)을 갖추고 태어난다. 간단하게 **견**(見)·**문**(聞)·**후**(嗅)·**상**(嘗)·**각**(覺)·**지**(知)라는 마음의 기능(機能)으로 부르기도 하지만, 이렇게 마음의 여섯 가지 본능(本能)인 육능(六能)을 구사(驅使)하는 성능을 간단히 **육성**(六性)이라고 하니, 이른바 **견성**(見性)·**문성**(聞性)·**후성**(嗅性)·**상성**(嘗性)·**각성**(覺性)·**지성**(知性)이 그 내용이다. 즉 '견성(見性)'은 시각(視覺)현상을 볼 줄 아는 것이고, '문성(聞性)'은 청각(聽覺)현상을 들을 줄 아는 것이며, '후성(嗅性)'은 후각(嗅覺)현상을, '상성(嘗性)'은 미각(味覺)현상을, '각성(覺性)'은 촉각(觸覺)현상을, '지성(知性)'는 지각(知覺)현상을 감지(感知)할 줄 아는 것이다. 따라서 육성(六性)은 모두가 감지(感知)할 줄 '안다'는 성능(性能)을 가리키는 것이므로 간단히 '지(知)'라는 단어에 포함된다고 **능지**(能知)라고 한 것이다.

---

22) 孟子曰 人之所不學而能者 其良能也 所不慮而知者 其良知也.

세상의 **속제**(俗諦)에 따르면, 인간(人間)의 마음은 세 가지 작용이 있는데, 즉 대상을 감지(感知)하고 인식(認識)하는 **지**(知), 대상에 대한 감정(感情)인 **정**(情), 대상에 대하여 가지는 의욕(意慾)인 **의**(意)가 있다고 한다. 그러나 불교에서는 이 세 가지의 작용에 비중치(比重値)를 달리한다. 즉 **감정**(感情)은 대상에 대한 분별(分別)에서 생기는 망상(妄想)이므로 항상 변(變)하고, **의욕**(意慾)도 때와 장소에 따라서 내용이 달라지므로 역시 변(變)하지만, 대상을 감지하고 인식하는 지적(知的) 작용은 불변(不變)하는 것이다. 변하지 않는 작용이라야 진짜라고 볼 수가 있으니, 대상에 따라 변하는 정(情)과 의(意)는 '진짜 마음'이 아니고, 감지(感知)하고 인식하는 지(知)만이 불변하므로 '진짜 마음'이라고 한다. 진리(眞理)를 탐구하는 구도자(求道者)들은 이 지적(知的)인 작용에만 관심이 있다. 따라서 여기서 말하는 '능지(能知)'는 정(情)과 의(意)를 제외하고, 대상을 감지(感知)하고 인식(認識)하는 '지적(知的) 작용'만을 가리키는 것이다.

이를테면, **불**[火]의 본성(本性)은 소재(素材)에 붙어서 위로 타오르는 뜨거운 것이고, **물**[水]의 본성은 아래로 빠지는 축축한 것이라면, 우리 **마음**[心]의 본성은 '항상 깨어 있으면서 능히 아는 것'이라고 보는 것이 부처님의 설명이다.

세상에서 말하는 마음은 **지**(知) · **정**(情) · **의**(意)가 모두 포함되는데, 불교에서는 지(知)만 설명하는 이유가 무엇인가? 간단하다. 불교 공부의 목적은 일체(一切)의 '진상(眞相)을 통달하여' 윤회(輪廻)하는 이유(理由)를 분명하게 알아서, 생사(生死)에서 해탈(解脫)하고자 하기 때문이다.

## 2. 마음은 몸 밖에 있는가

[경(經)] '아난'이 머리를 조아리고 부처님께 사뢰었다.

"제가 여래(如來)의 이와 같은 법문을 듣고 보니, 저의 마음이 사실은 몸 밖에 있다는 것을 알겠습니다. 그 까닭을 말하자면, 비유컨대 등불이 방 안에 있으면 방 안을 먼저 비추고 다음에 문을 통하여 정원까지 비추게 되는데, 일체중생이 자기 몸 '안'을 알지 못하고 다만 몸 '밖'의 것만 보는 것은 마치 등불이 방 '밖'에 있어서 방 '안'을 비추지 못하는 것과 같습니다. 이 뜻이 분명(分明)해서 의심(疑心)할 여지가 없습니다. 그래서 부처님의 뜻과 같아서 틀림없지 않겠습니까?"

부처님께서 '아난'에게 말씀하셨다.

"이 여러 비구들이 나를 따라서 '실라벌'성(室羅筏城)에서 음식을 차례대로 빌어서 '기타'림(祇陀林) 숲에 돌아왔다. 나는 먼저 먹었다마는, 네가 비구(比丘)들을 보아라. 한 사람이 먹는다면 여러 사람의 배가 같이 부르겠느냐?"

'아난'이 대답하였다.

"그럴 수 없습니다, 세존이시여. 왜냐하면 이 비구(比丘)들이 비록 '아라한'이긴 하지만, 몸과 생명이 각자 별개(別個)입니다. 그런데 어찌 한 사람이 밥을 먹어서 능히 여러 사람의 배를 부르게 할 수 있겠습니까?"

阿難稽首而白佛言 : 我聞如來如是法音 悟知我心實居身外 所以者何 譬如燈光然於室中 是燈必能先照室內 從其室門 後及庭際 一切衆生 不見身中 獨見身外 亦如燈光 居在

室外 不能照室 是義必明 將無所惑 同佛了義 得無妄耶
佛告阿難：是諸比丘 適來從我室羅筏城 循乞摶食 歸祇陀林 我已宿齋 汝觀比丘 一人食時 諸人飽不
阿難答言：不也 世尊 何以故 是諸比丘 雖阿羅漢 軀命不同 云何一人能令衆飽

**〈강의〉** 만약에 마음이 **몸 밖**에 있다고 하면, '마음이 온 누리에 두루하다'고 말할 것이다. 왜냐하면 마음은 모습이 없으니 크기나 변제(邊際)는 없기 때문이다. 내 마음이 타인(他人)의 마음과 '같은 시간'에 '같은 장소'인 **몸 밖**, 즉 외부 허공(虛空) 중에 같이 있다면, 내 마음과 남의 마음이 서로 다르지 않으므로 당연히 구별이 안 될 것이다. 그렇다면 '내'가 배부른 걸 느끼면, '남'도 배가 부른 걸 '같이' 느껴야만 이치(理致)가 옳다는 말이다.

[경(經)] **부처님께서 '아난'에게 말씀하셨다.**

**"또 너의 '깨어 있으며 알아[知] 보는[見]' 각료지견지심(覺了知見之心)이 만일 몸 밖에 있다면, 몸과 마음이 따로따로 있어서 서로 관련이 없을 것이니, 마음이 아는 것을 몸이 깨닫지 못하고, 몸이 깨달은 것을 마음은 알지 못할 것이다. 내가 지금 내 손을 네게 보이면, 네 눈이 내 손을 볼 때에 마음이 분별하느냐?"**

**'아난'이 대답하였다.**

**"그러합니다, 세존이시여."**

佛告阿難：若汝覺了知見之心 實在身外 身心相外 自不相干 則心所知 身不能覺 覺在身際 心不能知 我今示汝兜羅

綿手 汝眼見時 心分別不
阿難答言 : 如是 世尊

**〈강의〉** 마음이 몸 밖에 있다면, 마음은 이미 몸과는 아무런 관련이 없는 것이니, 몸의 상태를 마음이 몰라야 이치가 맞다. 즉 눈에 비치는 것을 마음이 전혀 인식(認識)하지 못해야 하고, 마음이 알아도 몸에 영향을 미치지 않아야 한다. 그러나 실제는 그렇지가 않아서, 몸과 마음이 밀접한 관계가 있는 것은 누구나 알고 있는 사실이다.

여기에서는 마음을 '깨어 있으며 알아[知] 보는[見] 마음' 즉, **각료지견지심**(覺了知見之心)이라고 표현했다. 앞서 나온 **능지**(能知) 대신에 **지견**(知見)으로 바꿨다. 여기서 지견(知見)이라고 하여 **지**(知)에다 시각(視覺)현상을 알아보는 **견**(見)을 특별히 붙인 것은, 오관(五官) 중에서 '견(見)하는 기관(器官)인 눈'을 으뜸으로 치기 때문이다. "백문(百聞)이 일견(一見)만 못하다"는 말도 눈으로 보는 것이 가장 확실하게 진상을 확인하는 방법이라는 사실을 나타내고 있다.

참고로 마음에 대한 **선가**(禪家)의 표현을 찾아볼 필요가 있다. 이른바 **교**(敎)는 부처님의 말씀을 가리키고, **선**(禪)은 부처님의 마음을 가리키므로, 양자(兩者)가 반드시 합치하기 때문이다. 중국 당(唐)나라 때 선종(禪宗)의 조사(祖師)들이 마음을 표현한 설명을 찾아보면, 그들도 '안다'는 **지**(知)를 마음의 특성(特性)으로 인정하였던 사실을 알 수 있다. 육조(六祖)대사 당년(當年)의 영가(永嘉)대사는 〈영가집〉(永嘉集)의 '사마타'송(頌)에서, "오념(五念)이 정지한 때를 일념상응(一念相應)이라 하는데, 일념(一念)이란 것은 **영지**(靈知)의 자성(自性)이다."[23]라고 하면서 마음을 '신령스레 안다'는 뜻으로 **영지**(靈知)라고 표현했다. 또 하택(荷澤) 신회(神會)대사는 "**지**

(知)라는 한 글자는 중묘(衆妙)의 문(門)이다.”라고 하면서, “비고[空] 고요한[寂] 마음이 ‘신령(神靈)하게 알아서[知]’ 어둡지 아니하니, 이 공적(空寂)한 마음이 일찍이 달마(達磨)대사께서 전하신 청정(淸淨)한 마음이다. 미혹(迷惑)하여 중생으로 지내거나 깨달아서 부처가 되더라도, ‘마음은 본래 저절로 안다’, 이것은 인연(因緣)을 빌려서 생기는 것도 아니고 경계(境界)를 만나서 일어나는 것도 아니다.”[24]라고 하여, ‘저절로 아는[自知]’ 놈인 공적(空寂)한 **영지**(靈知)를 마음으로 보고 있다. 또 화엄종의 종사(宗師)인 청량(淸凉)국사 징관(澄觀)대사는 〈심요전〉(心要牋)에서, “심법(心法)이 무주(無住)에 근본하니, 머뭄 없는 마음 바탕인 무주(無住) 심체(心體)가 **영지**(靈知)하여 어둡지 않다.”라고 말했다.[25] 그리고 선교일치(禪敎一致)를 주장한 당(唐)나라의 규봉(圭峰) 종밀(宗密)대사는 〈법집별행록〉(法集別行錄)에서 말하기를, “대저 ‘마음’이라 말한 것은 이 마음의 명칭이고, **지**(知)라는 것은 이 마음의 본체이다.”라고 하였다.[26] 〈능엄경〉의 ‘명료(明了)’, ‘각료능지(覺了能知)’같이 알 ‘지(知)’ 자나 **영지**(靈知)라는 단어로 마음의 본성(本性)을 표현한 것이다. 이렇게 〈능엄경〉이 번역되기 이전인 중국 불교계에서 이미 마음을 **지**(知) 또는 **영지**(靈知)라고 불렀던 기록을 통하여서, 우리는 ‘안다’는 말로서 마음의 특징으로 삼았던 선사(禪師)들의 사상을 읽을 수가 있다. 즉 선가(禪家)에서도 지정의(知情意) 중에서 오직 지(知) 하나로 마음을 대변하고 있었다.

---

23) 得此五念停息之時 名爲一念相應 一念者 靈知之自性也

24) 知之一字 衆妙之門……空寂之心 靈知不昧 卽此 空寂之知 是前達磨所傳淸淨心也 任迷任悟 心本自知 不藉緣生 不因境起

25) 心法本乎無住 無住心體 靈知不昧

26) 夫言心者 是心之名 言知者 是心之體

**[경(經)] 부처님께서 '아난'에게 이르셨다.**

**"만일 눈과 마음이 서로 안다면, 마음이 몸 밖에 있다고 할 수 있겠느냐? 그러니까 마땅히 알아라. 네 말처럼 깨어 있으며 능히 아는 각료능지지심(覺了能知之心)이 몸 밖에 있다는 말은 옳지 않다."**

佛告阿難：若相知者 云何在外 是故應知 汝言覺了能知之心 住在身外 無有是處

**〈강의〉** 만일 눈은 몸에 있고 마음은 몸 밖에 있다고 하면, 눈과 몸은 소속하는 장소가 다르므로 서로 아무런 관련이 없어 서로를 몰라야 옳다. 그러나 현실적으로 우리 눈과 마음은 별도로 작용할 수가 없다. 그러므로 눈은 몸에 있고 마음은 몸 밖에 있다는 주장은 틀렸다. 지금 '아난'이 **능지**(能知) **능견**(能見)하는 제 마음이 있는 장소를 두 번이나 찾아보았지만, 몸 안도 아니고 몸 밖도 아니었다.

그렇다고 지금 '아난'의 마음이 없는 것은 아니다. 보고 듣고 생각하고 대답하는 그것이 바로 '아난'의 마음이니까.

이 문단에서는 '마음'을 '깨어 있으며 능히 아는 마음'인 **각료능지지심**(覺了能知之心)이라고 하니, 앞서 사용한 **지견**(知見)을 다시 **능지**(能知)로 바꾸어서 사용하였다.

## 3. 마음은 안구(眼球) 뒤에 있는가

**[경(經)] '아난'이 부처님께 사뢰었다.**

"세존이시여, 부처님께서 말씀하신 바와 같아서, 몸 안을 보지 못하니 마음이 몸 '안'에 있는 것이 아니고, 또 몸과 마음이 서로를 알아서 서로 여의지 아니하니 몸 '밖'에 있는 것도 아닙니다. 지금 다시 생각해보니, 마음이 있는 곳을 이제 알겠습니다."

부처님께서 말씀하셨다.

"그곳이 어디냐?"

'아난'이 대답했다.

"이 요지심(了知心)이 몸 '안'은 알지 못하면서도 능히 바깥을 보니, 안구(眼球) 뒤에 있다고 생각합니다. 마치 어떤 사람이 안경(眼鏡)을 끼면 비록 안경알이 눈앞에 있으나 보는 데는 장애가 없어서 저 안구가 보는 빛깔을 따라서 잘 분별합니다. 즉 각료능지지심(覺了能知之心)이 몸 '안'에 있는 것을 보지 못하는 것은 안구 뒤에 있는 탓이고, 분명히 '밖'에 있는 것을 보되 장애가 없는 것은 안구 뒤에 잠재(潛在)하여 있기 때문입니다."

阿難白佛言：世尊，如佛所言 不見內故 不居身內 身心相知 不相離故 不在身外 我今思惟 知在一處
佛言：處今何在
阿難言：此了知心 旣不知內 而能見外 如我思忖 潛伏根裏 猶如有人 取琉璃碗 合其兩眼 雖有物合 而不留礙彼根隨見 隨卽分別 然我覺了能知之心 不見內者 爲在根故 分明矚外 無障礙者 潛根內故

**〈강의〉** 마음의 소재(所在)를 확인하는데, 처음부터 '보는 작용'을 예(例)로 들어서 설명하였으므로 자연히 시각기관(視覺器官)인 눈을 여전히 주제(主題)로 삼고서 마음을 찾고 있다. 예로부터 시각현상을 알아보는 기관(器官)을 두고, 그 주체가 눈이라고 하는 학파와 '마음'이라고 하는 학파가 갈라져 있었다. 지금 '아난'이 '안근(眼根)의 안쪽에 시각을 알아보는 마음이 있다'고 대답하니, 종래의 학파를 종합하는 절충설(折衷說)이다.

[경(經)] 부처님께서 '아난'에게 말씀하셨다.

"네 말대로 안구(眼球) 뒤에 있는 것이 '마치 안경 낀 것과 같다'고 하면, 안경을 낀 사람이 산과 강을 볼 때 안경알을 보느냐 못 보느냐?"

'아난'이 대답했다.

"그러합니다, 세존이시여. 그 사람이 안경알을 눈에 갖다 대었으니 당연히 안경알을 봅니다."

부처님께서 '아난'에게 말씀하셨다.

"네 마음이 안구 뒤에 있는 것이 '마치 눈이 안경을 낀 것과 같다'고 하면, 네 마음이 산과 강을 볼 때에 어찌하여 네 눈을 보지 못하느냐? 만일 네 마음이 눈을 본다면 눈이 바깥 경계와 같으니 '저 안구가 보는 빛깔을 따라서 분별한다.'는 말이 성립되지 못한다. 또 눈을 보지 못한다면 어떻게 깨닫고 아는 마음이 안구 뒤에 들어 있는 것이 '마치 눈이 안경을 낀 것과 같다.'고 하겠느냐?

그러니까 마땅히 알아라. 네가 말하기를 각료능지지심(覺了能知之心)이 안구 뒤에 들어 있는 것이 '마치 안경(眼鏡)을 낀 것과 같다.'는 말은 옳지 않다."

佛告阿難：如汝所言 潛根內者 猶如琉璃 彼人當以琉璃籠

眼 當見山河 見琉璃不
(阿難言)：如是世尊，是人當以琉璃籠眼 實見琉璃
佛告阿難：汝心若同琉璃合者 當見山河 何不見眼 若見眼者 眼卽同境 不得成隨 若不能見 云何說言 此了知心 潛在根內 如琉璃合, 是故應知 汝言覺了能知之心 潛伏根裏 如琉璃合 無有是處

## 4. 눈 뜨면 밖을 보고, 눈 감으면 안을 보는가

[경(經)] **'아난'이 부처님께 사뢰었다.**

**"세존이시여, 제가 다시 이와 같은 생각을 해봅니다. 이 중생의 오장육부(五臟六腑)는 몸 '안'에 있고 눈구멍은 밖에 있으니, 오장육부는 어둡고 눈구멍은 밝습니다. 지금 제가 '눈을 뜨고 밝은 것을 보는 것은 마음이 몸 '밖'을 보는 것이 된다고 말할 수 있고, 눈을 감고 어두운 것을 보는 것은 마음이 몸 안의 것을 보는 것이 된다.'고 말하면 어떻습니까?"**

阿難白佛言：世尊，我今又作如是思惟 是衆生身 腑藏在中 竅穴居外 有藏則暗 有竅則明 今我對佛 開眼見明 名爲見外 閉眼見暗 名爲見內 是義云何

**〈강의〉** '아난'이 대답할 말이 궁했던 모양이다. 마음의 소재(所在)를 살피고 있는데, 마음이 있는 곳은 대답하지 않고, 난데없이 견(見)을 가지고 화제(話題)를 바꾸려고 한다. 몸의 바깥과 안을 보는 것을 명암(明暗)을 가지고 설명해보려고 시도(試圖)를 한다.

[경(經)] 부처님께서 '아난'에게 말씀하셨다.

"네가 '눈을 감고 어두운 것을 보는 것을 마음이 몸 안의 오장육부를 보는 것이다.'라고 하는데, 네가 어두운 것을 볼 적에, 그 어두운 경계가 네 눈과 상대(相對)하느냐, 네 눈과 상대하지 않느냐? 만일 어두운 것이 네 눈과 '상대한다면', 어두운 것이 네 눈앞에 있으니 어떻게 몸 안을 보는 것이라 하겠느냐? 만일 어두운 것을 보는 것이 굳이 몸 안을 보는 것이라고 주장한다면, 방안에 촛불이 없어 어두울 적에는 그 어두운 방 안이 모두 너의 오장육부(五臟六腑)가 되느냐! 만일 어두운 경계가 네 눈과 '상대하지 않는다면', 어떻게 '보는' 견(見)이 성립되겠느냐?

또 반대로 '눈을 뜨고 밝은 것을 보는 것을 몸 밖을 보는 것이다.'라고 한다면, 어떻게 네 얼굴을 네가 보지 못하느냐? 만일 몸 '밖'을 본다고 하면서도 얼굴을 보지 못한다면, 몸 '안'을 본다는 이론도 성립되지 않는다.

만약 얼굴을 본다면, 너의 마음과 눈이 허공에 있는 것이니, 어떻게 몸 '안'을 볼 수가 있겠느냐? 만일 눈과 마음이 허공에 있다면, 그것은 너의 몸이라고 할 수 없다. 너의 눈과 마음이 허공에 있더라도 너의 몸이라 한다면, 지금 여래가 네 얼굴을 보고 안다면, 나의 이 몸도 역시 네 몸이라고 하겠구나! 그렇다면 네 눈은 알더라도 네 몸은 깨닫지를 못해야 하리라.

네가 만약 몸도 알고 눈도 안다고 고집한다면, 마땅히 두 개의 알음알이가 있는 것이니, 너 한 사람이 두 부처를 이루어야 하리라.

그러니까 마땅히 알아라. 어두운 것을 보는 것이 몸 '안'을 보는 것이라는 네 말은 옳지 않다."

佛告阿難：汝當閉眼 見暗之時 此暗境界 爲與眼對 爲不對眼. 若與眼對 暗在眼前 云何成內 若成內者 居暗室中 無日月燈 此室暗中 皆汝焦腑. 若不對者 云何成見 若離外見 內對所成 合眼見暗 名爲身中 開眼見明 何不見面 若不見面 內對不成 見面若成 此了知心 及與眼根 乃在虛空 何成在內 若在虛空 自非汝體 卽應如來今見汝面 亦是汝身 汝眼已知 身合非覺 必汝執言 身眼兩覺 應有二知 卽汝一身 應成兩佛 是故應知 汝言見暗 名見內者 無有是處

## 5. 마음은 육식(六識)을 따라서 생기는가

[경(經)] '아난'이 사뢰었다.

"제가 일찍이 들으니, 부처님께서 사부대중에게 가르치시기를, '마음이 생기므로 말미암아 가지가지 법(法)이 생기고, 법(法)이 생기므로 말미암아 가지가지 마음이 생긴다.'라고 하셨습니다. 제가 지금 생각해보니 '생각하는 놈'이 바로 저의 심성(心性)일진대, '경계(境界)를 따라서 합(合)하는 곳에 제 마음이 따라 생겨나므로', 안과 밖과 중간의 세 곳에 마음이 있는 것이 아닙니다."

阿難言；我嘗聞佛 開示四衆 "由心生故 種種法生 由法生故 種種心生" 我今思惟 卽思惟體 實我心性 隨所合處 心則隨有 亦非內外中間三處

**〈강의〉** 몸을 기준으로 하여 '안과 밖과 중간의 세 곳'에 마음이 없다면, 도대체 어디에 마음이 있을 수가 있을까? 대답이 궁한 '아난'이 '유법생고 종종심생(有法生故 種種心生)'을 근거로 하여, "육근(六根)과 육진(六塵)이 합(合)쳐서 육식(六識)이 생기는 그 자리에 마음이 생긴다."고 대답한다.

불교에서는 사람의 감각기관을 **근**(根)이라고 부르고 감각대상인 경계를 **진**(塵)이라고 부른다. 여섯 개의 감각기관인 '눈·귀·코·혀·몸·뜻'인 **육근**(六根)이, 여섯 가지 경계인 '빛깔·소리·냄새·맛·촉감(觸感)·법진(法塵)'인 **육진**(六塵)을 상대(相對)하면, 그 인연으로 각각 '안식(眼識)·이식(耳識)·비식(鼻識)·설식(舌識)·신식(身識)·의식(意識)'이라는 **육식**(六識)이 생긴다. '아난'은 이렇게 '근진(根塵)이 합하면 생기는 육식(六識)'이 있는 그곳에서 '마음이 생긴다'고 보았다.

우리가 낙동강(洛東江)에 강물이 흐르는 것을 눈으로 보면, 보는 즉시 "강물이 맑구나, 흐리구나, 수량(水量)이 많구나, 적구나, 물살이 빠르구나, 느리구나." 하는 등등의 생각을 한다. 이런 '생각'은 강(江)이라는 시각현상을 알아보는 안식(眼識)이 생김과 동시에 의근(意根)이 일으키는 의식작용이다. 경계를 보고 **의식**(意識)이 나타나면 그것이 바로 '마음'이다. 육식(六識)이라는 법(法)이 생기면 그 즉시 명료의식(明了意識)이 생기면서 분별작용을 한다. "경계(境界)를 따라서 합(合)하는 곳에 제 마음이 따라서 생긴다"는 대답은, '육식(六識)과 함께 마음이 생긴다'는 말이니, "육식(六識)이 바로 마음이라"는 대답이다. 이것을 '아난'이 지금 마음이라고 주장하는 것이다.

[경(經)] 부처님께서 '아난'에게 이르셨다.

"네가 지금 말하기를, '법(法)이 생기므로 말미암아 가지가지 마음이 생기니, 법(法)에 합(合)하는 곳을 따라서 마음이 따라 생긴다.'고 하는데, 네가 말하는 그 마음에 바탕[體]이 있느냐, 바탕[體]이 없느냐?

마음이 만약에 **바탕[體]이 없다면,** 법(法)에 합(合)할 수가 없을 것이니, 네가 '마음은 바탕이 없으면서 능히 법(法)과 합(合)한다.'고 주장하면, 없는 것이 없는 것과 합(合)한다는 말이 되니 옳지 않다.

만약에 마음이 **바탕[體]이 있다면,** 네가 손으로써 네 몸을 때리는 경우에 너의 아는 마음이 안에서 나오느냐, 밖에서 들어가느냐? 만일 안에서 나온다면 또한 몸 '안'을 보아야 할 것이요, 만약 밖에서부터 들어왔다면 먼저 네 얼굴을 보아야 할 것이다.

佛告阿難：汝今說言 由法生故 種種心生 隨所合處 心隨有者 是心無體 則無所合 若無有體而能合者 則十九界 因七塵合 是義不然. 若有體者 如汝以手 自挃其體 汝所知心 爲復內出 爲從外入 若復內出 還見身中 若從外來先合見面

**〈강의〉** 부처님이 여기에서 마음에 대한 '아난'의 소견(所見)을 검증(檢證)하신다. **육식**(六識)이 생기면서 '마음'이 따라서 생긴다면, 그 마음이란 것이 원래 바탕이 있는가? 바탕이 없는 것인가? 또 만약 마음이 바탕이 있다면, 그 바탕이 하나인가? 여러 개인가? 그리고 그 마음이 몸 안에 두루한가? 아니한가?

먼저 마음이라고 지칭할 만한 무슨 **바탕이 있다면,** 마음의 출입(出

入)과 동정(動靜)에 따라 그 흔적(痕迹)이 있어야 한다. 또 마음이라는 것이 아무 **바탕이 없다면** 아무것도 없는 마음이 '법(法)과 합(合)한다'는 현상이 일어날 수가 없으니, 마음의 작용인 요지(了知)나 능지(能知)가 없어야 한다. 그런데 마음은 '바탕이 있는 것이 아니어서' 흔적이 없고, 또 '바탕이 없는 것이 아니어서' 요지(了知)작용도 한다. 그렇다면 마음은 바탕이 있는 유(有)인가? 바탕이 없는 무(無)인가? 어느 쪽으로 대답을 해야만 정답이 될 수 있을까? 조주(趙州)의 무자(無字) 화두가 생각난다. 개가 불성(佛性)이 있는가? 없는가? 그래서?

**[경(經)] '아난'이 말하였다.**

**"보는 것은 눈입니다. 마음으로 '아는 것'과 눈으로 '보는 것'은 서로 다릅니다. 따라서 마음으로 '아는' 것을 '본다'라고 표현하시는 것은 옳지 않습니다."**

**부처님께서 말씀하셨다.**

**"만약에 눈이 능히 본다면, 네가 방안에 있을 적에 문(門)이 능히 보아야 할 텐데, 사실은 그렇지 않다. 그리고 금방 죽은 사람도 눈은 아직 상(傷)하지 않았으니 응당 물건을 보아야 할 것이다. 만약에 죽은 사람이 능히 물건을 본다면 어찌 죽었다고 하겠느냐.**

阿難言 : 見是其眼 心知非眼 爲見非義
佛言 : 若眼能見 汝在室中 門能見不 則諸已死 尙有眼存 應皆見物 若見物者 云何名死

**〈강의〉** 이 문단(文段)은, 여기 '법(法)이 생기므로 말미암아 가지가

지 마음이 생기니, 법(法)에 합(合)하는 곳을 따라서 마음이 따라 생긴다'는 설명을 하고 있는 장면과 내용이 부합되지 않는다. 따라서 앞에서 말한 대로 제49쪽으로 옮겨야 문맥(文脈)이 맞다.

처음 〈능엄경〉을 접하는 독자들은 대부분 이 대목에서 어리둥절하고 혼란스럽다고 한다. 그래서 여기서 〈능엄경〉을 더 이상 읽어내지 못하고 중도에서 포기하는 사람들이 많았다.

**[경(經)] '아난'아, 또 너의 각료능지지심(覺了能知之心)이 만일에 반드시 바탕[體]이 있다면, 그 마음이 일체(一體)이냐? 다체(多體)이냐? 또 지금 너의 몸에 있다면, 온 몸에 두루하여 있느냐? 두루하지 않느냐?**

**만일 마음이 일체(一體)라서 하나라면, 네가 손으로 팔이나 다리를 때릴 때에 사지(四肢)가 다 같이 아픔을 느낄 것이요, 만일 모두 같이 느낀다면 때린 부위가 따로 없을 것이다. 만약 아픔을 느끼는 부위가 따로 있다면 너의 마음이 일체(一體)라고 할 수가 없다.**

**만일 마음이 다체(多體)라서 여러 개가 있다면, 여러 사람을 이룰 것이니 어느 마음 바탕[體]이 네가 되겠느냐?**

阿難，又汝覺了能知之心 若必有體 爲復一體 爲有多體 今在汝身 爲復遍體 爲不遍體. 若一體者 則汝以手 挃一支時 四支應覺 若咸覺者 挃應無在 若挃有所 則汝一體 自不能成 若多體者 則成多人 何體爲汝

**〈강의〉** 여기서는 마음이 바탕이 있다고 하면, 그 마음이 '하나인가,

아니면 여러 개인가'를 따지는 장면이다. **만일에 마음이 하나라면,** 팔을 때릴 적에 그 얻어맞는 촉감(觸感)을 온몸이 같이 느낄 것이다. 그런데 실제로는 아픈 촉감을 느끼는 부위는 얻어맞은 부위에만 한정된다. **반대로 마음이 여러 개라면,** 눈으로 보는 마음과 귀로 듣는 마음, 피부로 촉감을 느끼는 마음이 각각 존재한다는 말인데, 그러면 어느 것이 진짜 제 마음인가? 부처님의 이 설명을 직접 내 마음에 대비(對比)하여 검토해보면, 내 마음은 하나인가? 여러 개인가? 하나도 아니고 여러 개도 아닌가?

[경(經)] **또 마음이 온몸에 두루하여 있다면, 앞에서 때린 비유와 같다. 만약 마음이 몸에 두루하지 않다면, 네가 머리를 부딪치면서 동시에 발도 부딪치는 경우에, 머리에만 감각이 있고 발은 감각이 없거나, 아니면 발에만 감각이 있고 머리에는 감각이 없어야 하는데, 실제로는 그렇지가 않다.**

**그러니까 마땅히 알아라. 경계(境界)를 따라서 합(合)하는 곳에 마음이 따라 생긴다는 것은 옳지 않다."**

若遍體者 同前所挃 若不遍者 當汝觸頭 亦觸其足 頭有所覺 足應無知 今汝不然 是故應知 隨所合處 心則隨有 無有是處

**〈강의〉** 여기서는 다시 '마음이 바탕이 있다'고 하면, 그 '마음'이 온몸에 **두루한가**, 아니면 **두루하지 않는가**를 검토하고 있다. **마음이 몸에 두루하다면,** 머리를 만질 적에 온몸이 같이 그 촉감을 느껴야 한다. 만일 **마음이 몸에 두루하지 않다면** 머리와 발을 동시에 만질 적에 머리에만 촉감이 있거나 발에만 촉감이 있어야 한다. 그러나 사실은 그렇지 않다.

그렇다면 마음이 두루한 것인가? 두루하지 않은 것인가?

## 6. 마음은 중간(中間)에 있는가

[경(經)] **'아난'이 부처님께 고하였다.**

**"세존이시여, 제가 또한 듣자오니, 부처님이 '문수'(文殊)와 여러 법왕자(法王子)와 더불어 실상(實相)을 말씀하실 때, 세존께서 말씀하시기를, '마음이 안에도 있지 않고, 또한 밖에도 있지 않다.' 고 하셨습니다. 제가 지금 생각하오니, 몸 '안'을 보지 못하니 몸 안에 있다고 할 수 없고, 또 몸과 마음이 서로 아는지라 몸 밖에 있다고 할 수도 없습니다. 지금 몸과 마음이 서로 알면서도 또 몸 안을 보지 못하니, 마땅히 중간(中間)에 있는 것 같습니다."**

阿難白佛言：世尊，我亦聞佛 與文殊等諸法王子 談實相時 世尊亦言"心不在內 亦不在外"如我思惟 內無所見 外不相知 內無知故 在內不成 身心相知 在外非義 今相知故 復內無見 當在中間

[경(經)] **부처님께서 말씀하셨다.**

**"네가 중간(中間)에 있다고 말하니, 이 중간이란 것이 분명히 위치(位置)가 있을 것이다. 지금 네가 중간에 마음이 있다고 추측하는데, 그 중간은 어디쯤이냐? 몸 밖에 있는 것이냐, 몸에 있는**

것이냐?

만일 몸에 있다면, 몸 거죽에 있으면 중간이 아니요, 몸속에 있다면 보지 못하는 오장육부와 같다. 만약에 몸 밖에 있다면, 표시할 수가 있느냐, 표시할 수가 없느냐? 만약에 표시할 수가 없다면, 마음이 없는 것과 같다. 표시할 수가 있다고 해도, 일정하지가 않다. 왜냐하면 어떤 위치를 찾아서 '중간'이라고 표시하더라도, 동쪽에서 보면 서쪽이 되고, 남쪽에서 보면 북쪽이 되어서, 표시라는 것 자체가 혼란한 것이니, 마음도 응당 혼란하다."

佛言：汝言中間 中必不迷 非無所在 今汝推中 中何爲在 爲復在處 爲當在身 若在身者 在邊非中 在中同內 若在處者 爲有所表 爲無所表 無表同無 表則無定 何以故 如人以表 表爲中時 東看則西 南觀成北 表體旣混 心應雜亂

[경(經)] '아난'이 사뢰었다.

"제가 말하는 중간(中間)은 이 두 가지가 아닙니다. 세존께서 말씀하신 바와 같이, '눈과 빛깔이 인연이 되어 안식(眼識)을 낸다.' 고 하니, 눈은 분별(分別)이 있고 빛깔은 지각(知覺)이 없는데, 안식이 그 중간에서 생기는 것이니, 이 중간이 곧 마음이 있는 곳이 되겠습니다."

阿難言：我所說中 非此二種 如世尊言 "眼色爲緣 生於眼識" 眼有分別 色塵無知 識生其中 則爲心在

**〈강의〉** 중간(中間)이라는 단어가 가지는 의미는 다양하다. 또 수학

(數學)에서 점(點)을 정의하는 것처럼, 중간의 정확한 위치는 논증할 수가 없다. '아난'이 처음에는 위치(位置)를 가지고 중간을 따지다가 말이 성립되지 않으니, 이번에는 유정(有情)과 무정(無情)을 가지고 그 중간을 찾고 있다.

[경(經)] **부처님께서 말씀하셨다.**

**"네 마음이 만일 안근(眼根)과 색진(色塵)의 중간(中間)에 있다면, 이 심체(心體)가 근(根)과 진(塵) 둘을 겸(兼)하느냐, 겸(兼)하지 않느냐?**

**만일 근(根)과 진(塵) 둘을 겸(兼)하면, 근(根)과 진(塵)이 잡란(雜亂)하게 된다. 근(根)은 유지(有知)하고 진(塵)은 무지(無知)하니 서로 대적(對敵)이 되어 양립(兩立)하는데 어떻게 중간이 있겠느냐?**

**근(根)과 진(塵), 둘을 겸(兼)하지 않으면, 지(知)도 부지(不知)도 아니어서 중간의 체성(體性)이 없으니 중간이 무슨 모양이 있겠느냐. 그러니까 마땅히 알아라. 마음이 중간에 있다는 주장은 옳지 않다."**

佛言：汝心若在 根塵之中 此之心體 爲復兼二 爲不兼二 若兼二者 物體雜亂 物非體知 成敵兩立 云何爲中 兼二不成 非知不知 卽無體性 中何爲相 是故應知 當在中間 無有是

## 7. 마음은 소재(所在)가 없는가

**[경(經)] '아난'이 부처님께 사뢰었다.**

**"세존이시여, 제가 예전에 보니까, 부처님께서 대'목련'(大目連), '수보리'(須菩提), '부루나'(富樓那), '사리불'(舍利佛)등 사대제자(四大弟子)와 더불어 같이 법륜(法輪)을 굴리실 적에, 늘 말씀하시기를, '깨달아 알고 분별(分別)하는 심성(心性)이, 이미 안에도 있지 않고 또한 밖에도 있지 않으며 중간(中間)에도 있지 않아서, 아무데도 소재(所在)가 없다.'고 하시어, 일체(一切)에 집착(執着)이 없는 것을 마음이라고 하셨으니, 제가 이제 '집착이 없는 것이 마음이다.'라고 해도 되겠습니까?"**

阿難白佛言：世尊, 我昔見佛與大目連, 須菩提, 富樓那, 舍利弗. 四大弟子 共轉法輪 常言 覺知分別心性 旣不在內 亦不在外 不在中間 俱無所在 一切無著 名之爲心 則我無著 名爲心不

**〈강의〉** '아난'이 제 마음이 있는 장소를 여섯 군데나 제시(提示)했으나, 부처님이 "모두 다 아니다"라고 부인(否認)하셨다. '아난'이 더 찾아보기를 포기하였으나, 분명히 제 마음이 작용하는 것은 부인할 수가 없어서, 부득불 "마음은 어디에도 없으나, 인연(因緣)을 따라서 작용을 한다."라는 뜻으로, "무착(無着)을 마음이라 한다."고 대답을 했다. 즉 집착(執着)이 없는 것이 마음의 주소라고 한다.

**[경(經)] 부처님께서 말씀하셨다.**

"네가 지금 '깨달아 알고 분별(分別)하는 심성(心性)인 각지분별심성(覺知分別心性)이 소재(所在)가 없다.'고 말하는구나. 네가 지금 '집착(執着)이 없다.'고 하는 말은, 세간의 허공과 육지와 바다에서 날아다니거나 걸어 다니는 온갖 물상(物象)들이 '있다'는 말이냐, '없다'는 말이냐?

일체(一切)의 물상(物象)이 없다면, '거북털'이나 '토끼뿔'과 같은데, 어떻게 '집착하지 않는다.'고 말할 수 있느냐.

佛告阿難：汝言 覺知分別心性 俱無在者 世間虛空水陸飛行 諸所物象 名爲一切 汝不著者 爲在 爲無 無則同於龜毛免角 云何不著

〈강의〉 '아난'이 '깨달아 알고 분별(分別)하는 심성(心性)'이 주소(住所)가 없어서, "무착(無着)을 마음이라 한다"고 하니, 부처님께서 집착(執着)이 없다는 **무착**(無着)이란 단어를 가지고 '아난'의 대답을 점검(點檢)하신다. 즉, "물상(物象)이 있는데도 무착이란 말인가? 아니면 물상(物象)이 없어서 무착이란 말인가?" 하고 질문하신다. 원래 집착(執着)이란 반드시 대상(對象)을 두고 하는 말이다. 따라서 '물상(物象)이 없다'는 경우는 집착 여부를 따질 것이 없다. '거북털'과 '토끼뿔'이란 말은, 명칭(名稱)만 있고, 그 실체(實體)는 없는 것들이다.

[경(經)] 만약 '일체의 물상이 있으나, 내가 집착(執着)하지 않는다'는 뜻이라면, '집착(執着)이 없다'고 말할 수 없다. 모습인 상(相)이 없다면 물상이 '없는 것'이요, 모습이 없는 것이 아니라면 곧

**'모습'이니, '모습이 있다'고 하면 이미 존재(存在)를 인정한 것이다. 그러니 어떻게 집착(執着)이 없다고 하겠느냐.**

**그러니까 마땅히 알아라. '일체(一切)에 집착(執着)이 없는 것을 각지심(覺知心)이라고 한다'는 말은 옳지 않다."**

有不著者 不可名無. 無相則無 非無卽相 相有則在 云何無著 是故應知 一切無著 名覺知心 無有是處

**〈강의〉** '**상유즉재 운하무착(相有則在 云何無著)**'은 "모습[相]이 있다[有]고 하면 '존재(存在)'를 인정한 것이니, 어찌 집착(執着)이 없다고 하겠느냐."라는 글에는, "존재(存在)를 인정한 것이니," 다음에 "그렇다면 이미 그 모습에 집착(執着)한 것이다."라는 말이 생략(省略)되어 있다. 즉 "대상(對象)이라고 할 '모습'이 있다고 말하면, 벌써 그 존재(存在)를 인정한 것이 되고, 대상(對象)인 존재(存在)가 있으면 이미 반연(攀緣)하는 마음이 있는데 어찌 집착(執着)한 것이 아니겠느냐."라는 뜻이다.

이와 관련하여 중요한 법구(法句)가 〈금강경〉(金剛經)에 있다. 육조(六祖) 혜능(慧能)대사가 한 번 듣고서 견성(見性)했다고 하여 유명하게 된 '**응무소주 이생기심(應無所住 而生其心)**'이라는 구절이다. 흔히 "마땅히 머무른 바 없이 그 마음을 내라"고 해설한다. 그런데 지금 〈능엄경〉의 이 구절과 비교하여 그 내용을 검토해볼 필요가 있다. "거지를 보고 불쌍한 생각이 나서 돈을 준다"는 경우에, 거지라는 '모습'을 인정하면 '**상유즉재(相有則在)**'로 마음이 발동하여 벌써 집착(執着)한 것인데, "어떻게 집착(執着) 없이 무주상(無住相)으로 보시(布施)를 하고, 머무른 바 없는 마음을 낸다"는 말인가?

우리나라 불자(佛子)라면 〈금강경〉을 이미 읽어본 경험이 있을 것이다. 그리고 이 유명한 구절(句節)을 알고 있을 것이다. 그리고 자기 나름대로 해석할 자신도 가지고 있을 것이다. 그렇다면 〈금강경〉의 '**응무소주(應無所住)**'를 어떻게 이해하여야 바르게 아는 것일까? 원래 〈금강경〉은 어려운 경(經)이다. 〈금강경〉은 결론만 내렸지, 설명하는 내용이 별로 없다. 〈능엄경〉이 설명하는 초급(初級) 과정이면, 〈금강경〉은 결론만 정리하는 고급(高級)과정이다. 그래서 〈능엄경〉을 이해하지 못하면 〈금강경〉을 결코 이해할 수가 없다. 절집에서 경전(經典) 공부를 할 적에 〈능엄경〉을 제일 먼저 배우는 이유가 있었다. 〈능엄경〉에서 진짜 마음을 터득하지 못하면, "마땅히 머무른 바 없이 그 마음을 내라."라는 '**응무소주 이생기심(應無所住 而生其心)**'이라는 구절은 자신 있게 설명할 수가 없는 것이다.

이상(以上)으로 '아난'은 일곱 차례에 걸쳐서 보는 견(見)을 중심으로 하여 '**마음'의 처소**(處所)를 몸의 안팎, 중간 등등에서 찾아서 제시하였다. 그런데 '아난'이 생각하는 '마음'은 앞에서 말한 바와 같이 경계에 반응(反應)하는 **망심**(妄心)이었다. 우리가 일상(日常)에 경계를 분별(分別)하는 망심(妄心)을 '아난' 자신의 마음으로 알고서 여기저기 찾아본 것이다. 옛 부터 이 법문(法門)은 '아난'이 일곱 처소(處所)에서 마음을 찾아본 법문이라고 해서 **칠처징심**(七處徵心) 법문(法門)이라고 한다.

중국 원(元)나라 중봉(中峰)대사의 〈**능엄징심변견혹문**〉(楞嚴徵心辯見或問)이란 글에, 칠처징심(七處徵心)을 설명한 것이 있다.

혹문(或問): '아난'이 칠처(七處)를 가리켰으나 모두 마음이 없었다. 그렇다면 사람에게 모두 "마음이 없다"고 하면, 옳습니까?

답(答): **심**(心)은 사구(四句)를 떠났으니, 그 당체(當體)가 유(有)와 무(無)에 걸리지 않고, **도**(道)는 백비(百非)가 끊어졌으니, 응념(應念)을 어떻게 여윔(離)과 있음(在)으로 논(論)하겠느냐! 혼매(昏昧)하면 시비(是非)가 일어나고, 알고 보면 범성(凡聖)의 정(情)이 융화(融和)한다. 그러므로 '아난'이 가리킨 곳에는 "마음이 없었다"고 누가 말하겠는가! 오직 심원(心源)을 몰라서 편소(偏小)에 떨어져 있으므로, 여래(如來)께서 곡진(曲盡)하게 설명하시어 치우친 생각을 공박(攻駁)하신 것이다. 또한 마음은 **이**(理)에 해당하니 일체(一切) 중생(衆生)이 제각기 갖추고 있다. 하물며 사람은 만물(萬物)의 영장(靈長)인데 어떻게 심체(心體)를 구족(具足)하지 않았겠느냐! 만약 "마음이 없었다"고 말한다면, 참으로 스스로 미혹(迷惑)한 생각이다.

혹문(或問): 가리킨 바 **칠처**(七處)가 모두 치우친 **편**(偏)이라면, 어떤 것이 올바른 **정**(正)입니까?

답(答): 장님들이 코끼리를 구경할 적에, 코끼리는 몸을 감추지 않았는데, 코끼리 몸을 제대로 파악하지 못한 것은 **장님**들의 잘못이다. 허공에는 본래 방위(方位)가 없지만, 방향(方向)을 정한 것은 중생들의 **집착**(執着) 때문이다. 마음에는 원래 정(正)과 편(偏)이 없지만, 편(偏)과 정(正)은 잘못된 소견(所見) 때문에 생긴다. 이제 비유(譬喩)를 들어서 밝혀보겠다.

어떤 사람이 **칠처**(七處)에서 각각 거주(居住)한 적이 있었다. 누군가가 그에게 물었다.

"달이 뜨고 지는 방향(方向)이 어디였소?"

그 사람이 처음에 대답하기를, "동쪽 바다에서 뜨고, 서쪽 바다로 지더라."고 하였으니, 이것은 전(前)에 '섬에 살면서 본 것'을 가지고 대답한 것이다.

또다시 대답하기를, "동쪽 산(山) 꼭대기에서 뜨고, 서산(西山) 너머로 지더라."고 하였으니, 이것은 전에 '산골짝에 살면서 본 것'을 말함이다.

또다시 대답하기를, "성(城)의 동쪽 머리에서 뜨고, 성 밖으로 지더라."고 하였으니, 이것은 전에 '성내(城內)에 살면서 본 것'이다.

또다시 대답하기를, "뱃머리의 좌측(左側)에서 뜨고, 우(右)로 지더라."하고, 또 "누각(樓閣)의 위에서 뜨고, 아래로 지더라."하고, 또 "마을의 동쪽에서 뜨고, 뒤로 지더라."고 하였으니, 모든 대답(對答)들이 다 전(前)에 거주(居住)하던 일곱 장소에서 달을 본 경험(經驗)에서 나온 것인데, 그것들이 마음속에 **집착**을 만든 것이다. 지혜(智慧)로운 사람이라면 그 대답을 모두 긍정(肯定)할 리가 없다. 물론 그가 가리킨 장소가 모두 '달이 뜨고 지는 방향(方向)'이 아닌 것은 아니지만, 그러나 달이 실제로 이 **칠처**(七處)에서 출몰(出沒)한 것은 아니다. 일곱 가지로 방향(方向)을 가리킨 대답들이 모두 틀린 것은, 비록 그곳에서 각각 달을 보기는 했지만, 저 멀리 먼 하늘을 한 번도 쳐다보지 않았기 때문이다.

따라서 '아난'이 가리킨 칠처(七處)를, '모두 **마음**이 아니다'라고 말할 수는 없다. 다만 '아난'이 스스로 한 번 회광(廻光)하여 제 마음을 반조(返照)해보지 않았기 때문에 벌어진 광경이다.

혹문(或問): 당신의 비유(譬喩)대로 한다면, '아난'이 가리킨 일곱 곳에는 '마음이 일찍이 없었다'는 뜻입니까?

답(答): 모습이 없는 놈을 눈으로 어떻게 볼 수가 있으며, 존재하지 않는 것을 종적으로 어떻게 찾겠는가! 마음은 피(彼)와 차(此)를 떠나서 탁연(卓然)히 독존(獨存)하고, 중(中)도 아니고 변(邊)도 아니면서 담연(湛然)히 상주(常住)한다. 이 마음이란 것은 일체 중생(衆生)이 많은 겁(劫)을 거치면서 의지(依支)하던 것인데도, 스스로 그 마음을 알지 못하고 있을 뿐이다. 이 세상에서 가장 큰 것은 허공(虛空)이다. 티끌과 모래같이 수많은 우주(宇宙) 법계(法界)를 이 허공이 모두 포괄(包括)하고 있다. 여래(如來)께서 〈능엄경〉에서, "마땅히 알아라. 네 마음에서 허공(虛空)이 생긴 것이 마치 하늘에서 한 조각의 구름이 생긴 것과 같다"고 하시고, 또 "허공(虛空)이 대각(大覺)에서 생긴 것이 마치 물거품 한 개가 바다에서 생긴 것과 같다"고 말씀하셨다. 즉 허공이 가장 크지만, 나의 마음인 '묘명심(妙明心)'에서 보면, 마치 '구름 한 조각'이나 '물거품 한 개'에 불과할 뿐이다. 그러하니, 이렇게 광대무변한 마음의 크기를 어리석은 범부(凡夫)가 어찌 짐작이나 할 수 있겠느냐. '아난'이 칠처(七處)로써 대답한 것은 미혹(迷惑)하기 때문이니, 망견(妄見)으로 칠처(七處)를 가리킨 것이, 마치 큰 바다를 버려두고 물거품 한 개를 가지고 바다라고 생각하는 것과 같다. 그래서 여래(如來)께서 부득이 이렇게 징심(徵心)하지 않을 수가 없었으니, 징심(徵心)하면서 편소(偏小)한 집착이 드러나자 '아난'이 더 이상 대답(對答)할 수가 없었던 것이다.

혹문(或問): 심체(心體)가 이미 산하대지(山河大地)에 두루하다면, 어찌하여 몸을 떠난 **외부**(外部)는 지각(知覺)이 전혀 없습니까? 어떻게 '마음이 사방에 두루하지만, 지각을 갖추지 는 않았다'고 말할 수가 있겠습니까?

답(答): 네게 묻겠다. 네가 지금 이 사대(四大) 색신(色身) 밖에, '사물(事物)이 있다'고 지각하느냐? '사물이 없다'고 지각하느냐? 만약 사물이 있지만 네가 '지각하지 못하면' 너는 마땅히 토목(土木)과 같다. 또 지각한다면 능히 요지(了知)하느냐? 요지(了知)하지 못하느냐? 설령 네가 '실심(失心)하여서 요지(了知)하지 못하고', 명(明)을 암(暗)이라 하고, 색(色)을 공(空)이라 하여, 틀리게 말하더라도 지각이 없는 것은 아니다. 손가락으로 가리키는 곳을 보고, 허공과 물상(物象)의 대소(大小)와 미오(美惡)를 분명하게 구별(區別)한다. 진실로 지각이 없다면 무엇이 이렇게 구별(區別)하겠느냐. 문득, 망혹(妄惑)이 단번에 공(空)하고 집착하는 정식(情識)을 털어버리면, 시방(十方)의 허공(虛空)이 곧 대원경(大圓鏡)으로서 갈고 닦지 않아도 고금(古今)을 비추고 있으며, 또 삼천대천세계(三千大天世界)의 찰해(刹海)가 바로 능엄왕삼매(楞嚴王三昧)로서 수증(修證)하지 않고도 범성(凡聖)을 융통(融通)하는 것을 알게 된다. 여기에 도달하면 허망(虛妄)한 지각이 더 이상 의지(依支)할 곳이 없다.

일심(一心)은 항상(恒常) 만법(萬法)을 비추고 있으니, 이 이치(理致)는 고금(古今)을 통하여 무변(無變)이며, 어묵(語默)을 따르되 불천(不遷)하니, 단적(端的)으로 말한다면, 견문각지(見聞覺知)로 알 수가 없고, 말이나 뜻으로 통달(通達)할 수 있는 것이 아니다.

〈능엄징심변견혹문〉(楞嚴徵心辯見或問)에서 초록함

## 제2절 두 가지 마음: 반연심(攀緣心)과 청정체(淸淨體)

[경(經)] 그때에 '아난'이 대중(大衆) 가운데 있다가 곧 자리에서 일어나 오른 어깨를 벗어 메고 오른 무릎을 땅에 꿇고서 합장하고 공경하며 부처님께 사뢰었다.

"저는 여래(如來)의 가장 어린 동생으로 부처님의 사랑을 입어서 비록 출가(出家)는 했으나, 어여삐 여김을 믿고서 오직 많이 듣기만 하고 무루(無漏)를 얻지 못하였습니다. 그리하여 '사비가라'(娑毗迦羅) 주문(呪文)에 홀려서 '마등가'(摩登伽)의 방(房)에 들어갔습니다. 이것은 진제(眞際)의 실상(實相)을 모르고 있었기 때문입니다. 원하옵건대 세존(世尊)께서는 큰 자비심으로 불쌍히 여기사 저에게 '사마타'(奢摩他)의 길을 열어주시어서, 불법(佛法)을 모르고 비방(誹謗)하는 무리들로 하여금 그릇된 사견(邪見)을 버리도록 하여 주십시오."

이렇게 말하고는 오체(五體)를 땅에 엎드리고 대중들과 함께 정성을 다하여 부처님의 가르침을 듣고 싶어 하였다.

爾時阿難 在大衆中 卽從座起 偏袒右肩 右膝著地 合掌恭敬 而白佛言：我是如來最小之弟 蒙佛慈愛 雖今出家 猶恃憍憐 所以多聞 未得無漏 不能折伏娑毗羅咒 爲彼所轉 溺

於婬舍 當由不知 眞際所詣 惟願世尊 大慈哀愍 開示我等 奢摩他路 令諸闡提 隳彌戾車 作是語已 五體投地 及諸大衆 傾渴翹佇 欽聞示誨

**〈강의〉** 다문(多聞) 제일(第一)인 '아난'이 실수를 하여 계율을 어길 뻔한 것은 그가 **진제(眞際)의 실상(實相)**을 몰랐기 때문이라고 고백하는 장면이다. '**진제(眞際)의 실상(實相)**'이 한문경전에는 眞際所詣(진제소예)로 되어 있는데, 이것을 부처님은 "시작이 없는 '보리열반(菩提涅槃)'의 원래 청정(淸淨)한 바탕인 진심(眞心)"이라고 부르신 것이다.

[경(經)] **그때에 세존께서 얼굴에서 가지가지 광명(光明)을 놓으시니 그 밝고 빛나는 것이 마치 십만 개의 태양과 같았다.**

**이때에 모든 부처님의 세계가 여섯 종류로 진동(震動)하며, 이와 같이 티끌 수만큼 많은 미진수(微塵數)의 시방(十方)의 국토(國土)가 일시(一時)에 다 보이는데, 부처님의 위신(威神)이 모든 세계(世界)를 합하여 하나의 세계로 만드시니, 그 세계 가운데 있는 모든 대(大)'보살'이 모두 그들의 본국(本國)에 머물러 있으면서 함께 합장(合掌)하고 부처님의 법문(法門)을 듣고 있었다.**

爾時 世尊 從其面門 放種種光 其光晃耀 如百千日 普佛世界 六種震動 如是十方微塵國土 一時開現 佛之威神 令諸世界 合成一界 其世界中 所有一切諸大菩薩 皆住本國 合掌承聽

**〈강의〉** 부처님이 신통(神通)을 두 번째로 나투신 장면이다.

'**모든 부처님의 세계가 여섯 종류로 진동(震動)한다.**'는 구절에서 '**모든 부처님**'은 부처님의 수(數)가 매우 많다는 것을 전제로 하고 있다. 따라서 세계(世界)의 수효는 더 많다는 말이다. 그 당시에 '샤카무니'부처님과 '아미타'부처님을 위시하여 시방세계에 많은 부처님들이 여러 세계에서 제각기 중생들을 교화하고 계셨다는 뜻이다. 또 '**여섯 종류의 진동(震動)**'에서 '여섯'은 육근(六根)·육진(六塵)·육식(六識)으로 구성된, 우리가 사는 '사바'세계를 상징하고, '진동(震動)'은 근진(根塵)이 가지는 독특한 진동(振動)이나 '사이클'을 가리킨다. 우리가 만일 칠근(七根)을 갖추고 있다면, 반드시 진동(震動)도 일곱 종류가 된다.

다음에 '**티끌 수만큼 많은 시방(十方)의 국토(國土)가 일시(一時)에 다 보이는데, 부처님의 위신(威神)이 모든 세계를 합하여 하나의 세계(世界)로 만드셨다.**'고 한다. 얼른 이해가 안 되는 부분이다. '미진수(微塵數) 세계(世界)의 국토(國土)'는 우주의 크기가 무한(無限)하니까 이해할 수 있다. 그런데 수많은 모든 세계를 합하여 '하나의 세계(世界)'로 만드셨다는 것은, 각각 다른 차원(次元)에 흩어져서 다른 주파수(周波數)를 쓰는 수많은 세계를 하나의 주파수(周波數)로 맞추어 중생들에게 한꺼번에 보여주는 신통한 능력(能力)이 있다는 말이니, 우리의 생각인 반연심(攀緣心)으로는 알 수 없는 일이다. 이런 기적(奇蹟)을 부처님의 위신력(威神力)이라고 한다. 이론적으로 보면, 삼계(三界)는 허공 속에 있고, 허공은 하나뿐이므로, 이렇게 하나의 세계(世界)로 만들 수가 있는 것이다.

**[경(經)] 부처님께서 '아난'에게 이르셨다.**

**"모든 중생(衆生)들이 시작이 없는 옛적부터 소견(所見)들이 잘못되어서 업(業)의 종자(種子)가 자꾸 모여 헤아릴 수가 없이 많아지고 있다. 또 모든 수행인(修行人)들도 능히 무상보리(無上菩提)를 얻어 도(道)를 성취(成就)하지 못하고, 많은 사람들이 옆길로 새어 성문(聲聞)이나 연각(緣覺)을 이루거나 외도(外道)나 천상(天上)의 마왕(魔王)이나 그 권속(眷屬)이 되고 있다.**

**이것은 모두가 수행(修行)할 적에 '두 가지 근본 진리'인 이종근본(二種根本)을 알지 못하고 잘못 닦고 익히기 때문이니, 근본(根本)을 모르고서 잘못 닦고 익히는 것은 마치 모래를 삶아서 좋은 음식을 만들려는 것과 같은 짓이다. 이종근본(二種根本)을 모르면 비록 미진수겁(微塵數劫)을 수행(修行)할지라도 마침내 무상보리(無上菩提)를 얻을 수가 없다.**

佛告阿難：一切衆生 從無始來 種種顚倒 業種自然 如惡叉聚 諸修行人 不能得成無上菩提 乃至別成聲聞緣覺 及成外道 諸天魔王 及魔眷屬 皆由不知二種根本 錯亂修習 猶如煮沙 欲成嘉饌 縱經塵劫 終不能得

**〈강의〉** 요즘도 인생(人生)문제나 생사(生死)문제를 해결하고자 공부하는 사람들이 적지 않다. 지리산에 가면 자칭 '도(道)를 공부한다'는 사람들이 수백 명이나 토굴(土窟)을 짓고 지금도 열심히 도통(道通)하려고 나름대로 노력하고 있다고 한다. 그래도 도통(道通)했다는 이야기는 그리 흔치 않다. 그렇게 사랑하는 가족까지 내버리고 출가(出家)하여 전심전력(全心全力)으로 공부를 하는데도 성과를 얻는 사람이 적은 이유는 무엇일까? 두 가지 근본(根本)을 모르고 무작정 수행(修行)하기 때문이다.

**[경(經)] 무엇이 이종근본(二種根本)이냐?**

**'아난'아, 첫째는 시작이 없는 생사의 근본(根本)이니, 곧 너와 모든 중생들이 경계(境界)에 끄달리는 반연심(攀緣心)을 가지고 각자의 자성(自性)으로 잘못 여기는 것이다. 둘째는 시작이 없는 '보리열반(菩提涅槃)'의 '원래 청정(清淨)한' 바탕이다.**

云何二種 阿難, 一者 無始生死根本 則汝今者 與諸衆生 用攀緣心 爲自心者. 二者 無始菩提涅槃 元淸淨體

**〈강의〉** 수행(修行)에 필요한 이종근본(二種根本)이 무엇인가? 이 근본을 모르면 아무리 수행을 하여도 결코 도통(道通)할 수가 없다고 한다. 두 가지 근본 중 하나는 바로 **반연심**(攀緣心)이고, 또 하나는 **청정체**(淸淨體)이다. 이 두 가지 근본을 알고서 수행에 들어가야만 한다는 말씀이시다.

첫째, **반연심**(攀緣心)은 '경계(境界)에 끄달려서 내는 생각'이니 이른바 육진(六塵)을 반연(攀緣)하여 생기는 마음이다. 경계의 출몰(出沒)에 따라서 생각이 생겼다가 없어지는 마음이니, 우리가 일상에 사용하는 마음이다. 생사(生死) 윤회(輪迴)를 일으키는 주범(主犯)이 바로 이 반연심(攀緣心)이다.

둘째, **청정체**(淸淨體)는 **'보리'**(菩提)**와 '열반'**(涅槃)**인 마음의 원래 청정**(淸淨)**한 바탕**이니, 중생들이 본래부터 갖추고 있는 청정한 마음자리를 가리킨다. '보리'(菩提)와 '열반'(涅槃)은 범어(梵語)를 음역(音譯)한 것으로, '보리'는 지혜(智慧)이고, '열반'은 적멸(寂滅)이다. 이 청정체(淸淨體)는 **지혜**(知慧)로우니 능히 세계(世界)를 건립하고, 한편 **적멸**(寂滅)하니까 기멸(起滅)이 없어서 생사(生死)를 떠났다. 이 청정(淸淨)한 놈은 원래부터 지혜롭고 적멸(寂滅)이니 따로 더 '보리'(菩提)와 '열반'(涅槃)을 구할 필요가 없다. '열반'(涅槃)인 적멸(寂滅)은 **공적**(空寂)이라고 번역하고, '보리'(菩提)인 지혜(知慧)는 **영지**(靈知)라고 번역하면, 이 청정체(淸淨體)를 **공적영지**(空寂靈知)라고 지칭할 수가 있다. 중국의 선가(禪家)에서는 **'보리열반**(菩提涅槃)' **의 원래 청정**(淸淨)**한 바탕을 이렇게 공적영지**(空寂靈知)라고 부른다.

이 대목은 매우 중요한 곳이다. 뒤에 나오는 설명을 보면, 중생(衆生)의 마음은 **반연심**(攀緣心)이 주체이므로 변동하는 허망한 것이므로 **망심**(妄心)이라 부르고, 여래(如來)의 마음은 **청정체**(淸淨體)가 주체이므로 항상(恒常)하고 불변(不變)하니 **진심**(眞心)이라고 부른다. 여기에 나오는 이 두 가지 마음을 구별하는 것이 바로 **마음공부**이다. 이제 우리는 **마음공부**의 첫째 관문에 들어섰다. 〈능엄경〉 공부는 먼저 마음공부에서 시작한다는 것이 바로 이 구절(句節) 때문이다.

중봉(中峰)대사의 〈**능엄징심변견혹문**〉에 다음과 같이 망심(妄心)과 진심(眞心)을 구별하는 자세한 설명이 있다.

> 혹문(或問): **중생**(衆生)의 지각(知覺)과 **여래**(如來)의 지각(知覺)이 같습니까, 다릅니까?
>
> 답(答): 중생이 소금을 먹으면 "짜다"고 하고, 부처님은 "싱겁지 않다"고 한다. 부처님이 불을 보면 "뜨겁다"고 하고, 중생은 "차지 않다"고 한다. 비록 차전(遮詮)과 표전(表詮)이 다르지만, 지각(知覺)할 줄 아는 성품(性品)은 같다. 실로 진(眞)과 망(妄)이 간격(間隔)이

없는데, 중생과 부처가 어떻게 다를 수가 있겠는가. 그러나 **지각**(知覺)에 두 가지가 있으니, 하나는 '진지(眞知) 진각(眞覺)'이고, 하나는 '망지(妄知) 망각(妄覺)'이다. 이 두 가지는 같은 것 같으나 다르고, 비록 다르지만 같다. 그래서 범성(凡聖)이 이것으로서 구분되고, 미오(迷悟)가 여기서 갈라진다. 〈원각경〉 서문(序文)에서 배휴(裵休)가 말하기를 "혈기(血氣)가 있는 종류는 반드시 지(知)가 있다"고 했으니, 무릇 지(知)가 있는 것은 반드시 같은 바탕이다. 이 말은 **진지**(眞知)**의 바탕**을 일체 중생(衆生)이 본래 구족(具足)하고 있어서 부처님의 상주(常住)하는 **법신**(法身)**의 바탕**과 다르지 않다는 것을 바로 지적한 것이다. 이 **바탕**은 담연(湛然) 상적(常寂)하되 영지(靈知)하므로 **진짜 마음**이라고 하는데, 두루 법계(法界)를 포함한다. 비록 모든 세간의 모습들이 찰나 찰나에 생주이멸(生住異滅)하지만 이 **바탕**은 부동(不動)이다. 여래께서 징심(徵心)하신 것은 이 **진짜 마음**을 나타내려고 하신 것이다. 이 마음은 일체의 명상(名相)과 성범(聖凡)·염정(染淨)·인연(因緣)과 자연(自然)·진망(眞忘)·화합(和合)과 나아가 견문각지(見聞覺知) 등등의 법(法)을 여의었다. 소위 **망**(妄)이란 것은 지금 이 사대(四大)를 내 몸이라고 여기고, 근진(根塵)이 상대하면서 온(蘊)·장(藏)·음(陰)·식(識)이 처소를 따라 집지(執持)하여 분별(分別)을 일으키면서, 취사(取捨)하고 증애(憎愛)하되 염념(念念)이 천류(遷流)하여 쉬지 않는 것이다. 이 망체(妄體)는 **근진**(根塵)**으로 말미암아 허망**(虛妄)**하게 화합한 것**으로, 본래 바탕이 있는 것 같지만, 갑자기 **근진**(根塵)이 사라지면 이 망(妄)도 역시 소멸한다. 이것을 '아난'이 제 마음이라고 일곱 번이나 제시(提示)하였으니, 어찌 여래(如來)께서 나무라지 않을 수가 있었겠느냐. '이 허망한 망심(妄心)은 **전진**(前塵)을 여의면 필경에 바탕이 없다'고 하시면서, "육진(六塵)으로 말미암아 지(知)를 발하고, 육근(六根)으로 인하여 모습이 있다. 모습과 견(見)이 참다운 성품이 없어서 마치 서로 의지하고 있는 갈대인 교로(交蘆)와 같다"고 하셨다.

여기에서 진심(眞心)과 망심(妄心)을 구별하는 '힌트'를 얻어내어야 장차 마음공부를 잘 해나갈 수가 있다.

**[경(經)] 지금 너의 '식정(識精)의 원명(元明)한 놈'이 능히 모든 인연(因緣)을 나투는데, 그만 나타난 대상(對象)에 쏠려서 원래 청정한 바탕인 원청정체(元淸淨體)를 잊어버렸다. 모든 중생들이 이 본명(本明)을 유실했기 때문에 비록 하루 종일 수행(修行)을 하더라도 스스로 마음을 깨닫지 못하고 육도(六途)에 윤회하고 있다.**

則汝今者 識精元明 能生諸緣 緣所遺者 由諸衆生 遺此本明 雖終日行 而不自覺 枉入諸趣

**〈강의〉 '식정원명 능생제연(識精元明 能生諸緣)'** 즉, "**식정(識精)의 원명(元明)한 놈이 능히 모든 인연(因緣)을 나툰다**"는 글은, 이 세상의 모든 인연(因緣)인 삼라만상(森羅萬象)은 전부가 '**식정(識精)의 원명(元明)**'에서 나온 것이라고 설명하고 있어서, 유명한 만법유식(萬法唯識)이라는 말과 같은 내용으로 보인다. 저 〈화엄경〉(華嚴經)의 **일체유심조**(一切唯心造)와 같은 내용이고, 연수(延壽) 대사가 만법(萬法)을 **자식소현**(自識所現)이나 **자심영상**(自心影像)이라고 표현한 것과 같다. 다 같이 '삼계유심(三界唯心) 만법유식(萬法唯識)'을 설명하고 있다.

여기 **식정**(識精)이란 단어(單語)는 식(識)이라는 글자에 정(精)자를 붙였는데, 아마도 이것은 '육식(六識)'과 구별하려는 의도로 보인다. 즉 식정(識精)에다 원명(元明)을 덧붙여서 우주 창조(創造)의 주체(主體)인 제 8 '아라야'식(識)를 '**식정(識精)의 원명(元明)한 놈**' 이라고 표현하고 있다. 제 마음이 세상을 만들었다는 사실을 알고 있으면 깨달은 사람이고, 그것을 모르면 무명(無明)이라고 하는데 무명(無明)은 바로 중생이 되는 원인이다. 중생은 이렇게 본래의 묘명(妙明)인 '본명(本明)'을 유실하고 '무명(無明)'이 되었기 때문에, '**비록 하루 종일 수행(修行)을 하더라도**,' 스스로 진짜 마음을 깨닫지 못하여, 도(道)를 이루지도 못한다. **청정체**(淸淨體)인 본래의 진심(眞心)을 자세히 모르면, 아무리 열심히 마음공부를 하더라도, **반연심**(攀緣心)인 망심(妄心)을 제 마음으로 잘못 알고 공부한 탓에, 끝내 윤회(輪廻)에서 벗어나지 못한다는 말씀이다.

[경(經)] **'아난'아, 네가 지금 '사마타'(奢摩他)의 길을 알아서 생사(生死)에서 벗어나고자 하니, 지금 다시 너에게 묻겠다."**

**즉시(卽時)에 여래(如來)가 금빛의 팔을 들어서 손가락을 구부리시고, '아난'에게 일러 말씀하셨다.**

**"네가 지금 보느냐?"**

**'아난'이 대답하였다.**

**"봅니다."**

**부처님께서 말씀하셨다.**

**"네가 지금 어떻게 보느냐?"**

'아난'이 대답하였다.

"제가 부처님께서 팔을 들어 손가락을 구부리시고 주먹을 만들어서 광명(光明)을 저의 마음과 눈에 비치게 하시는 것을 보고 있습니다."

부처님께서 말씀하셨다.

"네가 무엇을 가지고 보았느냐?"

'아난'이 대답하였다.

"제가 대중과 더불어 같이 눈을 가지고 보았습니다."

부처님께서 '아난'에게 말씀하셨다.

"네가 지금 나에게 대답하되, '여래가 손가락을 구부려서 빛나는 주먹을 만들어 나의 마음과 눈에 비치게 하였다.'고 하니, 너의 눈은 볼 수 있지만, 무엇을 가지고 너의 '마음'이라고 하여 내 주먹이 빛나는 것을 아느냐?"

'아난'이 대답하였다.

"여래께서 지금 '마음'의 소재(所在)를 물으시니, 제가 지금 마음으로 추궁하고 찾아보고 있습니다. 이렇게 '능히 추궁하고 찾아보는 이놈'을 제 '마음'이라고 생각합니다."

부처님께서 말씀하셨다.

"예끼! '아난'아! '그것'은 너의 '마음'이 아니다."

'아난'이 놀라서 자리에서 벌떡 일어서서는, 합장하고 부처님께 여쭈었다.

"'이것'이 저의 마음이 아니라면, 마땅히 무엇이라고 불러야 합니까?"

부처님께서 '아난'에게 이르셨다.

"그것은 경계(境界)인 육진(六塵)의 '허망한 모습을 인연(因緣)

**하여 일어나는 생각'인 허망상상(虛妄相想)이다. 너는 이 허망상상(虛妄相想)을 너의 진성(眞性)으로 착각하고 있다. 네가 시작(始作)이 없는 옛날부터 금생(今生)에 이르기까지, 도둑놈을 아들로 잘못 알아서, 너의 원래 불변하는 원상(元常)을 잃어버렸기 때문에 윤회(輪廻)하고 있다."**

阿難，汝今欲知 奢摩他路 願出生死 今復問汝
卽時如來 擧金色臂 屈五輪指 語阿難言 ： 汝今見不
阿難言 ： 見
佛言 ： 汝何所見
阿難言 ： 我見 如來擧臂 屈指爲光明拳 耀我心目
佛言 ： 汝將誰見
阿難言 ： 我與大衆 同將眼見
佛告阿難 ： 汝今答我 如來屈指爲光明拳 耀汝心目 汝目可見 以何爲心 當我拳耀
阿難言 ： 如來現今 徵心所在 而我以心 推窮尋逐 卽能推者 我將爲心
佛言 ： 咄! 阿難，此非汝心
阿難矍然 避座合掌 起立白佛 : 此非我心 當名何等
佛告阿難 ： 此是 前塵 虛妄相想 惑汝眞性 由汝無始至於今生 認賊爲子 失汝元常 故受輪轉

**〈강의〉** **육근**(六根)이 '빛깔 · 소리 · 냄새 · 맛 · 촉감(觸感) · 법진(法塵)'이라는 여섯 가지 경계인 **육진**(六塵)을 상대하여, 각각 여섯 가지 알음알이인 **육식**(六識)을 일으킨다. 이렇게 육근(六根)이 육진

(六塵)을 반연(攀緣)하여 일으키는 **육식**(六識)이라는 **반연심**(攀緣心)을 우리는 진짜 내 마음인 줄 잘못 알고 있다. 경계(境界)인 육진(六塵)은 항상 변화(變化)하는 허망(虛妄)한 존재들이므로, 이 육진(六塵)을 반연(攀緣)하는 육식(六識)인 반연심(攀緣心)도 응당 같이 변화(變化)할 수밖에 없다. 이처럼 반연심(攀緣心)은 시시각각으로 변화하는 육진(六塵)의 허망한 모습을 대상으로 삼고서 인식(認識) 분별(分別)하므로, 이때에 일으키는 생각은 '허망한 모습[虛妄相]에 대한 생각[想]' 즉, **허망상상**(虛妄相想)이라고 할 수 있다. 이 허망상상(虛妄相想)을 줄여서 **망상**(妄想)이라 하고, 이 망상은 분별(分別)을 수반하므로 흔히 **분별망상**(分別妄想)이라고 지칭한다.

부처님은 이 대목에서 '아난'이 평소에 사용하고 있는 마음인 반연심(攀緣心)이 일으키는 것은 이런 허망상상(虛妄相想)이라고 밝히셨다. 이 설명은 우리가 평소에 "보고 듣고 생각하고 말하는 놈이 바로 내 마음이다"라고 알고 있던 세상 사람들의 상식(常識)을 뒤집어버리는 폭탄선언이다.

**[경(經)] '아난'이 부처님께 아뢰었다.**

**"세존이시여, 저는 부처님의 총애를 받은 동생이라. 마음으로 부처님을 사랑하여 금생(今生)에 출가하였으나, 제 마음이 어찌 홀로 '석가'여래(釋迦如來)만 받들어 모셨겠습니까? 항하사수(恒河沙數)와 같은 많은 세계를 두루 다니면서 여러 부처님과 선지식(善知識)[27]을 받들어 섬기면서, 큰 용맹심을 내어 온갖 행하기**

27)지식(知識)은 마음을 '안다'는 뜻이고, 선(善)은 '잘'이라는 말이다. 선지식(善知識)은 마음을 '잘 알아서', 찾아온 제자(弟子)가 제 마음을 알도록 분명하게 '잘 가르칠' 지혜가 있는 스승을 지칭한다.

**어려운 수행을 닦아온 것이 모두 다 '이 마음'으로 한 것입니다. 설령 정법(正法)을 비방하여 영원히 정도(正道)에서 퇴보(退步)하여 물러난다고 하더라도 이것 또한 '이 마음'으로 하는 것입니다. 만약 이렇게 추궁하고 찾아보는 것이 제 마음이 아니라고 한다면, 저는 흙과 나무처럼 마음이 없겠습니다. 이 각지(覺知)를 여의면 다시 다른 마음이 없는데, 어찌하여 여래께서 '이 마음'은 제 마음이 아니라고 말씀하십니까? 저는 실로 놀랍고 두려우며, 여기 모인 대중들도 의심이 없지 아니하오니, 오직 대비심(大悲心)으로 깨치지 못한 저희들을 위하여 부디 잘 가르쳐주십시오."**

阿難白佛言：世尊，我佛寵弟 心愛佛故 令我出家 我心何獨 供養如來 乃至遍歷恒沙國土 承事諸佛 及善知識 發大勇猛 行諸一切難行法事 皆用此心 縱令謗法 永退善根 亦因此心 若此發明不是心者 我乃無心 同諸土木 離此覺知 更無所有 云何如來 說此非心 我實驚怖 兼此大衆 無不疑惑 惟垂大悲 開示未悟

**〈강의〉** 평소에 사용하고 있는 마음인 '반연심(攀緣心)'은 '허망상상(虛妄相想)'이라는 설명에 놀란 '아난'이 질문을 한다.

[경(經)] **그때에 세존께서 '아난'과 여러 대중들을 깨우쳐서 그들로 하여금 무생법인(無生法忍)28)에 들게 하고자, 사자좌(獅子座)에서 '아난'의 정수리를 만지시면서 말씀하셨다.**

28) '생(生)이 없다는 진리(眞理)'라는 의미로, 일체가 모두 불생불멸(不生不滅)임을 아는 것을 말한다. 인(忍)은 도장 인(印)과 같은 뜻이다.

"여래가 항상 설법하되 '모든 법이 생기는 것은 오직 마음이 나툰 것이니, 일체 인과(因果)와 세계와 미진(微塵)이 모두 마음으로 인하여 바탕을 이루었다'고 하였다.

爾時 世尊 開示阿難 及諸大衆 欲令心入無生法忍 於師子座 摩阿難頂 而告之言：如來常說 諸法所生 唯心所現 一切因果 世界微塵 因心成體

〈강의〉 '제법소생 유심소현(諸法所生 唯心所現)'은 '모든 법이 생기는 바가 오직 마음이 나툰 것'이라는 말이니, 앞에 나온 '**식정원명 능생제연(識精元明 能生諸緣)**'이라는 것과 같은 내용이다. 이른바 '삼계유심(三界唯心) 만법유식(萬法唯識)'이라는 내용인데, 여기가 **일체유심조**(一切惟心造)를 두 번째 천명(闡明)하시는 장면이다.

[경(經)] '아난'아, 모든 세계에 존재하는 온갖 것이, 그중에 풀잎과 실날 같은 터럭이라도 그 근원을 따지고 보면 모두 다 체성(體性)이 있고, 비록 허공이라도 모양과 이름이 있다. 하물며 모든 마음의 본성인 '청정(清淨)하고 묘정(妙淨)한 밝은 마음'인 청정묘정명심(清淨妙淨明心)이 어떻게 실체(實體)가 없겠느냐! 만일 네가 '분별각관(分別覺觀)하여 분명하게 아는 요지성(了知性)'을 고집하여 네 '마음'이라고 한다면, 이 '마음'이 응당 일체의 빛깔·냄새·맛·촉감(觸感)과 모든 육진(六塵) 경계(境界)의 인연을 떠나고도 따로 완전(完全)한 체성(體性)이 있어야 할 것이다.

阿難，若諸世界 一切所有 其中乃至草葉縷結 詰其根元 咸

有體性 縱令虛空 亦有名貌 何況淸淨妙淨明心 性一切心 而自無體 若汝執吝 分別覺觀 所了知性 必爲心者 此心卽應 離諸一切色香味觸 諸塵事業 別有全性

**〈강의〉** 만물을 설명할 때에, 그 바탕인 체대(體大)와 특성인 상대(相大)와 작용인 용대(用大)로 나누어서, '체상용(體相用)' 세 가지 방면으로 설명하는 방법이 있다. 그러나 흔히 간단하게 체(體)와 용(用)으로 나누어 설명하기도 한다. 여기서 '완전(完全)한 체성(體性)'인 **전성**(全性)이란, 이른바 체대(體大)에 해당하는 **자성**(自性)에 대한 별명(別名)이다. 흔히 불교계에서는 "사람마다 자성(自性)이 있다"라는 말을 흔하게 사용하는데, 이 **자성**(自性)이란 것은 주위의 인연(因緣)을 떠나서도 따로 '독자적(獨自的)인 완전(完全)한 체성(體性)'을 가지고 있는 성질을 가리키는 말이다. '만일 마음이 자성(自性)이 있는 존재(存在)라면', 마음이 작용할 적에 그 대상(對象)이 되는 경계(境界)의 변화(變化)나 유무(有無)에 관계없이, '마음은 독립(獨立)된 독자적(獨自的)인 실존(實存)으로서 존재하여야 한다'는 말이다. 즉 인식(認識)할 상대(相對)가 없어도 마음은 홀로 절대적(絶對的)인 존재(存在)로 상존(常存)하여야만 한다. 다르게 말하면, '**분별각관(分別覺觀)하여 분명하게 아는 요지성(了知性)**'이 진짜 내 마음이라면, 인식의 대상(對象)인 경계가 없어도 인식의 주체인 '마음은 홀로 분명하게 상존(常存)해야만 한다'는 이야기다. 완전(完全)한 체성(體性)인 **전성**(全性)이 있어야만 변하지 않는 진짜 주인공이라고 인정할 수 있다.

[경(經)] **지금 네가 '나의 설법을 알아듣는 것'은, 소리를 인연**(因

**緣)하여 '분별(分別)'하는 것이다.**

如汝今者 承聽我法 此則因聲而有分別

**〈강의〉** 그러나 마음에 지각작용이 일어나는 것은 경계(境界)인 육진(六塵)을 반연(攀緣)하여야 가능하다. 마음에 경계(境界)라는 대상(對象)이 있어 생기는 지각작용은 모두 **반연심**(攀緣心)이다. 즉 경계인 육진이 없어지면 그것을 지각하는 마음도 사라지고 만다. '설법을 알아듣는' 청각(聽覺)작용은 결국 성진(聲塵)이라는 대상이 있기 때문에 일어난다. 주체와 객체가 인연이 되어야 청각현상이 생기지, 주체 하나만 가지고 청각현상이 일어날 수는 없다.

[경(經)] **설령, 일체의 견문각지(見聞覺知)를 모두 여의고 안으로 유한(幽閑)을 지키더라도, 이것도 역시 유한이라는 법진(法塵)을 '분별(分別)하는 그림자'인 법진분별영사(法塵分別影事)이다.**

縱滅一切見聞覺知 內守幽閑 猶爲法塵 分別影事

**〈강의〉** '보고 듣고 느끼고 아는' **견문각지**(見聞覺知)는, '눈·귀·코·혀·몸·뜻'인 **육근**(六根)이, '빛깔·소리·냄새·맛·촉감(觸感)·법진(法塵)'인 **육진**(六塵)을 상대(相對)하여 '보고·듣고· 냄새 맡고·맛보고·느끼고·지각(知覺)'하는 작용을 총칭(總稱)한 것이다. 흔히 주관이 대상을 인식(認識)하는 작용을 가리킨다.

그런데 여기서 '**견문각지(見聞覺知)를 모두 여의고**'라는 말은 육진(六塵)인 대상(對象)이 없어서 육근(六根)이 작용하지 않는 것을 말한다. 다시 일체의 견문각지(見聞覺知)를 모두 여의고, '**안으로 유한(幽閑)을 지키더라도**'라는 말은 좌선(坐禪)할 적에 망념(妄念)이 없어서 경안(輕安)한 경계인 '무념무상'(無念無想)이 된다는 뜻이다. 영가(永嘉)대사가 이르신 '즉정일념'(卽靜一念)에 해당한다. 그런데 즉정일념(卽靜一念)인 무념무상(無念無想)도 알고 보면 유한(幽閑)이라는 법진(法塵)에 속한다. 이렇게 '유한(幽閑)을 지키는 것'도 유한(幽閑)이라는 법진(法塵)을 분별(分別)하는 생각이므로, 그래서 '**법진분별영사(法塵分別影事)**'라고 하셨다. 의근(意根)이 홀로 유한(幽閑)이라는 상념(想念)을 상대하면, 그때는 전오식(前五識)의 작용이 그쳤다. 즉, 의근(意根)만 작용하는 **독두의식**(獨頭意識)에 속하는데, 이것은 이른바 '정중(定中) 독두의식(獨頭意識)'에 해당한다. 원래 법진(法塵)은 의근(意根)의 대상이 되는 정신적(精神的)인 작용인 사상(思想)·감정(感情)·추억(追憶)·기억(記憶)·지식(知識) 등을 총망라(總網羅)하므로 그 종류가 무수하다. 그 법진(法塵)에는 구도자(求道者)가 수행하는 과정에 나타나는 **무념무상**(無念無想)과 같은 '삼매(三昧)'와 선정(禪定)도 포함되는데, 그런 것들이 모두 '정중(定中) 독두의식(獨頭意識)'이다. 여기에 언급된 **유한**(幽閑)**한 경계**(境界) 역시 '정중(定中) 독두의식(獨頭意識)'이고, 이것이 비록 기분 좋은 경계(境界)이기는 하나 모두 법진(法塵)에 해당하고, 따라서 반연심(攀緣心)의 대상(對象)이다. 이러한 **유한**(幽閑)도 허망한 그림자인 법진(法塵)을 분별하는 영사(影事)이니, 삼매(三昧)라는 기분 좋은 경계(境界)에 마음이 쏠려서는 안 된다. 만일 수행자(修行者)가 이렇게 나타나는 좌선(坐禪) 중의 '삼매(三昧)에 맛을 들이면' 그 경계에 그만 집착(執着)하게 되니, '정지견(正知見)이 나기 어렵다.' 지견(知見)이 제대로 안 나면, 마음을 깨닫기는 더욱 더 어렵다. 왜냐하면 **식심**(識心)한 연후에야 **견성**(見性)할 수가 있기 때문이다.

**[경(經)] 내가 네게 명령하여 '분별(分別)하는 놈'이 네 마음이 아니라고 억지로 믿으라는 것은 아니다. 다만 네가 네 마음을 자세히 관찰하여보아라. '만약에 육진(六塵) 경계를 떠나고서도 분별하는 놈이 따로 독립(獨立)하여 있다면' 이것이 참으로 네 마음이라고 하겠지만, 만약에 분별하는 놈이 육진(六塵) 경계를 여의고는 따로 실체가 없다면, 네가 마음이라고 믿고 있는 그 '분별하는 놈'은 곧 '경계인 육진(六塵)을 분별하는 그림자'인 전진(前塵)의 분별영사(分別影事)일 뿐이다.**

**경계(境界)인 육진(六塵)은 상주(常住)하는 것이 아니므로 변하고 사라지는데, 이때에 너의 분별(分別)도 같이 변하고 사라진다. 이 변하고 사라지는 '분별심(分別心)'이 네 마음이라면, 네 마음은 곧 거북털이나 토끼뿔과 같아서, 곧 너의 '법신(法身)'이 단멸(斷滅)하리니, 그 무엇이 도(道)를 닦아서 능히 무생법인(無生法忍)을 증득하겠느냐?"**

我非敕汝 執爲非心 但汝於心 微細揣摩 若離前塵 有分別性 卽眞汝心 若分別性 離塵無體 斯則前塵分別影事 塵非常住 若變滅時 此心則同龜毛免角 則汝法身 同於斷滅 其誰修證 無生法忍

**〈강의〉** 육진(六塵)과 육근(六根)이 인연하여야 육식(六識)이 생긴다. 진(塵)과 근(根) 중에서 하나가 없으면 육식(六識)이라는 알음알이가 생길 수가 없다.

앞에서 육진(六塵) 경계(境界)를 분별하는 마음을 '반연심(攀緣心)' 또는 '허망상상(虛妄相想)'이라고 불렀고, 여기서는 다시 '육진(六塵) 경계를 분별(分別)하는 허망한 그림자'인 **육진분별영사**(六塵分別影事)라고 부른다. 반연심이나 허망상상이나 육진분별영사가 모두 허망(虛妄)한 모습인 **경계**(境界)를 분별하여 생긴 허망한 육식(六識)이니, 모조리 허망한 것들이고, 모두 **망상**(妄想)**들**이다. 이런 망상의 집합체를 망심(妄心)이라고도 한다. 이것들은 근진(根塵)이 반연(攀緣)하여야 생기므로, 경계가 없으면 생각이 없고, 의식이 없어도 생각이 없다.

이처럼 반연심(攀緣心)으로 닦아서 얻은 지식(知識)이나 도력(道力)은, 경계(境界)와 망상(妄想)이 만약에 변(變)하면 그것도 같이 변하고 만다. 마치 얼음 위에 새긴 조각(彫刻) 작품은 얼음이 녹아버리면 그 작품도 없어지는 것과 같다. 그래서 반연심(攀緣心)을 여기에서 '육진(六塵) 경계를 분별하는 허망한 그림자'인 육진분별영사(六塵分別影事)라고 부른다.

여기에 나오는 **법신**(法身)이라는 단어는 **진심**(眞心)과 같은 의미이다. **무생법인**(無生法忍)에서 무생(無生)이란 '만법(萬法)이 생(生)이 없다'는 이치(理致)를 가리키는 말이다. 인연설(因緣說)에 따르면, 만법(萬法)은 인연(因緣)이 화합(和合)하여 생기는데, 인연이 흩어지면 만법도 사라지고 만다. 이처럼 인연으로 생겨난 것은 인연으로 사라지기도 하니, 그러므로 생겨나도 생긴 것이 아니므로 무생(無生)이다. 용수(龍樹)보살의 〈중론〉(中論)에 "제법(諸法)은 자(自)에서 생기지도 않고, 또 타(他)에서도 생기지 않고, 공동(共同)으로 생(生)하는 것도 아니고, 또 원인(原因)이 없이 생기는 자연(自然)도 아니다. 그래서 무생(無生)이라고 한다."[29]는 노래가 있다. 생(生)이 없으니 당연히 사(死)도 없고, 무생(無生)이니 자성(自性)이란 것도 없다. 그러면 누가 무생법인(無生法忍)을 증득한단 말인가?

**[경(經)] 그때에 '아난'과 여러 대중이 침묵(沈黙)하여 망연(茫然) 자실(自失)하였다.**

**부처님께서 '아난'에게 말씀하셨다.**

**"세간에 도(道)를 닦아 배우는 수도인(修道人)들이 지금 비록 '차례대로 닦는 아홉 가지 선정(禪定)'인 '구차제정(九次第定)'을 이루었으나, 무루(無漏)인 '아라한'을 이루지 못하는 것은, 모두 이렇게 '일어났다 꺼졌다' 하는 망상(妄想)을 진실(眞實)한 것으로 오인(誤認)한 탓이다. 이런 까닭으로 너도 지금 비록 다문(多聞)을 얻었으나 성과(聖果)를 이루지 못한 것이다."**

卽時 阿難與諸大衆 默然自失
佛告阿難 ： 世間一切諸修學人 現前雖成 九次第定 不得漏盡 成阿羅漢 皆由執此生死妄想 誤爲眞實 是故汝今 雖得多聞 不成聖果

**〈강의〉 구차제정**(九次第定)은 '아홉 단계의 선정(禪定)'으로, 중생 세계에 존재하는 모든 선정을 총망라한 것이다. 즉 색계(色界)의 **사선정**(四禪定)과 무색계(無色界)의 **사공정**(四空定)에다 수상(受想)이 없는 **멸진정**(滅盡定)을 합한 것이다. 멸진정은 오온(五蘊)에서

29) 諸法不自生 亦不從他生 不共不無因 是故說無生

수(受)와 상(想)이 사라진 가장 깊은 삼매(三昧)이다. 다만 욕계(欲界)의 선정(禪定)인 욕계정(欲界定)은 낮은 차원(次元)이라고 여기에서 제외된다. 그리고 선가(禪家)의 달마(達磨)대사가 설명한 견성성불(見性成佛)의 **견성**(見性)은 이 구차제정(九次第定)에 속하지 않는다.

여기에서, '**부득누진 성아라한**(不得漏盡 成阿羅漢)'을 두고, 운허(耘虛)·탄허(呑虛) 두 스님은 "누(漏)가 다함을 얻지 못하고 '아라한'을 이루는 것"이라고 새기고, 각성(覺性)스님은 "누(漏)가 다하여 '아라한'이 되는 것을 얻지 못하는 것"으로 새긴다. 두 해석은 '아라한'의 의미(意味)를 해석하는 것에 차이가 있으나, "진심(眞心)을 모르고 수행(修行)하면 비록 **멸진정**(滅盡定)까지 성취하더라도 **무루**(無漏)가 되지 못한다."는 뜻이다.

여기서 부처님께서 **진심**(眞心)을 알고 난 뒤에야 비로소 진짜 **수행**(修行)이 가능하다고 설명하셨다. 만일 망상(妄想)과 진심(眞心)을 구별하지도 못하면서 나름대로 수행을 한다면, 설사 '구차제정(九次第定)'을 거쳐서 '멸진정(滅盡定)'까지 성취하였다고 하더라도 결코 무루(無漏)가 될 수 없다고 경계(警戒)하셨다.

〈능엄경〉 제4권의 '이결정의(二決定義) 법문'에 다음과 같은 부처님의 설법(說法)이 나온다.

> **어떤 것이 초심자(初心者)의 이결정의(二決定義)이냐? '아난'아, '첫 번째 결정의(決定義)'는, 너희들이 성문(聲聞)을 버리고 보살승(菩薩乘)을 닦아서 부처의 지견(知見)에 들고자 하거든, 마땅히 '인지(因地)의 발심(發心)이 과지(果地)의 깨달음과 같은가, 다른가.'를 살펴보아야 한다.**

'아난'아, 만일 인지(因地)에서 '생멸(生滅)하는' 마음으로 수도(修道)하는 원인(原因)을 삼아서, 과지(果地)에서 '불생불멸(不生不滅)하는' 불승(佛乘)을 구(求)하려 한다면, 그것은 옳지 않다.

'아난'아, 네가 이제 보고 듣고 깨닫고 알고 하는 견문각지(見聞覺知)를 가지고 여래의 상락아정(常樂我淨)과 계합(契合)하려면, 마땅히 먼저 생사(生死)의 뿌리를 밝혀내고서, '불생불멸(不生不滅)'하는 원담성(圓湛性)을 바탕으로 하여 공부(工夫)를 성취해야만 한다. 즉 원담성(圓湛性)을 기준으로 삼아서 '허망(虛妄)'한 생멸심(生滅心)을 밝혀내어 조복(調伏)하여서 원래의 깨달음인 원각(元覺)으로 되돌려, 그 원명각(元明覺)인 '무생멸성(無生滅性)'인 진심(眞心)으로 인지(因地)의 마음을 삼아야 한다. 그렇게 하여야만 상락아정(常樂我淨)인 과지(果地)의 수증(修證)을 원만(圓滿)히 성취할 수가 있다.

즉, 수행(修行)하는 **인지**(因地)와 증득(證得)하는 **과지**(果地)가 '항상 같은 수준이 될 수밖에 없다'는 말씀이다. 즉 생멸(生滅)이 없는 진심(眞心)을 인지(因地)로 삼아야만, 생멸(生滅)이 없는 진짜 불승(佛乘)을 과지(果地)에서 얻을 수가 있다. 그래서 제대로 수도(修道)하고자 하면, 먼저 진심(眞心)을 확실하게 알아서 그것을 인지(因地)로 삼고 공부를 지어가야만 진짜 불생멸처(不生滅處)라는 도과(道果)를 얻는 진짜 수행(修行)이 가능하다고 주의하신 것이다.

이 말씀은 의미가 심중하다. 연수(延壽)대사는 〈주심부〉(註心賦)에서 '돈교오위문(頓敎五位門)'을 설명하면서, "**첫째는 식심**(識心)

**을 하고**, 둘째는 신(身)은 무정물(無情物)임을 알고, 셋째는 사대(四大)가 공(空)임을 알고, 넷째는 오음(五陰)이 모두 공무(空無)임을 알고 나면, **다섯째는 견성(見性)하고 성불(成佛)하는 것이다**."라고 하였다. 여기 "식심(識心)하고 견성(見性)하라"는 말은 원래 〈육조단경〉(六祖壇經)에서 자주 나오는데, 먼저 '식심(識心)'하고, 나아가 아공(我空)과 법공(法空)을 통달(通達)하면 다음에 시절인연(時節因緣)이 도래(到來)할 적에 '견성(見性)'하게 된다는 말이다. 즉 먼저 **식심**(識心)이 안 되면 아무리 수행(修行)을 하더라도 견성(見性)할 수가 없다는 말씀이다. **견성**(見性)이라는 것은 무위법(無爲法)인데, 수행자가 '억지로' 노력하고 '열심히' 공부한다고 얻을 수는 없다. 왜냐하면 무위(無爲)가 되려고 백겁(百劫)을 노력하더라도 이런 공부는 모두 유위법(有爲法)이니 결코 무위가 될 수 없기 때문이다. 제 눈으로 제 눈을 못 보듯이.

물건의 진짜 모습을 모르면 그 물건은 아무리 찾아보아도 얻을 수가 없고, 그 탐색은 헛일이다. 즉 모르면 심지어 눈앞에 두고도 모르고, 손에 쥐어 주어도 모른다. 그러니 볼 수 없고 얻을 수도 없다. 경전(經典)을 공부하여 '마음'을 분명하게 파악(把握)한 뒤에야 제대로 '마음'을 찾는 진짜 수도를 할 수 있다. 고래(古來)로 불교는 명심견성(明心見性)을 존중하지만, **식심**(識心)하지도 않고 먼저 **견성**(見性)한 선사(禪師)는 없다.

육조(六祖) 혜능(慧能)대사도 예외가 아니다. 나무를 팔고 나오면서 나그네가 읽는 〈금강경〉을 듣고서 바로 **식심**(識心)을 했고, 나아가 황매(黃梅)에서 오조(五祖) 홍인대사의 〈금강경〉 강의를 야반삼경에 듣고서 그때에 **견성**(見性)하셨다. 그리고서 돈교(頓敎)법문을 제창(提唱)하신 것이다. 우리도 돈교(頓敎)의 오위(五位)에 따라서 먼저 **식심**(識心)을 하고 **견성**(見性)하여야 생사(生死)문제를 해결할 수가 있다.

## 제3장

# 견(見)을 설명하여 진심(眞心)을 밝히다

[경(經)] '아난'이 설법을 듣고 나서 거듭 슬피 눈물을 흘리면서 오체(五體)를 투지(投地)하고 꿇어앉아 합장(合掌)하고 부처님께 사뢰었다.

"제가 부처님을 따라 발심 출가하였으나, 부처님의 위신력(威神力)만 믿고 늘 스스로 생각하되, '나는 애써서 닦지 않아도 장차 여래께서 나에게 '삼매'(三昧)를 주실 것이다.'라고 생각하고는, 몸과 마음이 본래 서로 대신하지 못한다는 것을 알지 못하여 나의 본심(本心)을 잃어버렸습니다. 비록 몸은 출가했으나 마음이 도(道)에 들지 못한 것이, 비유컨대 빈궁(貧窮)한 아들이 아버지를 버리고 가출(家出)한 것과 같사옵니다. 오늘에야, 비록 많이 들어도 바르게 수행(修行)하지 않으면 듣지 못한 것과 같은 것이, 마치 사람이 먹는 이야기를 종일 하여도 배가 부르지 않는 것과 같은 줄을 알았습니다.

阿難聞已 重復悲淚 五體投地 長跪合掌 而白佛言：自我從佛發心出家 恃佛威神 常自思惟 無勞我修 將謂如來惠我三昧 不知身心 本不相代 失我本心 雖身出家 心不入道 譬如窮子 捨父逃逝 今日乃知 雖有多聞 若不修行 與不聞等 如人說食 終不能飽

**〈강의〉** 매일 "내 진짜 마음은 진심(眞心)이다"라고 염불(念佛)하듯이 24시간 읊는다고 마음을 파악할 수 있는 것은 아니다. 진심(眞心)을 설명하는 법문(法門)을 찾아서 읽고 외워야 하고, 선지식을 찾아가서 심지(心地)법문을 자주 들어야 한다. 흔히 선지식을 찾아서 불교공부를 좀 했다고 하면서, '불이(不二)'라는 문자를 애용하여 "이것과 저것이 둘이 아니다"라고 읊조리는 불자(佛子)들이 더러 있다. 중생과 부처가 불이(不二)이고, 번뇌(煩惱)와 보리(菩提)가 불이(不二)이고, 시각(始覺)과 본각(本覺)이 불이(不二)이고, 생사(生死)와 열반(涅槃)이 불이(不二)이고, 따라서 "망심(妄心)과 진심(眞心)도 불이(不二)이다"라고 막말을 한다. 그러면서 "그냥 편하게 아무 마음이나 마음대로 쓰면 된다"고 한다. 어째서 불이(不二)인지 그 이치(理致)는 제대로 모르면서, 그냥 **불이**(不二)라는 말만 듣고서, "모든 것이 다 불이(不二)라"고 통쾌하게 대답한다. 그러나 "번뇌(煩惱)와 보리(菩提)가 불이(不二)이고, 망심(妄心)과 진심(眞心)도 불이(不二)이다"라고 읊조린다고 해서, 실제로 들끓는 번뇌에서 즉시 벗어날 수는 없다. 번뇌와 망심(妄心)의 본체를 분명하게 알아야만 비로소 번뇌에서 해방될 수 있다.

**[경(經)] 세존이시여, 저희들이 지금 '두 가지 장애'인 이장(二障)[30]에 얽힌 것은 진실로 '고요하면서 불변(不變)하는' 적상(寂常)한 심성(心性)을 알지 못하기 때문이니, 오직 원하옵건대, 여래(如來)께서는 빈궁하고 외로운 저희를 불쌍히 여기시고 '묘(妙)하고 밝은 마음'인 묘명심(妙明心)을 밝히시어 저희들의 도안(道眼)**

30) 두 가지 장애인 **이장**(二障)은 '나'를 중심으로 하는 번뇌장(煩惱障)과 '불법(佛法)'을 중심으로 하는 소지장(所知障)을 말한다.

**을 열어주십시오.”**

世尊，我等今者 二障所纏 良由不知 寂常心性 惟願如來 哀愍窮露 發妙明心 開我道眼

**〈강의〉** ‘아난’이 자기가 알고 쓰는 마음이 허망한 가짜 마음인 줄을 분명하게 깨닫고, **‘고요하면서 불변(不變)하는 심성(心性)’**을 알고자 한다. 앞에서는 진심(眞心)을 능지지심(能知之心)인 ‘아는 놈’으로 표현하더니, 지금은 **적상심성**(寂常心性)이라고 ‘고요하고 항상(恒常)한 놈’이라고 한다. 그리고는 다시 **묘명심**(妙明心)이라고 부르고 있다. 진심(眞心)의 특징(特徵)을 **묘명**(妙明)이라는 두 글자로 줄여서 표현하여, 공적(空寂)인 적상(寂常)을 **묘**(妙)라고 하고, 영지(靈知)인 능지(能知)를 **명**(明)이라고 하였다. 곧 공적영지(空寂靈知)라는 내용이다.

[경(經)] **그때에 여래(如來)께서 가슴의 만자(卍字)로부터 보배로운 광명(光明)을 쏟아내시니, 그 빛이 찬란하게 빛나면서 백천(百千) 가지의 빛깔이 있는데, 시방(十方)의 티끌과 같이 많은 불세계(佛世界)를 한꺼번에 두루 비추시고, 시방에 있는 보배로 장엄된 세계의 모든 여래의 정수리에 그 광명을 대시며, 다시 돌이켜 ‘아난’과 대중에게 비추시고는, ‘아난’에게 일러 말씀하셨다.**

**“내가 지금 너를 위하여 큰 정법(正法)의 깃발을 세워서, 시방(十方)의 일체 중생으로 하여금 ‘묘미밀(妙微密)하고 성품(性品)이 정명(淨明)한 마음’을 찾아서 청정안(淸淨眼)을 얻게 하리라.**

卽時 如來 從胸卍字 涌出寶光 其光晃昱有百千色 十方微塵 普佛世界 一時周遍 遍灌十方所有寶刹 諸如來頂旋至阿難及諸大衆 告阿難言：吾今爲汝 建大法幢 亦令十方一切衆生 獲妙微密 性淨明心 得淸淨眼

**〈강의〉** 부처님께서 신통(神通)을 세 번째 보이신 장면이다. 광명(光明)이 백천 가지의 빛깔인 것은, 중생들의 세계가 백천(百千) 가지인 미진수세계(微塵數世界)이기 때문이다.

'**획묘미밀성정명심(獲妙微密性淨明心)**'을 보통은 '묘(妙)한 미밀성(微密性)과 정명심(淨明心)을 얻는다.'라고 풀이하고 있으나, 원래 〈능엄경〉은 넉자배기로 된 경문(經文)이고, 또한 앞에서 '**상주진심 성정명체(常住眞心 性淨明體)**'에서도 넉자씩 끊어서 해석하였다. 그리고 진심(眞心)은 사람마다 본래 갖추고 있으니, '얻는다'고 설명하기 보다는 '찾는다'고 표현하는 것이 적당하다고 생각되어 '묘미밀(妙微密)하고 성품(性品)이 정명(淨明)한 마음을 **찾는다**.'로 새겼다.

부처님이 처음에는 진심(眞心)을 '**성정명체(性淨明體)**'라 표현하시고, 다시 '**명료심(明了心)**'이라고 표현하시더니, 다음에는 '깨어있으며 능히 아는 마음' 즉 '**각료능지지심(覺了能知之心)**'이라고 불렀다. 또 이 앞에는 '**적상심성(寂常心性) 내지 묘명심(妙明心)**'이라고 하시더니 여기서는 다시 '**묘미밀성정명심(妙微密性淨明心)**'이라고 표현하신다. 모두가 진심(眞心)의 특징인 **공적**(空寂)과 **영지**(靈知)를 의미하는 용어(用語)들이다. **성정명심(性淨明心)**에서 **정**(淨)은 공적(空寂)을 나타내고, **명**(明)은 영지(靈知)를 나타낸다. 앞에 나온 단어(單語)들도 모두 이렇게 **공적**(空寂)과 **영지**(靈知)라는 두 가지 의미로 나누어서 음미(吟味)해볼 필요가 있다.

### 1. 견(見)은 마음의 작용이다

[경(經)] '아난'아, 네가 앞에서 나에게 대답하기를, '빛나는 주먹인 광명권(光明拳)을 보았다.'고 하였는데, 이 주먹의 광명(光明)이 무엇으로 인하여 있으며, 어떻게 주먹이 되었으며, 네가 무엇을 가지고 보는가?"

'아난'이 대답하였다.

"부처님은 몸 전체가 황금색(黃金色)이라서 주먹에도 금빛 광명이 있고, 또 손가락을 구부려 쥐고서 사람에게 보이시므로 주먹이란 모양이 있으며, 그것을 제가 제 눈으로 보았습니다."

부처님께서 '아난'에게 말씀하셨다.

"여래(如來)가 오늘 진실한 말로 너에게 말하니, 모든 지혜(智慧)로운 사람들은 비유(比喩)를 통하여 개오(開悟)하느니라.

阿難，汝先答我 見光明拳 此拳光明 因何所有 云何成拳 汝將誰見

阿難言 ： 由佛全體閻浮檀金 赩如寶山 淸淨所生 故有光明 我實眼觀 五輪指端 屈握示人 故有拳相

佛告阿難 ： 如來今日 實言告汝 諸有智者 要以譬喩 而得開悟

〈강의〉 부처님은 누구든지 비유(譬喩)를 통하여 개오(開悟)할 수 있다고 하셨다. 지금부터 부처님께서 진심(眞心)을 밝히시고자, 견(見)이라는 **비유**(譬喩)를 방편(方便) 삼아서 설법을 시작하신다. 우리의 참마음은 모습을 찾을 길이 없다.

모습이 없는 것을 설명하여 납득시키는 것은 가장 어려운 작업이다. 알기 쉬운 비유(譬喩)를 들어서 '모습이 없는 그것'을 미루어 짐작하도록 설명하는 방법이라야 현명한 수단이다. 그래서 '아난'이 처음에 부처님의 금빛 몸매를 **보고서** 발심(發心)한 사실을 빌미로 하여, '몸매라는 시각(視覺)현상을 **보는 견**(見)'을 방편(方便)으로 삼아서 **진심**(眞心)을 밝히시는 설법을 하신다. 즉 **변견**(辯見)하여 **식심**(識心)하게 하는 법문을 펴시고자 하시는 장면이다. '아난'이 부처님의 멋진 32상(相)이라는 시각현상을 **보는 견**(見)이라는 그 장면에서, 그때 부처님의 멋진 몸매라는 시각(視覺)현상을 '보는 놈'과 그 시각현상을 '볼 줄 아는 견성(見性)'을 자세하게 설명하면서, 그 견성(見性)의 주체인 '모습이 없는 마음'인 **진심**(眞心)을 직지(直指)하시는 법문을 펼치신다. 따라서 이하(以下)에 나오는 **견**(見)이나 **견정**(見精)이나 **견성**(見性)이란 용어를 보면, 항상 불변(不變)하는 참마음인 '진심(眞心)을 설명하기 위한 비유(譬喩)'임을 잊지 말고 상기(想起)해야만 한다. 그렇게 알아듣는다면 그 사람은 정말 어려운 〈능엄경〉을 지혜롭게 이해할 수 있는 지혜(智慧)를 갖춘 불자(佛子)이니, 어찌 일찍이 한 생(生)에만 〈능엄경〉 공부를 한 사람이겠는가! 여러 생(生)에 걸쳐서 많은 시간을 〈능엄경〉과 가까이 한 결과로 얻은 지혜(智慧)가 분명하다.

〈능엄경〉 제5권에 이런 구절이 있다.

**이때에 '아난'과 대중들은, 시방의 미진수(微塵數) 여래(如來)**

**께서 이구동성(異口同聲)으로 '아난'에게 다음과 같이 말씀하시는 것을 들었다.**

**"착하다, '아난'아. 네가 생사(生死)에 윤회(輪廻)하게 하는 결근(結根)인 구생무명(俱生無明)을 알고자 하느냐? 그것은 바로 네 육근(六根)이며 다른 것이 아니다. 또 네가 안락(安樂)·해탈(解脫)·적정(寂靜)·묘상(妙常)을 속히 증득(證得)하도록 하는 무상'보리'(無上菩提)를 알고자 하느냐? 그것도 네 육근(六根)을 통하는 것이지 다른 것이 없다."**

여기의 **육근**(六根) 중에서 대표적인 것이 안근(眼根)이고, 이 안근(眼根)은 **견**(見)이라는 작용에서 주체(主體)의 역할을 한다.

오늘날 **간화선**(看話禪)을 주장하는 선사(禪師)들은 화두(話頭)를 타파(打破)하여야만 견성(見性)할 수 있다고 하여 경전(經典)을 통한 정통적인 불교공부를 폄하(貶下)하는 경향이 있다. 근세에 이르기까지 경전(經典)을 공부하지 않고 화두(話頭)만 가지고 견성(見性)한 선배들이 과연 몇 명이나 있었을까? 서산(西山)대사의 '사교입선(捨敎入禪)'이라는 명구(名句)는, 원래 "경전(經典)공부를 마치고 나서 선(禪)을 익혀라."라는 뜻이다. 그런데 "경전은 보지도 말고 내버리고 바로 선(禪)에 들어가라."라고 제멋대로 해석하고, 불경(佛經)을 한 권도 읽지 않고서 선방(禪房)에 출입한다고 능사(能事)는 아니다. 불경(佛經)에 나오는 알기 쉬운 비유(譬喩)를 통하여 공부하는 것과 간화선(看話禪)으로 공부하는 것을 비교하면, 어느 방법이 더 쉬운 방법일까? 더구나 세상의 살림살이를 계속해야 하는 거사(居士)들은 간화선으로 공부한답시고 24시간 화두(話頭)만 들고 있을 수가 없다. 한번 같이 생각해보자.

중국 명(明)나라의 교광(交光) 진감(眞鑑)대사는 그의 〈정맥소〉(正脈疏)에서, “여기서부터 부처님께서 진심(眞心)을 ‘열 번’에 걸쳐서 이리저리 자세하게 설명하신 **십번현견**(十番顯見) 법문이 시작된다.”고 설명하였다. 즉 **견**(見)을 설명하여 **심**(心)을 알게 하는 ‘변견식심(辯見識心)’하는 유명한 설법이니 부디 거듭거듭 읽어서 진의(眞意)를 파악할 때까지 쉬지 말아야 한다.

**[경(經)] ‘아난’아, 비유컨대, 만일 내 손이 없으면 내 주먹을 이루지 못하고, 만일 네 ‘눈’이 없으면 네가 ‘볼 수’가 없을 것이니, 네 눈을 가지고서 내 손에 비유(譬喩)한다면, 그 뜻이 같겠느냐 다르겠느냐?”**

**‘아난’이 대답하였다.**

**“예! 그렇습니다, 세존이시여. 제 눈이 없으면 제 견(見)을 이루지 못할 것이니, 제 눈으로써 여래의 손에 비유하건대 그 이치가 서로 유사(類似)하겠습니다.”**

**부처님께서 ‘아난’에게 말씀하셨다.**

**“네가 서로 같다고 말하지만, 그 이치가 그렇지 않다. 무슨 까닭이냐? 손이 없는 사람은 필경 ‘주먹’이 없지만, 저 ‘눈’이 먼 사람은 ‘보는 것’이 전혀 없는 것이 아니다. 왜냐하면 네가 시험 삼아 길에 나가서 눈 먼 맹인(盲人)에게 ‘당신도 보이는 것이 있느냐?’ 하고 물어보면, 모든 맹인(盲人)들이 반드시 너에게 대답하기를 ‘나는 지금 눈앞에 오직 컴컴한 것만 보이고, 다시 다른 것은 보이지 않는다.’고 말할 것이다. 이 이치로 보면 맹인(盲人)은 눈앞의 빛깔인 경계가 항상 어두운 것이지, 시각(視覺)현상을 볼 줄 아는 견성(見性)이야 무슨 탈이 있겠느냐.”**

阿難，譬如我拳 若無我手 不成我拳. 若無汝眼 不成汝見 以汝眼根 例我拳理 其義均不
阿難言 ： 唯然 世尊, 旣無我眼 不成我見 以我眼根 例如來拳 事義相類
佛告阿難 ： 汝言相類 是義不然 何以故 如無手人 拳畢竟滅 彼無眼者 非見全無 所以者何 汝試於途 詢問盲人 汝何所見 彼諸盲人 必來答汝 我今眼前 唯見黑暗 更無他矚 以是義觀 前塵自暗 見何虧損

**〈강의〉** 이 법문(法門)은 '**봄**[見]'과 '**눈**'의 관계를 설명하면서, 눈이 먼 맹인(盲人)도 어둠을 '보고 있다'는 사실을 밝힌 다. 흔히 [**맹인촉암(盲人矚暗)의 장**(章)]이라고 한다. 상식적으로 일반 사람들은 외부의 빛깔을 얼굴에 있는 '눈'이라는 감각기관을 통해서 '본다'고 생각한다. "안구(眼球)를 통해 들어온 광선이 시신경(視神經)에 전달되어서, 기타 등등" 하는 식으로 알고 있다. 그래서 시각기관(視覺器官)에 장애가 있는 맹인은 빛깔을 '보지 못한다'고 일방적으로 생각한다. 그러나 부처님의 설명은 눈이 고장난 맹인도 '본다'는 작용인 '견(見)'은 있다는 말씀이시다. 즉 맹인도 '마음'이 있으니 당연히 '시각(視覺)현상은 알아보는 작용이 있다'고 하신다.

**[경(經)] '아난'이 말하였다.**

**"모든 맹인(盲人)들의 눈앞에는 오직 암흑(暗黑)만 보일 뿐인데, 어찌 그것만 가지고 맹인도 보는 견성(見性)이 있다고 단정할 수 있겠습니까?"**

**부처님께서 '아난'에게 말씀하셨다.**

"모든 맹인들이 눈이 없어서 오직 암흑만 보는 것을, 눈 밝은 사람이 암실(暗室)에서 암흑을 보는 것과 비교하면, 이 두 가지 암흑이 서로 같겠느냐, 다르겠느냐?"

'아난'이 대답하였다.

"그와 같습니다, 세존이시여. 이 암실(暗室)에서 암흑을 보는 것과 맹인들이 암흑을 보는 것을 비교해보면, 서로 다를 것이 없습니다."

부처님께서 말씀하셨다.

"아난아, 만일 눈이 없는 사람이 눈앞의 컴컴한 것만 보다가, 치료를 받아서 문득 눈으로 볼 수가 있게 되어서 눈앞의 가지가지 빛깔을 보는 것을 만약 '눈이 본다'고 표현한다면, 저 암실에 있던 사람이 촛불을 켜서 가지가지 빛깔을 보게 되는 것은 '촛불이 본다'고 말하겠구나. 만일 '촛불이 본다'면, 촛불이 능히 보는 견성(見性)이 있으므로 촛불이라고 할 수가 없고, 또 촛불이 본 것이니 너와는 관련이 없다. 그러므로 마땅히 알아라. '촛불'이 능히 빛깔을 나타내지만 그 색깔을 보는 것은 이 '눈'이지 촛불이 아니다.

또, 이 눈이 능히 빛깔을 나타내지만, 이와 같이 시각(視覺)현상을 볼 줄 아는 성품(性品)인 **견성(見性)**은 '마음'이지, 눈이 아니다."

阿難言 : 諸盲眼前 唯睹黑暗 云何成見

佛告阿難 : 諸盲無眼 唯觀黑暗 與有眼人 處於暗室 二黑有別 爲無有別

(阿難言) : 如是 世尊, 此暗中人 與彼群盲 二黑校量 曾無有異

(佛告阿難) : 阿難, 若無眼人 全見前黑 忽得眼光 還於前塵 見種種色 名眼見者 彼暗中人 全見前黑 忽獲燈光 亦於前塵
見種種色 應名燈見 若燈見者 燈能有見 自不名燈 又則燈觀 何關汝事 是故當知 燈能顯色 如是見者 是眼非燈 眼能顯色 如是見性 是心非眼

**〈강의〉** 마음공부의 첫 관문(關門)이다. "**이 눈이 능히 빛깔을 나타내지만, 이 빛깔을 볼 줄 아는 성품(性品)인 견성(見性)은 눈이 아니고 마음이다.**" 즉, "**안능현색 여시견성 시심비안(眼能顯色 如是見性 是心非眼)**"이다. 이 설명은 지극히 평범한 이야기같이 들린다. 그러나 이것이 진심(眞心)을 설명하는 서두(序頭)이다. 부처님께서 견성(見性)을 예로 들어서 진심(眞心)을 밝히려는 의도를 보이신 첫 법문이다. 장차 벌어질 **변견식심**(辯見識心) 법문은 견(見)을 설명하면서 궁극적으로 심(心)을 밝히는 법문이다. **진심**(眞心)은 형상이 없어서 설명하기가 어려우니, 눈에 보이는 시각(視覺)현상을 보는 **견**(見)을 비유(譬喩)로 들어서 알기 쉽게 풀어가는 설법이다.

여기에 나온 **견성**(見性)이란 단어는 '시각(視覺)현상을 볼 줄 아는 것, 또는 시각현상을 볼 줄 아는 성품(性品)'을 가리킨다. '보는 주체(主體)'나 '보는 놈'이라는 표현이 적당할 것 같으나, 그렇게 새기면 외부에 시각현상이 있고 다시 내부에 보는 주체인 어떤 주인공이 있는 것 같은 오해를 하기 쉬우므로, 볼 줄 아는 '것' 내지 '성품(性品)'이라고 새겨보았다. 왜냐하면 시각현상을 알아보는 견(見)에서는 그 주체와 객체를 구별하지 않기 때문이다. 눈을 뜨면 보이는 것이 바로 시각현상이므로, 그 견(見)이란 앎을 일부러 주객(主客)으로 분석하여 주체인 안근(眼根)과 객체인 색진(色塵)으로 분류하는 짓거리는 사용하지 않는 것이 〈능엄경〉에 나오는 부처님의 설명방법이다. 그래서 그냥 견문각지(見聞覺知)의 견(見)이란 단어를 그대로 활용하신다.

다만 **견성**(見性)이란 단어에서 주의할 점이 있다. **견성**(見性)이란 용어는 교가(敎家)와 선가(禪家)에서 달리 사용하고 있다. 〈능엄경〉에서는 **견성**(見性)을 '보는 성품(性品)'이라고 하여 **견**(見)이 수식관계를 의미하지만, 선가(禪家)에서는 **견성**(見性)을 '성품을 본다'라고 하여 **견**(見)을 동사로 사용한다. 중국 선가(禪家)의 시조(始祖)인 달마(達磨)대사가 **견성**(見性)을 '성품을 본다'라고 강조한 최초의 인물이지만, 당나라에 와서 〈능엄경〉을 번역하면서 **견성**(見性)을 '보는 성품'으로 번역하다 보니 두 가지 의미가 혼용(混用)되고 있다. 사용에 혼동이 없도록 조심해야 한다.

지금 '시각현상을 볼 줄 아는 것 또는 성품(性品)'을 견성(見性)이라고 부른다면, 이 견성은 우리의 신심(身心) 중에서 구체적으로 어느 부분을 가리키는 말일까? 실제로, '빛깔을 볼 줄 아는 그것', 다른 말로 '눈이라는 기관(器官)을 통하여 빛깔을 인지(認知)하는 그 무엇'이라고 할 존재가 어디에 있을까? 솔직히 우리는 '시각현상을 볼 줄 아는 성품'인 '견성(見性)'이 내 몸의 어느 부위(部位)에 자리를 잡고 있는지 모른다. 마찬가지로 소리를 들을 줄 아는 주체인 **문성**(聞性), 냄새를 맡는 **후성**(嗅性), 맛을 보는 **상성**(嘗性), 촉감을 느끼는 주체인 **각성**(覺性), 그리고 지각(知覺)할 줄 아는 주체인 **지성**(知性)이 모두 마음의 작용이지만, 그 **육성**(六性)이 모두 내 신심(身心)에서 어느 특정한 부위에 존재하는지 모른다. 현대의학은 두뇌(頭腦)에 시신경(視神經)이나 청신경(聽神經) 등이 작동하는 경로

(經路)와 부분(部分)이 위치를 달리하여 따로따로 존재(存在)한다고 설명한다. 시각(視覺)이나 청각(聽覺)이 어떻게 '나'와 연결되어 본다거나 듣는다는 시각현상과 청각현상이 일어나는지 자세히 모르고 있다. 육각(六覺)과 두뇌(頭腦)와 이 마음이 같은 것인가? 그래서 마음이란 것도 과학적으로 분석(分析)해보면 두뇌작용처럼 한 개가 아니고 여섯 가지 경로(經路)로 분류가 될 수 있는 것인가? 이런 상식(常識)이 과연 정확한 지식(知識)인가? 자동차의 부속품(附屬品)은 수만 개가 된다고 한다. 그러나 자동차를 움직이는 주인공은 이런 부속품들이 아니다.

지금 부처님은, **변견식심**(辯見識心)하는 서두(序頭)에서 우선 '시각현상을 볼 줄 아는 주체(主體)'인 "견성(見性)은 눈이 아니고 바로 마음이다."라고 선언하셨다. 육신(肉身)에 속한 '안구(眼球)'라는 기관(器官)은 단지 빛깔이 잘 투영되도록 초점(焦點)을 맞추는 조직이고 '두뇌(頭腦)'는 시신경(視神經)이 전기적(電氣的) 반응(反應)을 전달해주는 무정물(無情物)인 신체기관(器官)에 불과한 것이다. 그런데 사람들은 태어나면서 길들인 버릇에 따라 "눈이 본다"고 잘못 알고 있다. 마치 자동차는 엔진이 작동하고 타이어가 굴러가야 움직이니까, 엔진이나 타이어가 자동차를 움직이는 주체(主體)인 줄 착각하는 것과 같다. 운전수(運轉手)가 내리면 자동차는 움직이지 않는다. "시각현상을 '볼 줄 아는 것'은 '마음'이지 눈이 아니다."라는 말은 **견**(見)이 마음의 작용 가운데 하나이므로, '시각현상을 볼 줄 아는 성능(性能)인 견성(見性)'은 바로 '마음 그 자체(自體)'인 사실을 직지(直指)하시는 법문이다. 즉, 체(體)와 용(用)은 둘이 아니다.

물론 견문각지(見聞覺知)라는 작용(作用) 중에서 만일 견성(見性)이 진심(眞心)이라면, **문성**(聞性) · **후성**(嗅性) · **상성**(嘗性) · **촉성**

(觸性) · **지각성**(知覺性)도 모두 진심이라야 옳다. 그러나 부처님이 이 육성(六性) 중에서 **견성**(見性)만 예로 들어서 진심(眞心)을 비유(比喩)로 설명하셨다. 본다[見]는 것이 가장 현저한 마음작용이니까. 따라서 여기에서 말하는 견성(見性)은 시각현상을 볼 줄 아는 그것만을 지칭할 뿐이고, 그 견(見)을 바탕으로 하여 일으키는 후속(後續)하는 의식(意識) 작용(作用) 등은 포함하지 않는다. 견성(見性)을 비유로 들어서 진심(眞心)을 설명하고 있으므로 시각(視覺)만 말하고 있고, 청각(聽覺)이나 지각(知覺) 등은 포함하지 않고 있다는 점을 유의(留意)해야 한다.

**[경(經)] '아난'이 이 말씀을 듣고는 여러 대중과 같이 입은 비록 침묵했으나, 마음은 깨달아 열리지 못하여, 여래께서 자비한 음성으로 계속하여 설명하여주시기를 원하면서, 합장(合掌)한 채로 마음을 비우고서 부처님의 자비로운 가르침을 기다렸다.**

阿難雖復得聞是言 與諸大衆 口已默然 心未開悟 猶冀如來慈音宣示 合掌淸心 佇佛悲誨

**〈강의〉** **마음**이 바로 빛깔을 볼 줄 아는 주체(主體)인 **견성**(見性)이고, '**눈**은 보는 주체(主體)가 아니다.'라고 설명하시는 부처님 말씀을 듣고서, '아난'이 얼른 납득(納得)이 되지 않아서 어리둥절하고 있다. 앞에서 금방 죽은 사람의 눈은 아직 부패(腐敗)되지 않았는데도 보지를 못하니 "눈이 보는 것이 아니다."라는 부처님 말씀이 옳기는 옳았으나, 그래도 알고 있던 상식과 너무 다르므로 쉽게 수정(修正)이 안 되는 모양이다. '아난'의 견처(見處)도 우리들의 소견(所見)과 비슷하다.

## 2. 견성(見性)은 요동(搖動)하지 않는다

[경(經)] 그때에 세존께서 빛나는 손을 들어 다섯 손가락을 펴시고는, '아난'과 여러 대중에게 가르쳐 말씀하셨다.

"내가 처음에 성도(成道)하고 녹야원(鹿耶園)에서 '아야다'(阿若多) 등 다섯 비구(比丘)와 너희 사부대중을 위해 설법하기를, '일체 중생이 보리(菩提)와 '아라한'(阿羅漢)을 성취하지 못하는 것은, 모두 객진(客塵) 같은 번뇌(煩惱)로 인(因)하여 잘못되었기 때문이다.'라고 했는데, 너희들은 당시에 무엇을 깨달아서 마음이 개오(開悟)하였기에 지금 성과(聖果)를 이루었느냐?"

그때에 '교진나'(憍陳那)가 일어서서 부처님께 고하였다.

"제가 지금 장로(長老)로서 대중 가운데 해오(解悟)했다는 이름을 얻은 것은 '객진(客塵)'이라는 두 글자를 통하여 개오(開悟)하였기에 성과(聖果)를 성취했습니다.

세존이시여, 비유하면 나그네인 '객(客)'이 여관에 들러서 숙식(宿食)을 할 때에, 먹고 자는 일이 끝나면 행장을 수습하고 길을 떠나지만, 여관 주인(主人)은 항상 머무니 떠나가는 일이 없습니다. 이와 같이, 머물지 않는 것을 객이라 하고 머무는 것을 주인이라 이름하므로, 객진(客塵)에서 **'객(客)'**은 **'머물지 않는다'**는 뜻입니다.

또 날씨가 개어서 맑은 햇살이 하늘에 가득하면, 햇살이 문틈으로 들어와서 방안에 떠다니는 많은 먼지를 보게 됩니다. 이때 먼지는 요동(搖動)하고 허공은 고요하니, 그와 같이 맑고 고요한 것은 허공(虛空)이라 이름하고, 요동하는 것을 먼지인 진(塵)이라고 이름하는 것이니, 즉 객진(客塵)에서 '진(塵)'은 '요동(搖動)한다'는 뜻입니다."

부처님께서 말씀하셨다.

"네 말이 옳다. 그와 같다."

爾時 世尊 舒兜羅綿網相光手 開五輪指 誨敕阿難 及諸大衆 ： 我初成道 於鹿園中 爲阿若多五比丘等 及汝四衆 言 "一切衆生 不成菩提及阿羅漢 皆由客塵煩惱所誤" 汝等當時 因何開悟 今成聖果

時 憍陳那 起立白佛 ： 我今長老 於大衆中 獨得解名 因悟客塵二字成果 世尊, 譬如行客 投寄旅亭 或宿或食 食宿事畢 俶裝前途 不遑安住 若實主人 自無攸往 如是思惟 不住名客 住名主人 以不住者 名爲客義 又如新霽 淸暘升天 光入隙中 發明空中諸有塵相 塵質搖動 虛空寂然 如是思惟 澄寂名空 搖動名塵 以搖動者 名爲塵義

佛言 ： 如是

**〈강의〉** 마음을 설명하려고 비유(譬喩)를 사용한다. '나그네[客]와 주인'이 등장하고 '먼지[塵]와 허공'이 나오는 비유이다. 나그네인 객(客)은 '왔다 갔다' 하면서 머물지 않고, 마찬가지로 육진(六塵) 경계도 '생겼다 꺼졌다' 하면서 요동(搖動)한다. 그래서 **객진**(客塵)이란 말은 변동(變動)하는 것을 지칭한다. 우리의 마음에서 일어나는 **생각**은, 객진(客塵)인 육진(六塵)을 반연(攀緣)하여 일어나므로 무슨 생각이든지, 모두 찰나(刹那) 찰나(刹那) 일어났다가 사라진다. 기쁜 일이 있어 좋아하다가도, 슬픈 일이 생기면 금방 우울한 생각을 짓는다. 이러한 생각의 연속(連續)으로 번뇌(煩惱)가 끊임없이 기멸(起滅)하지만, 그 번뇌가 일어나는 **마음자리**는 허공과 같아서 항상 고요하고, 주인(主人)과 같아서 변동(變動)이 없다. 즉 **생각**은 그때 그때 요동(搖動)하며 기멸(起滅)하지만, 생각이 일어난 **그 자리**는 항상 고요하여 적적(寂寂)할 뿐이다. 우울(憂鬱)한 생각을 많이 하는 사람들은 그 우울한 생각에 쏠려서 '내가 항상 우울하다'고 착각하면서 차차 우울증(憂鬱症)에 걸린다. 우울한 생각은 그냥 **생각들**일 뿐이지, 생각이 일어나는 바탕인 **마음** 자체가 우울한 것이 아니다. 우울한 생각이 계속하여 일어나더라도 내 마음은 항상 공적(空寂)할 뿐이다. 마치 거울에 온갖 영상(影像)이 출몰(出沒)하더라도 거울의 허명(虛明)한 바탕은 변화가 없고, 폭풍우(暴風雨)가 아무리 휘몰아쳐도 하늘은 해말쑥하듯이.

[경(經)] **즉시에 여래(如來)께서 대중 가운데에서, 다섯 손가락을 오므렸다가 다시 펴시고, 폈다가는 다시 또 오므리시고는, '아난'에게 일러 말씀하셨다.**

**"이것을 보느냐."**

**'아난'이 대답하였다.**

**"저는 여래께서 대중 가운데서 손가락을 폈다 오므렸다 하시는 것을 보았습니다."**

**부처님께서 '아난'에게 말씀하셨다.**

**"네가 '여래의 손이 폈다 오므렸다' 하는 것을 보았다고 하니, 내 손이 폈다 오므렸다 하느냐, 너의 보는 견(見)이 폈다 오므렸다**

하느냐?"

'아난'이 대답했다.

"세존께서 손을 폈다 오므렸다 하시기 때문에 제가 여래의 손이 '폈다, 오므렸다' 하는 것을 본 것이지, 저의 볼 줄 아는 견성(見性)이 '폈다, 오므렸다' 하는 것은 아닙니다."

부처님께서 말씀하셨다.

"무엇이 움직이고, 무엇이 고요한가?"

'아난'이 대답했다.

"부처님의 손이 움직였으며, 나의 볼 줄 아는 견성(見性)은 오히려 '고요하다'고 할 것도 없는데, 어찌 '머물지 않았다'고 하겠습니까."

부처님께서 말씀하셨다.

"네 말이 옳다. 그와 같으니라."

卽時 如來 於大衆中 屈五輪指 屈已復開 開已又屈

謂阿難言 : 汝今何見

阿難言 : 我見如來 百寶輪掌 衆中開合

佛告阿難 : 汝見我手 衆中開合 爲是我手 有開有合 爲復汝見 有開有合

阿難言 : 世尊寶手 衆中開合 我見如來 手自開合 非我見性 有開有合

佛言 : 誰動誰靜

阿難言 : 佛手不住 而我見性 尙無有靜 誰爲無住

佛言 : 如是

**〈강의〉** 부처님 손은 요동(搖動)하지만, 그것을 볼 줄 아는 '아난'의 **견성**(見性)은 요동하지 않는다. 보이는 대상은 요동하고 변화하더라도, 그 시각현상을 볼 줄 아는 견성(見性)은 움직임이 없다고 설명하신다.

"**견성(見性)은 오히려 고요하다고 할 것도 없는데, 어찌 머물지 않았다고 하겠습니까.**"라는 '아난'의 답은 그 의도(意圖)하는 바가 무엇인지 얼른 이해가 안 된다. 원래 '고요 정(靜)'은 '움직일 동(動)'과 상대되는 단어로, 먼저 '움직이다'가 그치면 '고요하다'고 말하는 것이다. 보는 성품인 견성(見性)은 일찍이 '움직인 적'이 없으니 '고요하다'고 표현할 일이 없다는 뜻이다. '아난'의 의도(意圖)는 시각현상을 볼 줄 아는 견성(見性)은 전혀 요동(搖動)하지 않아서 항상 부동(不動)임을 강조하는 데 있는 것 같다. 그렇다면 '아난'은 "견성(見性)이란 것이 본래 동정(動靜)이 없어서 무주(無住)라고 표현할 것도 없다"는 사실을 이미 알고 있었다는 말이 아닌가. 다문제일(多聞第一)인 '아난'인지라 그 정도는 다 알고 있었을 것으로 짐작이 간다. 그렇다면 아라한(阿羅漢)인 '아난'이 지금 미혹한 후래(後來)의 중생들을 위하여 부처님과 더불어 한바탕 연극(演劇)을 하고 있는 것은 아닐까? '마등가'도 같은 배역(配役)인가? 그렇다면 연극을 잘 하다가 여기서 그만 '아난'이 말실수를 했구나!

**[경(經)] 이어서 여래께서 손바닥으로 한 줄기 보광(寶光)을 날리시어 '아난'의 '오른쪽'을 비추시는지라, 즉시 '아난'이 머리를 오른쪽으로 돌려서 광명을 보았다. 여래께서 다시 보광을 날려서 '아난'의 '왼쪽'을 비추시니, '아난'이 또 머리를 돌려 왼쪽을 보았다.**

**부처님께서 '아난'에게 말씀하셨다.**

"네 머리가 지금 무슨 이유로 좌우로 요동했느냐?"

'아난'이 대답하였다.

"저는 여래께서 묘한 보광(寶光)을 나투시어 저의 좌우(左右)에 날리셨으므로, 제가 좌우로 돌아본다고 머리가 스스로 요동했습니다."

"아난아, 네가 부처님의 광명을 보려고 좌우로 머리를 움직였을 때에, 너의 머리가 움직였느냐, 너의 보는 견성(見性)이 움직였느냐?"

"세존이시여, 제 머리가 스스로 움직인 것이지, 저의 보는 견성(見性)은 오히려 정지(停止)한 것도 없는데, 무슨 요동이 있겠습니까."

부처님께서 말씀하셨다.

"네 말이 옳다. 그와 같으니라."

如來 於是 從輪掌中 飛一寶光 在阿難右 卽時阿難 迴首右盼 又放一光 在阿難左 阿難又則 迴首左盼

佛告阿難 ： 汝頭今日 何因搖動

阿難言 ： 我見如來 出妙寶光 來我左右 故左右觀 頭自搖動

(佛告阿難) ： 阿難, 汝盼佛光 左右動頭 爲汝頭動 爲復見動

(阿難言) ： 世尊, 我頭自動 而我見性尙無有止 誰爲搖動

佛言 ： 如是

**〈강의〉** 여기서는 '아난'의 얼굴과 눈은 요동(搖動)해도, 볼 줄 아는

**견성**(見性)은 부동(不動)임을 설명하신다. 즉 '아난'의 신체(身體)가 요동하더라도 '아난'의 견성(見性)은 움직이지 않았다는 사실은 견성(見性)이 몸에 붙어 있는 것이 아님을 나타낸다. 비유하면, 투명(透明)한 맑은 구슬이 흔들려서, 구슬 속의 **영상**(影像)이 움직여도, 구슬이 가진 **허명**(虛明)한 밝은 성질은 전혀 요동이 없어서 여전히 사방(四方)이 그대로 환히 비치는 것과 같다. 그렇다면 '아난'의 견성(見性)은 몸의 안팎 어디에 있는 것일까? 여기서 주의할 것이 있다. 시각현상을 볼 줄 아는 것이 견성(見性)인데, 이때 보고자 애를 쓰지 않아도 저절로 보인다는 사실을 잊지 말아야 한다. 보려고 애를 쓰면 반연(攀緣)하는 망심(妄心)이고, 절로 보이는 것을 우두커니 볼 줄 아는 것이 진심(眞心)이다. 중국 선가(禪家)의 삼조(三祖)인 승찬대사가 〈신심명〉(信心銘)에서 말씀하신 "애쓰지 않아도, 허명(虛明)하여 저절로 비춘다."라고 하신 '불로심력 허명자조(不勞心力 虛明自照)'를 명념(銘念)하여야 한다.

**견성**(見性)만 그런 것이 아니다. 청각(聽覺)현상을 들을 줄 아는 **문성**(聞性)도 그렇다. "문성(聞性)이 요동(搖動)하지도 않고 변화(變化)도 없다"는 사실을 설명하시는 부처님의 법문(法門)이 〈능엄경〉 제4권에 나온다. 견성(見性)이면서 동시에 문성(聞性)이기도 한 진심(眞心)을 자세히 설명하고자, 여기에다 뒤에 나오는 '**문성**(聞性)**에 대한 법문**(法門)'을 좀 길게 인용한다.

> **이때 여래께서 '라후라'를 시켜서 종(鐘)을 한 번 치게 하시고, '아난'에게 물으셨다.**
> **"네가 지금 듣느냐."**
> **'아난'과 대중들이 함께 대답하였다.**

"예, 듣습니다."

종소리가 그치고 소리가 사라지자, 부처님께서 또 물으셨다.

"네가 지금 듣느냐."

'아난'과 대중이 함께 대답했다.

"듣지 못합니다."

그때 '라후라'가 또 종을 한 번 쳤고, 부처님께서 또 물으셨다.

"네가 지금 듣느냐."

'아난'과 대중이 또 대답했다.

"모두 듣습니다."

부처님께서 '아난'에게 물으셨다.

"너는 어떤 것을 '듣는다'고 하고, 어떤 것을 '못 듣는다'고 하느냐."

아난과 대중이 함께 대답했다.

"종을 쳐서 소리가 나면 저희들이 '듣고', 종을 치고 시간이 지나서 종소리와 메아리가 모두 사라지면 '못 듣는다'고 합니다."

부처님께서 또 '라후라'를 시켜서 종을 치게 하시고, '아난'에게 물으셨다.

"지금 소리가 나느냐."

'아난'과 대중이 함께 대답하였다.

"소리가 있습니다."

잠깐 있다가 소리가 사라지니 부처님께서 또 물으셨다.

"지금도 소리가 나느냐."

'아난'과 대중이 함께 대답하였다.

"소리가 없나이다."

조금 있다가 '라후라'가 다시 종을 쳤다. 그리고 부처님께서 또 물으셨다.

"너희들, 지금 소리가 나느냐."

'아난'과 대중이 함께 대답하였다.

"소리가 있나이다."

부처님께서 '아난'에게 물으셨다.

"너는 어떤 것을 '소리가 난다'고 하고, 어떤 것을 '소리가 없다'고 하느냐."

'아난'과 대중이 같이 대답하였다.

"종을 쳐서 소리가 나면 그것을 소리가 있다 하고, 오래되어 종소리와 메아리가 없어지면 소리가 없다고 합니다."

부처님께서 '아난'과 대중에게 말씀하셨다.

"너희들이 어찌하여 말을 '이랬다, 저랬다' 하느냐."

대중들과 '아난'이 함께 부처님께 여쭈었다.

"저희들이 무엇을 '이랬다, 저랬다' 하였습니까."

부처님께서 말씀하셨다.

"내가 '너희들이 듣느냐?' 하고 물으면 너희는 '듣는다'고 말하고, 또 '소리가 나느냐?' 하고 물으면 '소리가 난다'고 말하니, 먼저는 '듣는다' 하고, 뒤에는 '소리가 난다'고 대답하여 그 대답이 일정하지 않으니, 이것이 '이랬다, 저랬다' 하는 것이 아니냐.

'아난'아, 종소리가 사라지고 메아리도 없는 때에, 너는 '들음이 없다'고 말하는데, 참으로 들음이 없다면 듣는 문성(聞性)이 아주 없어져서 고목(枯木)과 같을 것인데, 종을 다시 칠 때 종치는 소리를 네가 어떻게 아느냐.

종소리가 '있음'을 알고, 또 종소리가 '없음'을 아는 것은, '소리'가 '있었다', '없었다' 하는 것이지, 너의 '들을 줄 아는 문성(聞性)'이 어떻게 '있었다', '없었다' 하겠느냐. 문성(聞性)이 참으로 없다면, 무엇이 소리가 없는 줄을 아느냐.

그러므로 '아난'아, 청각(聽覺)현상 가운데서 '종소리'가 났다 없어졌다 하는 것이지, 너의 '문성(聞性)'이 종소리가 나면 있고 종소리가 사라지면 없어지는 것은 아니다.

네가 아직도 전도(顚倒)되어서 '종소리'를 '문성(聞性)'이라고 착각(錯覺)하므로, 어리석게 '항상(恒常)'한 것을 '단멸(斷滅)'이라고 잘못 보고 있다.

그러므로 '동정(動靜)과 폐색(閉塞)과 개통(開通)을 여의면 들을 줄 아는 문성(聞性)이 없다'고 말하여서는 안 된다.

마치 깊이 잠든 사람이 침상(寢牀)에서 자고 있는데, 그 집안의 사람들이 다듬이질을 하거나 방아를 찧으면, 그 사람이 잠결에 그 소리를 듣고는 다른 소리로 생각하여 '북을 치는구나', '종을 치는구나'라고 착각하거나, 아니면 꿈속에서 '종소리가 어째서 나무나 돌을 치는 소리 같을까?' 하고 이상하게 여기다가, 문득 깨어나서 그것이 다듬이질이나 방아 찧는 소리인 줄 알고 나면, 식구들에게 말하기를 '내가 꿈에 이 소리를 북소리로 잘못 들었다'고 말할 것이다.

'아난'아, 이 사람이 꿈속에서 동정(動靜)과 폐색(閉塞)과 개통(開通)을 기억하지 못하고, 그 몸은 잠을 잤으나, 소리를 들을 줄 아는 문성(聞性)은 혼매(昏昧)하지 않았었다. 설사 네 몸이 죽어서 없어지고 명줄이 사라진다고 하더라도, 들을 줄 아는 문성(聞性)이야 어찌 없어지겠느냐.

이 법문에서 "**문성**(聞性)이 본래 상주(常住)하여 움직이지 않으면서, 항상 청각현상을 들을 줄 안다."는 사실을, 부처님께서 종을 쳐가면서 자세히 설명하셨다. 문성(聞性)은 청각현상을 저절로 들을 줄 아는지라, 알아듣고자 하는 '생각'을 따로 일으키지 않고도 잘 듣는다. 따라서 하루 종일 소리를 '알아들어도' 피로(疲勞)하거나 신경(神經)이 쓰이지 않는다. 빛깔이 저절로 보이듯이, 소리도 저절로 들리기 때문이다. 소리를 듣고자 일부러 애를 쓸 필요가 없는 것이다.

종소리를 들을 줄 아는 **문성**(聞性)처럼, 시각현상을 볼 줄 아는 **견성**(見性)도 아침부터 저녁까지 하루 종일 보고 있어도 조그마한 힘도 들이지 않는다. 시각현상이 나타나면, 일부러 '한 번 빛깔을 보아야지' 하는 생각을 짓지 않더라도, 항상 나타난 그대로 '시각현상을 볼 줄 안다.' 빛깔이 그냥 저절로 보일 뿐이다. 실은 밤에 잘 때에도 견성(見性)은 '컴컴한 것'과 '꿈속의 광경(光景)'을 볼 줄 아는데, 무기(無記)에 빠져서 그렇다는 사실을 모를 뿐이다. 견성(見性)의 성능(性能)인 견(見)은 하루 24시간 항상(恒常) 저절로 작용한다. 작동(作動)하되 작동한다는 생각이나 의도(意圖)가 없으니, 견성(見性)은 조금도 요동(搖動)하지 않는다. 이것을 이해하면 "봄이 없이 본다"거나 "들음이 없이 듣는다"는 말을 알게 된다.

[경(經)] **이에 여래께서 대중에게 널리 말씀하셨다.**

**"이와 같이 중생들은 요동(搖動)하는 것을 '진(塵)'이라 하고, 머물지 않는 것을 '객(客)'이라 부른다.**

**너희들이 '아난'을 보아라. '아난'의 머리는 스스로 요동할지언정, 그 요동하는 머리를 보는 너희들의 견(見)은 움직임이 없었다.**

**또 너희들이 나를 보아라. 내 손은 스스로 '폈다 오므렸다' 할지언정, 폈다 오므리는 내 손을 보는 너희들의 견(見)은 폈다 오므렸다 함이 없었다. 그런데 어찌하여 너희들은 움직이는 것을 네 몸으로 삼고, 또 움직이는 것을 경계(境界)로 삼아서, 처음부터 끝까지 생각 생각마다 생멸(生滅)하면서, 진성(眞性)을 잃어버리고서 뒤바뀐 짓만 하고 있느냐. 성품(性品)인 마음이 진짜를 잃고서 물상(物象)을 자기(自己)라고 오인(誤認)하여, 그 속에서 윤회(輪廻)하면서 스스로 유전(流轉)을 택한 것이다."**

云何汝今 以動爲身 以動爲境 從始洎終 念念生滅 遺失眞性 顚倒行事 性心失眞 認物爲己 輪迴是中 自取流轉

**〈강의〉** '아난'이 지금까지 쉬지 않고 항상 변(變)하는 몸과 경계를 따라다니면서 찰나 찰나에 기멸(起滅)하는 '생각'을 자기(自己) 마음으로 오인(誤認)하고, 진짜 자기(自己)인 진심(眞心)은 망각(忘却)하고 있다고 꾸짖는다. 불변(不變)하는 **진심**(眞心)과 **법신**(法身)을 망각(忘却)하고, 변하는 경계를 반연(攀緣)하는 망상(妄想)을 **자심**(自心)이라고 믿고 생멸(生滅)하고 변동하는 색신(色身)을 **자신**(自身)이라고 여기고 있다는 설명이다. 혼미(昏迷)한 중생들은, 불변(不變)하는 '진짜 마음'인 **진심**(眞心)을 까맣게 잊어버리고, 바깥의 경계를 따라 부동(浮動)하는 '생각'인 **망상**(妄想)을 제 마음이라고 착각(錯覺)하고 있는 것이 현재의 상황이다. 변(變)하는 신심(身心)인 오온(五蘊)을 자기(自己)라고 철석같이 믿고 있으며, 나아가 이 몸을 벗어버리는 사망(死亡)하는 그 순간에도 좋아하는 생각을 따라서 좋아하는 모습만을 찾아다니느라고 윤회(輪廻)하는 굴레를 탈피하지 못하고 있다.

그러면 어떻게 해야만 하는가? 신심(身心)인 이 오온(五蘊)은 모두 빈 것이니 그것에 쏠리지 말고, 나의 진심(眞心)과 진성(眞性)을 회복하여 그것을 활용해야 한다. 진짜인 나의 진심(眞心)과 법신(法身)은 도대체 어떤 것인가? 그렇다면 가짜인 오온(五蘊) 밖에 따로 진심(眞心)과 진성(眞性)이 머무는 곳이 분명히 있다는 것인가?

### 3. 견성(見性)은 늙거나 죽지 않는다

[경(經)] **그때에 '아난'과 여러 대중(大衆)이 부처님의 가르침을 듣고 몸과 마음이 태연(泰然)하게 되었으니, 끝없는 옛적부터 본심(本心)을 잃어버리고 '육진(六塵)에 쏠려서 분별(分別)하는 그림자'인 연진분별영사(緣塵分別影事)를 마음으로 잘못 알고 있다가, 오늘에야 본심(本心)을 개오(開悟)하니, 마치 잃어버린 젖먹이가 문득 자모(慈母)를 만남과 같다는 생각이 들어서 합장하고 예불(禮佛)하였다. 그리고 여래(如來)가 몸과 마음에서 진(眞)·망(妄)이나, 허(虛)·실(實)이나, 현전(現前)하는 생멸(生滅)·불생멸(不生滅)인 두 가지로써 성품(性品)을 발명(發明)해주시는 법문(法門)을 계속하여 듣고자 하였다. 이때에 '파사익'왕(波斯匿王)이 일어서서 부처님께 여쭈었다.**

**"제가 전날에 부처님의 가르침을 직접 배우지 못했던 시절에, 외도(外道)인 '가라구타가전연'(迦羅鳩馱迦旃延)과 '산사야비라지자'(刪闍夜毘羅胝子)를 만났었는데, 그들은 모두 '이 몸이 죽고 나면 아무것도 없는데, 이것이 열반(涅槃)이다.'라고 말했습니다.**

제가 지금 부처님을 만났으나 지금까지 그에 대한 의심(疑心)이 남아 있으니, 어떻게 이해하여야 '이 마음이 생멸(生滅)하지 않는다'는 불생멸지(不生滅地)를 증득(證得)하여 알겠습니까? 지금 이 모임에서 유루(有漏)인 사람들은 모두 그 법문(法門)을 듣고 싶어 합니다."

爾時 阿難及諸大衆 聞佛示誨 身心泰然 念無始來 失卻本心 妄認緣塵 分別影事 今日開悟 如失乳兒 忽遇慈母 合掌禮佛 願聞如來 顯出身心 眞妄虛實 現前生滅 與不生滅 二發明性
時波斯匿王 起立白佛 ： 我昔未承諸佛誨敕 見迦旃延毗羅胝子 咸言此身 死後斷滅 名爲涅槃 我雖値佛 今猶狐疑 云何發揮證知此心 不生滅地 今此大衆 諸有漏者 咸皆願聞

**〈강의〉** '죽고 나면 아무것도 없다'는 것은 세상 사람들의 통념(通念)이다. 왕(王)이 보통 사람의 생각을 대변하여 "죽지 않고 영원(永遠) 불변(不變)하는 마음인 **진심**(眞心)이 과연 있는가?"를 묻고 있다. 여름밤의 '유령(幽靈) 이야기'에도 죽은 사람의 영혼(靈魂)이 육신(肉身)을 벗어나 계속 귀신(鬼神)으로 행세하는 사례가 등장하며, 저승사자에 끌려서 염라대왕을 만난 이야기는 주위에 흔하지만, 우리는 여전히 과학적인 증거를 요구하면서 영혼의 존재를 의심하고 있다. 물론 이 귀신들도 **망심**(妄心)을 자기로 잘못 알고 있다. 그러나 그런 **망심**(妄心)들이 계속하여 윤회하는 것은 그 망심의 본원(本源)인 **진심**(眞心)이 계속하여 존재하기 때문이다.

[경(經)] 부처님께서 대왕(大王)에게 말씀하셨다.

"그대의 육신(肉身)이 지금 있으니 그대에게 묻겠다. 그대의 이 육신이 금강(金剛)과 같아서 항상 머물러 썩지 않느냐, 아니면 변(變)하고 썩느냐?"

"세존이시여, 저의 지금 이 몸은 항상 변하고 마침내 썩고 맙니다."

부처님께서 말씀하셨다.

"대왕이여, 그대가 일찍이 죽어보지 않았거늘 어떻게 장차 죽을 것을 아는가?"

"세존이시여, 저의 이 변하고 죽어가는 무상(無常)한 몸이 아직은 죽지 않았으나, 지금도 생각 생각에 변화하고 새록새록 머물지 않는 것이, 마치 불이 타고 나서 재가 되는 것과 같아서, 점점(漸漸) 삭아 떨어져서 죽고 없어지고 있으니, 장차 이 몸이 꼭 사라지고 말 것을 알고 있습니다."

부처님께서 말씀하셨다.

"그와 같다, 대왕이여. 그대의 나이가 이미 노인(老人)에 해당하니, 얼굴이 소년시절과 비교하면 어떠한가?"

"세존이시여, 제가 옛날 어렸을 적에는 피부가 윤택하였고, 차차 장성함에 따라 혈기가 왕성하더니, 지금 나이가 들어 노인이 되니 형색이 초췌(憔悴)하고 정신이 혼매(昏昧)하며 두발(頭髮)이 희고 얼굴이 쭈그러져서 장차 오래가지 못할 것 같은데, 어떻게 젊은 때와 비교하겠습니까."

부처님께서 말씀하셨다.

"대왕이여, 그대의 모습이 갑자기 늙지는 않았을 것이다."

'파사익'왕이 대답하였다.

"세존이시여, 변화(變化)가 모르는 사이에 일어나서 제가 알지 못했지만, 세월(歲月)이 흘러가서 이 지경에 이르렀습니다. 제 나이 20세에는 비록 연소(年少)하다 하지만 용모(容貌)가 이미 10세 때보다는 늙었고, 30세에는 또 20세 때보다는 늙었습니다. 지금은 62세라, 지난 50세 시절을 되돌아보니 그 시절에는 정말 건강했습니다. 세존이시여. 제가 모르는 사이에 조금씩 늙은 것이 지금은 아주 엄청나게 늙고 말았습니다.

늙으면서 흘러 변하는 것을 10년 단위로 말한 것이 이와 같지만, 만일 다시 자세히 살펴본다면 그 변하는 것이 어찌 오직 10년 단위이겠습니까, 실은 해마다 변합니다. 어찌 오직 해마다 변할 뿐이겠습니까, 또한 달마다 변합니다. 어찌 다만 달마다 변하겠습니까, 또한 날마다 시간은 흘러가니, 곰곰이 생각하고 자세히 관찰해 보니, 찰나 찰나에 생각 생각에 시간은 정지(停止)하지 않습니다. 그리하여 제 몸도 마침내 변하여 없어질 것을 압니다."

佛告大王 : 汝身現在 今復問汝 汝此肉身 爲同金剛 常住不朽 爲復變壞

(王言) : 世尊, 我今此身 終從變滅

佛言大王 : 汝未曾滅 云何知滅

(王言) : 世尊, 我此無常變壞之身 雖未曾滅 我觀現前 念念遷謝 新新不住 如火成灰 漸漸銷殞 殞亡不息 決知此身當從滅盡

佛言 : 如是 大王, 汝今生齡 已從衰老 顔貌何如童子之時

(王言) : 世尊, 我昔孩孺 膚腠潤澤 年至長成 血氣充滿

而今頹齡 迫於衰耄 形色枯悴 精神昏昧 髮白面皺 逮將不久 如何見比充盛之時

佛言 ： 大王, 汝之形容 應不頓朽

王言 ： 世尊, 變化密移 我誠不覺 寒暑遷流 漸至於此 何以故 我年二十 雖號年少 顔貌已老初十歲時 三十之年 又衰二十 於今六十 又過於二 觀五十時 宛然强壯 世尊, 我見密移 雖此殂落 其間流易 且限十年 若復令我微細思惟 其變寧唯一紀二紀 實爲年變 豈唯年變 亦兼月化 何直月化 兼又日遷 沈思諦觀 刹那刹那 念念之間 不得停住 故知我身 終從變滅

[경(經)] 부처님께서 대왕에게 말씀하셨다.

"그대가 변화하여 늙어가는 것이 쉬지 않는 것을 보고 그대가 장차 죽을 것을 깨달았다면, 또한 죽을 때에 그대 몸 가운데 죽지 않는 놈이 있는 줄을 아느냐?"

'파사익'왕이 합장하고 부처님께 여쭈었다.

"제가 그것을 모릅니다."

부처님께서 말씀하셨다.

"내가 지금 그대에게 나고 죽는 것이 없는 불생멸(不生滅)하는 성품(性品)을 보여주겠다. 대왕이여, 그대 나이 몇 살 때에 '갠지스' 강물을 처음 보았는가?"

왕이 대답하였다.

"제가 태어난 후 세 살 적에 어머니가 저를 데리고 '기바'천사(耆婆天祠)에 참배(參拜)를 갔는데, 그때에 이 물을 건너면서 이 '갠지스' 강물을 처음으로 보았습니다."

**부처님께서 말씀하셨다.**

**“대왕이여, 그대가 이야기한 바와 같아서, 20세가 10세보다 노쇠(老衰)했으며, 이에 60세에 이르기까지 날과 달과 해마다 생각생각에 몸은 변(變)하고 늙어갔다. 그대가 3세에 이 강물을 본 것과 비교해서, 나이 13세에 그 강물(을 본 것)은 어떠하던가?”**

**왕이 대답하였다.**

**“3세 때와 같아서 전혀 다름이 없었습니다. 이제 지금은 나이 62세에 이르렀지만 또한 다름이 없습니다.”**

佛告大王 ： 汝見變化 遷改不停 悟知汝滅 亦於滅時 汝知身中 有不滅耶

波斯匿王合掌白佛 : 我實不知

佛言 ： 我今示汝 不生滅性 大王，汝年幾時 見恒河水

王言 ： 我生三歲 慈母攜我 謁耆婆天 經過此流 爾時卽知是恒河水

佛言 ： 大王, 如汝所說 二十之時 衰於十歲 乃至六十 日月歲時 念念遷變 則汝三歲 見此河時 至年十三 其水云何

王言 ： 如三歲時 宛然無異 乃至於今 年六十二 亦無有異

**〈강의〉** 여기서 하나 주의할 것이 있다. “**그대가 3세에 이 강물을 본 것과 비교해서, 나이 13세에 그 강물(을 본 것)은 어떠하던가?**”라는 부분은, 문장이 생략되어서 이해하기가 어렵다. 즉 “**나이 13세에 그 강물은 어떠하던가?(至年十三 其水云何)**”라고 하는 글은, “나이 13세에 그 ‘강물을 본 것은’ 어떠하던가?”라는 내용인데, 넉자배기로 글자의 수(數)를 맞추다 보니 그렇게 간략하게 표기된 것이다.

원래 강물이란 시시각각(時時刻刻)으로 흐름과 모습에 변화(變化)가 있다. 그런데 여기서 주제(主題)는 그 변하는 '갠지스'강의 강물이 아니고, '강(江)물을 알아보는 놈'이다. 즉 '파사익'왕이 그 **강물**이란 시각(視覺)현상을 알아보는 견(見)은 나이가 많아져도 변화가 없었다는 말이다. '강(江)을 알아보는 놈'은, 바로 시각현상을 알아보는 '파사익'왕의 견정(見精)이고, 이것은 늙지 않았다는 이야기다.

**[경(經)] 부처님께서 말씀하셨다.**

**"그대가 지금 스스로 머리카락이 희고 낯이 쭈그러짐을 서러워하는데, 분명코 얼굴은 어린 시절보다 쭈그러졌다. 그러나 그대가 지금 이 '갠지스'강을 볼 적에 대왕이 어릴 적에 그 '강(江)을 보던 견(見)'으로 더불어 어리고 늙음에 차이가 있느냐?"**

**왕이 대답하였다.**

**"아닙니다, 세존이시여."**

**부처님께서 말씀하셨다.**

**"대왕이여, 그대의 얼굴은 비록 늙어 쭈그러졌으나 이 견정(見精)은[31] 그 성품(性品)이 일찍이 늙거나 쭈그러지지 않았다. 쭈그러지는 것은 변(變)하지만 저 쭈그러지지 않는 것은 변하지 않으며, 변하는 것은 없어지지만 저 변하지 않는 것은 원래 생멸(生滅)이 없다. 그런데 어찌하여 그대는 견정(見精)이 생사(生死)를 받는다고 생각하느냐. 지금도 저 외도(外道)들이 말한, '이 몸이 죽고 나면 아무것도 없다'는 이야기를 인용(引用)하겠느냐?"**

---

31) 이 **견정**(見精)이란 용어에 대하여 해석이 서로 다르다. 운허(耘虛)스님은 '보는 정기(精氣)'라고 새기고, 탄허(呑虛) 각성(覺性)스님은 그대로 '견정(見精)'이라고 사용한다.

**왕이 이 말을 듣고는, 육신(肉身)이 죽은 뒤에도, 이 생(生)을 버리고 또 저 생(生)으로 태어나는 것을 알고서, 여러 대중으로 더불어 기뻐 뛰면서 환희(歡喜)하여 일찍이 몰랐던 것을 깨달았다.**

佛言 ： 汝今自傷 髮白面皺 其面必定皺於童年 則汝今時 觀此恒河 與昔童時 觀河之見 有童耄不
王言 ： 不也 世尊
佛言 ： 大王, 汝面雖皺 而此見精 性未曾皺 皺者爲變 不皺非變 變者受滅 彼不變者 元無生滅 云何於中 受汝生死 而猶引彼末伽黎等 都言此身死後全滅
王聞是言 信知身後 捨生趣生 與諸大衆 踊躍歡喜 得未曾有

**〈강의〉** "비록 얼굴은 늙어 쭈그러졌으나, '갠지스'강(江)을 보는 **견정**(見精)은 일찍이 늙거나 쭈그러지지 않았다."고 하는데, **견정**(見精)이란 단어가 여기에서 처음 등장한다. **견정**(見精)이란 용어는 〈능엄경〉에만 나오는데, 〈능엄경〉에서 십번변견(十番辯見)하면서 이 견정(見精)의 의미를 통하여 견성(見性)의 성질을 설명하고 있다. 따라서 식심(識心)을 하고자 한다면 이 견정(見精)을 분명하게 알아두어야 한다. 그러면 견정(見精)의 의미가 무엇이며, 견성(見性)과는 어떻게 다른가를 우선 살펴보자.

**견성**(見性)은 진심(眞心)인 영지(靈知)의 육성(六性) 중에서 '시각(視覺)현상을 볼 줄 아는 것' 즉, '볼 줄 아는 공능(功能)'을 말한 것이라면, **견정**(見精)은 육도(六道)를 윤회하는 중생(衆生)들이 자기가 소속되어 있는 세계(世界)의 주파수(周波數)에 의지하여 그 세계의 '시각(視覺)현상을 알아보는 놈' 즉, '보는 주체(主體)'를 가리킨다. 유명한 '일수사견(一水四見)'의 이야기에는, 같은 강물이 다르게 보이는 네 가지의 견정(見精)이 등장한다. 천상(天上)사람은 물이 유리로 보이고, 아귀(餓鬼)에게는 더러운 피고름으로 보이고, 물고기에게는 공기(空氣)처럼 보이고, 인간(人間)에게는 강물로 보인다. 이렇게 각각 다르게 보이는 것은 각각의 주파수(周波數)가 다르기 때문이다. 이때에 각각 나타난 시각현상을 알아보는 놈이 그들의 견정(見精)이다. 즉 그들의 견성(見性)은 모두 같으나, 각자의 업력(業力)에 따라 소속된 세계의 진동수(振動數)나 주파수(周波數)가 다르므로, 각자의 견정(見精)이 보는 시각현상에는 이렇게 차별(差別)이 생긴다. 즉 견성(見性)은 모두가 가진 영지(靈知)의 작용이므로 '볼 줄 아는 공능(功能)'은 서로 같고, **견정**(見精)은 지금 각자가 소속(所屬)하는 세상의 '사이클'을 가지고 주위의 **시각현상을 알아보는 놈**이므로 시각의 내용이 서로 다르다.

원래 **견**(見)이라는 용어는 '시각현상을 알아본다'는 의미인 동사인데, 이 견(見)에다 정(精)을 붙여서 '보는 정기(精氣)'라는 명사로 **견정**(見精)이라는 단어를 만든 것이다. 〈능엄경〉에 나오는 견정(見精)이란 놈은 시각현상을 있는 그대로 '알아보는 놈'을 가리킨다. 바꾸어 말하면, 시각현상에 대한 인식(認識)인 **안식**(眼識)의 주체(主體)를 견정(見精)이라고 명명(命名)한 것이다. 즉 안식(眼識)의 주체를 여기 〈능엄경〉에서만 독특하게 **견정**(見精)이라고 부르고 있다. 따라서 색진(色塵)과 상대하는 안근(眼根)이라는 감각기관과는 다르다. 시각현상을 알아보는 놈이지, 외부의 경계(境界)를 보는 눈이라는 안근(眼根)을 지칭하는 것은 아니다.

그런데 여기서 확인하고 넘어가야 할 것이 있다. 본다고 하는 견(見), 즉 **시각현상을 알아보는 것**은 눈만 뜨면 저절로 보이는 것이지, 보려고 애를 쓰거나 노력할 필요가 없다. 우리의 견정(見精)이 인식하는 경계(境界)는 '시각(視覺)의 현상(現相)'이므로 의식(意識)이 관여하기 이전이다. 의식이라는 제6근이 아직 작용하지 않은 상황이므로 개인적인 지식(知識)이나 경험(經驗)이 관여하지 않은 순수한 상태의 인식(認識)이다.이것을 불교에서는 **현량**(現量)이라고 한다. 그래서 제6근인 의식(意識)이 분별(分別)작용을 섞지 않은 상태인 이른바 **전오식**(前五識)은 모두 **현량**(現量)이다. '파사익'왕이 당시에 '갠지스'강이란 '시각현상을 알아본 견정(見精)'은 지식이나 기억이 개입되지 않은 **현량**(現量)인 경우를 나타낸다.

이 **견정**(見精)은 그가 원래부터 가지고 있는 본능(本能)인 **견성**(見性)에서 전변(轉變)한 것으로, 그의 나이와는 관계없이 변화가 없는 놈이다. 이 견정(見精)은 항상 현량(現量)의 주인공이므로, 때때로 분별(分別)작용도 하는 의식(意識)과는 구별이 된다.

## 4. 만법(萬法)은 마음에서 나왔다

**[경(經)] '아난'이 자리에서 일어나 예불(禮佛)하고 합장(合掌)하고 꿇어앉아 사뢰었다.**

**"세존이시여, 만일 이 보고 듣는 견정(見精)과 문정(聞精)이 반드시 생멸하지 않는다면, 어찌하여 세존께서 저희들더러 '진성(眞性)을 유실(遺失)하고 뒤바뀐 짓을 한다.'고 책망하십니까? 원하건대 자비하신 마음으로 저희들의 의심을 씻어주십시오."**

**여래께서 즉시 금색 팔을 드리워서 손을 아래로 내리시어서 '아**

난'에게 보이시면서 말씀하셨다.

"네가 지금 내 손을 보아라. 내 손이 '바로'이냐? '거꾸로'이냐?"

'아난'이 대답하였다.

"세간 중생들은 이것을 '거꾸로'라고 하는데, 저는 어느 것이 '바로'인지 '거꾸로'인지 모르겠습니다."

부처님께서 '아난'에게 이르셨다.

"아난아, 세상 사람들이 만약 이것을 '거꾸로'라고 한다면, 세상 사람들이 어떤 것을 '바로'라고 하느냐?"

'아난'이 대답했다.

"여래께서 팔을 위로 세우시고 손이 허공을 가리키시면, 사람들이 '바로'라고 하겠습니다."

부처님께서 곧 팔을 세우시고 '아난'에게 말씀하셨다.

"아난아, 이렇게 세간 사람들이 말하는 '거꾸로'인 전도(顚倒)는 다만 위아래가 서로 바뀌었을 뿐이다. 그러나 너희들의 몸과 여래의 청정한 법신(法身)을 비교해보면, 여래의 몸은 '올바르게 모든 것을 아는' 정변지(正徧知)라 하고 너희들의 몸은 '성품(性品)을 잘못 알고 있는' 성전도(性顚倒)라고 한다. 네가 자세히 살펴보아라. 네 몸이 부처님 몸과 비교하여 거꾸로 전도(顚倒)되었다고 하는 것은, 도대체 무엇을 보고서 거꾸로 전도되었다고 하느냐?"

이에 '아난'과 대중이 눈을 부릅뜨고 부처님을 쳐다보면서 눈을 깜박거리지 아니하였으나, 몸과 마음이 거꾸로 전도된 곳을 알지 못하였다.

阿難 卽從座起 禮佛合掌 長跪白佛：世尊, 若此見聞 必不生滅 云何世尊 名我等輩 遺失眞性 顚倒行事 願興慈悲

洗我塵垢
卽時 如來 垂金色臂 輪手下指 示阿難言：汝今見我母陀羅手 爲正 爲倒
阿難言 ： 世間衆生 以此爲倒 而我不知 誰正誰倒
佛告阿難：若世間人 以此爲倒 卽世間人 將何爲正
阿難言 ： 如來竪臂 兜羅綿手 上指於空 則名爲正
佛卽竪臂 告阿難言 ： 若此顚倒 首尾相換 諸世間人 一倍瞻視 則知汝身 與諸如來淸淨法身 比類發明 如來之身 名正遍知 汝等之身 號性顚倒 隨汝諦觀 汝身佛身 稱顚倒者 名字何處 號爲顚倒
於時 阿難與諸大衆 瞪瞢瞻佛 目睛不瞬 不知身心 顚倒所在

**〈강의〉** '아난'이 **견정**(見精)의 존재를 알고 보니, 앞에서 부처님이 '**진성(眞性)을 유실(遺失)하고 뒤바뀐 짓을 한다.**'고 책망하신 것에 대하여 의문이 생겼다. '아난'의 견정(見精)이 시각(視覺)현상을 알아보는 과정에는 착각(錯覺)이 일어날 것이 없는데, "과연 무엇이 뒤바뀐 것이냐?"라는 반문이다. 견정(見精)은 시각현상을 **보이는 그대로** 볼 뿐인데, 그런 견문각지(見聞覺知)에 무슨 전도(顚倒)가 있다고 꾸중을 하시는지 궁금한 것이다.

그런데 불교에서는 인식(認識)의 종류를 나누어서 삼량(三量)으로 분류하고, 현량(現量)과 비량(比量)과 비량(非量)을 구별한다. 즉, 경계(境界)를 오근(五根)이 있는 그대로 감지(感知)하는 **현량**(現量)과 감지한 그것을 제6의식(意識)이 다시 분별(分別)하여 비교(比較)하는 **비량**(比量)과 잘못된 분별(分別)인 **비량**(非量)이 그것이다.

**현량**(現量)은 오근(五根)이 대상(對象)을 감지(感知)는 하되 분별(分別)이 없는 인식(認識)작용으로, 우리의 육식(六識) 중에서 제일식(第一識)인 안식(眼識)에서 제오식(五識)인 신식(身識)까지는 모두 현량(現量)에 해당한다. 이런 전오식(前五識)을 이어받아서 제6의식(意識)이 심구심(尋求心)을 쓰면서 결정(決定)하고 분별(分別)하는 작용이 생긴다. 그렇게 비량(比量)이 되면 잘못된 분별로 인하여 인식(認識)에 오류(誤謬)가 생기기도 하므로, 제법(諸法)의 진상(眞相)을 인식하고 그것을 초극(超克)하려는 구도자(求道者)들은 이 비량(比量)을 신뢰하지 않는다. 물론 **제육식**(第六識)도 처음에 **솔이심**(率爾心)일 적에는 분별(分別)이 없는 현량(現量)에 속한다.

'아난'이 전오식(前五識)은 현량(現量)으로 잘못이 없는데, 왜 '**거꾸로 전도**(顚倒)**되었다**'고 꾸짖는지 궁금해하는 장면이다.

[경(經)] **부처님이 자비하신 마음으로, '아난'과 대중을 애처롭게 여기시고, 해조음(海潮音)으로 널리 회중(會衆)에게 말씀하셨다.**

**"선남자(善男子)야, 내가 항상 말하기를, '색(色)과 심(心)의 제연(諸緣)과 심소사(心所使)와 모든 소연법(所緣法)이 오직 마음에서 나온 것이다.'라고 하였다.**

佛興慈悲 哀愍阿難及諸大衆 發海潮音 遍告同會：諸善男子 我常說言 色心諸緣 及心所使 諸所緣法 唯心所現

**〈강의〉** 삼계유심(三界唯心)이 또다시 등장한다. 여기서는 만법(萬法)을 **색**(色) · **심**(心) · **제연**(諸緣) · **심소사**(心所使) · **제소연법**(諸所緣

法)의 오종(五種)으로 나눈다. **색**(色)은 무정(無情)인 물질과 에너지를 말하고, **심**(心)은 유정(有情)인 심식(心識)이고, **제연**(諸緣)은 육근(六根)과 육진(六塵)이고, **심소사**(心所使)는 마음이 일으키는 모든 작용이고, **제소연법**(諸所緣法)은 근신기계(根身器界)와 기타의 삼라만상(森羅萬象)이다.

이 모든 것이 다 "오직 마음에서 나온 것이다."라고 하시니, **일체유심조**(一切惟心造)를 세 번째 밝히셨다.

**[경(經)] 너의 몸과 마음이 모두 이 묘명진정(妙明眞精)한 묘심(妙心)에서 나온 것인데, 너희들이 어찌하여 본묘(本妙)하고 원묘(圓妙)한 밝은 마음과 보명(寶明)한 묘성(妙性)을 유실(遺失)하였느냐.**

**오(悟) 중에 있으면서 미(迷)를 인식하려고 하여, 회매(晦昧)하여 허공(虛空)이 되고, 허공(虛空)과 회암(晦暗)의 가운데서 암(暗)이 맺혀서 물질(物質)이 된다. 물질이 망상(妄想)과 섞이면서 생각과 모습을 오온(五蘊)이라 여기고, 연(緣)을 모아 안으로 흔들리면서 밖으로 나가 분주하게 설치는 그 혼요요(昏擾擾)한 모습을 자기 심성(心性)이라고 한다. 한번 미(迷)하여 마음이라고 믿고는 '마음은 몸 안에 있다'고 잘못 알고, 이 몸과 밖에 있는 산하(山河)와 대지(大地)와 허공(虛空)이 모두 묘명진심(妙明眞心) 가운데 있는 물건인 줄을 알지 못한다.**

汝身汝心 皆是妙明眞精妙心 中所現物 云何汝等 遺失本妙圓妙明心 寶明妙性 認悟中迷 晦昧爲空 空晦暗中 結暗爲色 色雜妄想 想相爲身 聚緣內搖 趣外奔逸 昏擾擾相 以爲

心性 一迷爲心 決定惑爲 色身之內 不知色身 外洎山河 虛空大地 咸是妙明眞心中物

**〈강의〉** 불교의 요지(要旨)는 삼계유심(三界唯心) 만법유식(萬法唯識)이라고들 한다. 즉 **일체유심조**(一切唯心造)라는 말이다. 그런데 나의 신심(身心)을 비롯하여 삼라만상이 마음에서 나오게 된 이유(理由)는 홀연히 나타난 **무명**(無明) 때문이라고 한다. 그렇다면 본래 공적영지(空寂靈知)한 진심(眞心)이 **무명**(無明)으로 인하여 자기의 묘명심(妙明心)을 유실(遺失)하고 심외무물(心外無物)인 줄을 까맣게 잊어버리고 윤회하게 된 원인(原因)은 과연 무엇인가? 즉 **무명**(無明)은 어떻게 하여, 어디에서 홀연(忽然)히 생겨났는가?

〈능엄경〉에서 지금 무명(無明)의 출처를 밝히고 있다. 즉, '**오(悟) 중에 있으면서 미(迷)를 인식하려고 하여**' 이하(以下) 부분은, 우리 마음이 허공(虛空)과 우주(宇宙)를 만든 과정을 설명한 글이다. 이른바 심조만유(心造萬有)의 과정(過程)을 구체적으로 설명하고 있다. 즉 묘명진심(妙明眞心)이 '오(悟) 중에 있으면서, 공연(空然)히 미(迷)를 인식하려고 하는 것'을 기점(起點)으로 하여, '회매(晦昧)하면서, 먼저 허공(虛空)이 생기고', 그 '허공(虛空) 중에 다시 물질(物質)이 생겨서'는, 이 물질이 망상(妄想)과 섞이면서 오온(五蘊)인 신심(身心)이 생긴다고 한다. 그리고는 '제 마음이 제 몸 안에 있다'고 고집(固執)하여 망상(妄想)을 벗어나지 못한다고 설명한다.

경문(經文)에서 '**묘명진심(妙明眞心)이 오(悟) 중에 있으면서 미(迷)를 인식하려고 하는 것**'은, 진여(眞如)인 진심(眞心)이 영지(靈知)인 그대로 있으면서 **미**(迷)**를 인식**(認識)**하려는 생각**을 일으켰다는 말이다. 이미 한 생각을 일으켰으니 이제 **주체**(主體)가 등장하였고,

모습이 나타났으니 **무명**(無明)이 되었다.

그런데 〈능엄경〉 제4권의 '부루나' 장(章)에도, 무명(無明)의 발생(發生)에 대한 다른 설명이 나온다.

> **성각(性覺)은 원래 밝은데, 허망(虛妄)하게 '밝힐 깨달음'인 명각(明覺)이 되었다. 각(覺)은 원래 밝으니 새삼스레 밝힐 대상(對象)이 아니건만, '밝히자'는 것을 인(因)하여서 대상(對象)이 되었고, 대상(對象)이 허망(虛妄)하게 성립하니 너의 허망(虛妄)한 주체(主體)인 망능(妄能)이 생겼다.**(性覺必明 妄爲明覺 覺非所明 因明立所 所旣妄立 生汝妄能)

> **다시 '부루나'야, '밝히려는 허망'인 명망(明妄)이 생긴 것은 다른 이유가 아니고, '깨닫는 각(覺)'이 '밝은 놈'이라는 각명(覺明)이 바로 허물이다.**(復次 富樓那, 明妄非他 覺明爲咎)

이 '부루나'장의 "**성각(性覺)은 원래 밝은데, 허망하게 '밝힐 깨달음'인 명각(明覺)이 되었다.**"는 구절은, 이곳의 "**오(悟) 중에 있으면서 미(迷)를 인식하려고 하여**"라는 구절과 그 맥락(脈絡)이 같다.

그런데 여기서 주의할 것이 있다. **본각**(本覺)인 진여(眞如) 일심(一心)이 일념(一念)을 미혹(迷惑)하여 무명(無明)을 일으키면서 **불각**(不覺)이 되더라도, 일심(一心)은 여전히 공적(空寂) 영지(靈知)한 성능(性能)을 보존(保存)하고 있는 엄연한 진여(眞如)라는 사실이다. **본각**(本覺)이 **불각**(不覺)하여 **식정원명**(識精元明)인 '아라야'식(識)이 되어도, 그대로 적적(寂寂) 성성(惺惺)하여 공적영지(空寂靈知)인 성질이 잠시(暫時)도 변한 적이 없다는 사실을 망각(忘却)하면

안 된다. 마치 거울에 수많은 영상(影像)이 비쳐도 거울의 허명(虛明)한 성능은 변하지 않는 것과 같고, 여름에 태풍이 불어와 장대비가 억수같이 퍼부어도 하늘은 여전히 청명(淸明)한 것과 같다. 따라서 중생이 되어도 공적영지(空寂靈知)한 진심(眞心)은 변함이 없다.

다음에 '**회매(晦昧)하여 허공(虛空)이 되고**'는, 근본무명(根本無明)이 발동하여 묘명(妙明)한 진공(眞空)이 무명(無明)인 완공(頑空) 즉 허공(虛空)으로 변한 것을 말한다. 〈능엄경〉 제6권에 나오는 '문수(文殊)보살'의 게송(偈頌)에 "**허공이 대각(大覺) 중에서 생긴 것이, 마치 물거품이 대해(大海)에서 생긴 것과 같다**"는 구절이 있는데, 바로 여기 '**회매(晦昧)하여 허공(虛空)이 되고**'에 해당한다. 허공(虛空)이 맨 처음 나타나고, 다음에 '빅뱅'이 일어나서 은하계가 형성되면서 우주(宇宙)는 허공(虛空) 속에서 제각기 자리를 잡는다.

다음 '**허공(虛空)과 회암(晦暗)의 가운데서 암(暗)이 맺혀서 물질(物質)이 된다.**'는 것은 허공 중에서 무명(無明)이 변전(變轉)하여 물질인 사대(四大)를 형성한 것을 가리킨다. 오늘날 천문학에서 우주(宇宙)의 기원에 대해서는 '빅뱅'이론이 통설이지만, 시공(時空)이 없는 '텅 빈' 허공(虛空)에서 어떻게 대폭발(大爆發)이 가능한지 아직도 시원하게 설명하지 못하고 있다. 허공(虛空) 중에서 '빅뱅'이 일어나면서 시공(時空)이 생긴 것이다. 빅뱅이 진행되는 순간에 물질(物質)이 나타난다. 최근(最近) 위성(衛星)에다 '허블'망원경을 부착하여 빛의 굴절현상을 관찰한 결과, 아직 알려지지 않은 암흑물질과 암흑에너지(dark energy)가 우주(宇宙)의 대부분을 차지하고 있고, 눈에 보이는 항성과 행성들의 물질은 우주에 존재하는 에너지의 4%에 불과하다는 사실이 밝혀졌다고 한다. 이것은 바로 〈능엄경〉의 이 부분을 훌륭하게 설명하는 과학적인 자료가 될 수 있다.

이런 사실을 알고 나면, "세존(世尊)은 일체지(一切智)이다"라는 말을 이해할 수가 있다.

또 '**물질이 망상(妄想)과 섞이면서 생각과 모습을 오온(五蘊)이라고 여긴다**'는 말은, 사대(四大)의 일부분(一部分)이 망상(妄想)과 섞이어서 중생들의 몸과 마음인 오온(五蘊)이 제각기 생긴다는 설명이다.

'아난'이 전도(顚倒)된 곳은 바로 여기 "**이 몸과 밖에 있는 산하(山河)와 대지(大地)와 허공(虛空)이 모두 묘명진심(妙明眞心) 가운데 있는 물건인 줄을 알지 못한다.**"는 부분이다. 사람들은 삼계유심(三界唯心)이며 심외무법(心外無法)인 줄 모르고 지낸다는 말이다. 삼라만상은 제 마음이 나툰 환화(幻化)로서, 육정(六精)을 통하여 나타낸 현량(現量)일 뿐인데, 이 모습들을 진상(眞相)이라고 착각하는 것이 중생들의 지견(知見)이다. 불교의 종지(宗旨)는 "마음 밖에 한 물건도 없다"는 것이다. 그런데 이 구절을 제대로 알기가 쉽지 않다.

흔히 "내 마음에 온갖 것들이 다 들어 앉아 있다"고 설명한다. 태양은 너무 뜨겁고, '블랙홀'은 너무 무거운데, 내 마음속에 이런 잡다한 것들이 가득 있다면, 이 상태로는 내 마음이 버티기가 힘들지 않겠는가? 만약에 우주 전체가 내 마음속에 있다면, 내 마음이 그런 것들을 품고 있으면서 어떻게 오래토록 견딜 수가 있겠는가? 이게 사실이라면 정말 큰일이다! 어떻게 하지?

**[경(經)] 비유하면, 맑고 큰 바다를 버리고 작은 물거품 하나를 가지고 큰 바다라고 오해(誤解)하여, 오대양(五大洋)을 다 포함한다고 생각하는 것과 같다. 이렇게 너희들은 미(迷)한 중에 다시**

**혼미(昏迷)하게 사는 사람이니, 내가 손을 드리운 것과 다를 것이 없다. 그래서 여래(如來)가 '너희들을 불쌍한 사람이다.'라고 말한다."**

譬如澄淸百千大海棄之 唯認一浮漚體 目爲全潮 窮盡瀛渤 汝等卽是 迷中倍人 如我垂手 等無差別 如來說爲可憐愍者

**〈강의〉** 제가 사는 세상이 진심(眞心)인 보명묘성(寶明妙性)이 만든 허상(虛像) 같은 세상임을 망각하고, 자기의 '아라야'식(識)이 만든 그 경계(境界)를 객관적(客觀的)으로 실존(實存)하는 세상(世上)으로 오인(誤認)하고 살아가는 것이 우리 중생이다. 그래서 '진성(眞性)을 유실(遺失)하고 뒤바뀐 짓을 한다.'고 책망하신 것이다.

**'여등즉시 미중배인(汝等卽是 迷中倍人)'**에서 **'미중배인(迷中倍人)'**은 해석이 여러 가지다. 운허(耘虛)스님은 "미(迷)한 중에서 배(倍)하는 사람이다."라고, 탄허(呑虛)스님은 "미(迷)한 중에서 일배(一倍) 첨시(瞻視)하는 사람이다."라고, 각성(覺性)스님은 "미(迷)한 중에서 배(倍)나 미(迷)한 사람이다."라고 각각 해석하신다. 생각하건대 '**오(悟) 중에 있으면서 미(迷)를 인식하려고 하여**'가 '미(迷)한 행동'이 되고, 다시 '**연(緣)을 모아 안으로 흔들리면서 밖으로 나가 분주하게 설치는 그 혼요요(昏擾擾)한 모습을 자기 심성(心性)이라 여긴다.**'가 '미(迷)한 중에 다시 혼미(昏迷)하게 사는 것'에 해당한다고 본다.

## 5. 견성(見性)은 돌려보낼 곳이 없다

[경(經)] 부처님께서 대중을 구원(救援)하시고자 이처럼 자비심(慈悲心)으로 자세하게 가르치시자, '아난'이 눈물을 흘리면서 합장(合掌)하고 부처님께 사뢰었다.

"제가 부처님의 이와 같은 묘한 설법을 듣고 묘명심(妙明心)이 본래 원만(圓滿)하고 상주(常住)하는 심지(心地)인 줄을 깨달았습니다. 그런데 제가 지금 부처님의 설법하시는 소리를 깨닫는 것은 현재의 이 **반연심(攀緣心)**으로 하는 것이며, 부처님을 우러러 보는 것도 이 반연심(攀緣心)으로 하는 것입니다. 그러나 '이 마음이 본원심지(本元心地)인지, 아닌지?'를 아직 모르고 있사오니, 원컨대 불쌍하게 여기시고 원음(圓音)을 베푸시어 의심(疑心)의 뿌리를 뽑아 무상도(無上道)에 돌아갈 수 있게 하옵소서."

阿難承佛悲救深誨 垂泣叉手 而白佛言 ： 我雖承佛如是妙音 悟妙明心 元所圓滿 常住心地 而我悟佛現說法音 現以緣心 允所瞻仰 徒獲此心 未敢認爲 本元心地 願佛哀愍 宣示圓音 拔我疑根 歸無上道

**〈강의〉** '아난'의 마음이 세상을 만들었다는 설명은 들었지만, '아난'은 자기의 반연(攀緣)하는 마음이 바로 진심(眞心)인 '**본원심지(本元心地)**'인지 알 수 없으니 더 자세한 설명을 해달라는 주문이다.

[경(經)] 부처님께서 '아난'에게 말씀하셨다.

"너희들이 아직도 **반연심(攀緣心)**으로 법(法)을 들으니 이 법

(法)도 또한 연(緣)이 되어 법성(法性)을 얻을 수 없다. 마치 어떤 사람이 달을 손가락으로 가리켜서 다른 사람에게 보이면, 그 다른 사람이 손가락으로 인(因)하여 달을 보아야 할 것이다. 만일 그 다른 사람이 손가락을 보고 달이라고 말한다면, 그 다른 사람은 달만 모르는 것이 아니고 손가락까지 모르는 것이다. 왜냐하면 가리키는 손가락을 밝은 달이라고 잘못 알고 있으니, 어찌 손가락만 모르겠느냐, 밝은 것과 어두운 것조차도 모른다. 왜냐하면 손가락을 보고 달의 밝은 성품이라고 말한다면, 그는 밝음과 어두움을 모두 모르기 때문이다. 너도 마치 그와 같다.

만일 설법하는 음성(音聲)을 분별(分別)하는 것이 너의 진짜 마음이라면, 그 마음이 마땅히 음성(音聲)을 여의고도 따로 분별(分別)할 줄 아는 성능(性能)이 있어야 할 것이다. 비유(譬喩)컨대, 어떤 나그네가 여관(旅館)에 투숙하면 잠깐 머물다가 떠나가므로 상주(常住)하지 않지만, 그 여관의 주인(主人)은 여관을 떠나지를 않으므로 주인(主人)이라고 한다. 이것도 또한 그와 같아서, 만약 진짜 마음이라면 떠나갈 곳이 없어야 된다.

佛告阿難：汝等尙以 緣心聽法 此法亦緣 非得法性 如人以手 指月示人 彼人因指 當應看月 若復觀指 以爲月體 此人豈唯 亡失月輪 亦亡其指 何以故 以所標指 爲明月故 豈唯亡指 亦復不識明之與暗 何以故 卽以指體 爲月明性 明暗二性 無所了故 汝亦如是 若以分別我說法音 爲汝心者 此心自應 離分別音 有分別性 譬如有客 寄宿旅亭 暫止便去 終不常住 而掌亭人 都無所去 名爲亭主 此亦如是 若眞汝心 則無所去

**〈강의〉** 진심(眞心)에 대한 설명을 듣고도 제대로 알아채지 못하는 '아난'을 위하여 유명한 '달을 가리키는 손가락' 비유와 '나그네와 주인' 비유가 재차 등장한다.

진짜 **마음**이라면, 육진(六塵) 경계(境界)의 존부(存否)와 관계없이, 항상(恒常) 상주(常住)해야 한다. 그것을 **자성**(自性) 또는 **불성**(佛性)이라고도 한다. 진짜 **물질**(物質)이라면 시간(時間)이 지나도 변(變)하지 않고 여여(如如)한 성품이 있어야 한다. 이것은 **법성**(法性)이라고 부른다. 즉 유정물은 불성(佛性)이라 하고, 무정물은 법성(法性)이라 한다. 자성(自性)이든 진심(眞心)이든 불성(佛性)이든 법성(法性)이든, 명칭이 무엇이든지 **진짜**라면 인연(因緣)이나 조건(條件)에 관계없이 항상 변함없이 여여(如如)해야 한다.

[경(經)] **그런데 어찌하여 음성(音聲)을 여의고는 분별(分別)하는 성품(性品)이 따로 없느냐?**

**이것이 어찌 음성(音聲)을 분별(分別)하는 마음만 그렇겠느냐. 내 용모(容貌)를 분별(分別)하는 것도 색상(色相)을 여의고는 분별하는 성품이 따로 없다. 이와 같이 하여, '분별(分別)이 전혀 없어서, 색(色)도 아니고 공(空)도 아닌 것'을, 외도(外道)인 '구사리'(拘舍離)들은 혼매(昏昧)하여서 명제(冥諦)라고 부른다.**

**이와 같이, 육진(六塵) 경계(境界)라는 반연(攀緣)을 여의면 분별(分別)하는 심성(心性)이 없어지니, 너의 분별(分別)하는 심성(心性)은 각각(各各) 돌아갈 곳이 있다. 이렇게 돌아갈 곳이 있는 네 심성(心性)을 어떻게 상주(常住)하는 주인(主人)이라고 할 수 있겠느냐?"**

云何離聲 無分別性 斯則豈唯 聲分別心 分別我容 離諸色相 無分別性 如是乃至 分別都無 非色非空 拘舍離等 昧爲冥諦 離諸法緣 無分別性 則汝心性 各有所還 云何爲主

〈강의〉 여기서 '**음성(音聲)을 여의고는 분별(分別)하는 성품(性品)이 따로 없고, 색상(色相)을 여의고는 분별성(分別性)이 따로 없다.**'는 것은, 육진(六塵) 경계를 반연하여 생긴 **반연심**(攀緣心)은 그 경계가 없어지면 그 마음도 따라서 없어진다는 말이다. 그 반연심(攀緣心)은 경계를 따라서 생겼다 없어지니 진짜가 아니다. 즉 경계의 유무(有無)에 관계없이 항상(恒常) 존재하는 마음이라야 진짜 마음이다. 상존(常存) 여부(與否)가 진가(眞假)를 구별하는 기준이다.

세상에서는 본래부터 저절로 존재하는 것을 **도**(道)나 **진리**(眞理)라고 부른다. **도**(道)는 생긴 적도 없고 사라진 적도 없으니, 아무 모습이 없는 놈이다. 그래서 그놈은 분별(分別)하는 마음으로는 인식(認識)할 수가 없는 절대적인 존재(存在)라고 설명한다. 당시 인도(印度)의 외도(外道)인 '구사리'(拘舍離)들은 이것을 가리켜서 **명제**(冥諦)라고 했다. 이 명제(冥諦)는 인도(印度)의 외도(外道)가 말하기를 가장 원초(原初)에 해당하는 명초자성(冥初自性)으로 만법(萬法)의 시원(始原)에 해당한다고 하니, 중국의 도가(道家)나 유가(儒家)가 극칙(極則)으로 삼았던 **자연**(自然)이나 **태극**(太極)과 유사(類似)한 개념이다. **외도**(外道)들도 '색(色)도 아니고 공(空)도 아니어서, 사량(思量)이나 분별(分別)이 미칠 수 없는 것'이야말로 진정한 원초(原初)에 해당한다고 생각하고서, 이것을 **명제**(冥諦) · **도**(道) · **태극**(太極) · **진리**(眞理) 등으로 표현한다. 인도(印度)의 외도(外道)인 '구사리'(拘

舍離)들이 '**분별(分別)이 전혀 없어서, 색(色)도 아니고 공(空)도 아닌 것**'이 원초(原初)라고 한 생각은, 고대(古代)에는 동서양에 공통적인 생각인 것 같다. 그들은 이른바 **절대적(絶對的)인 존재(存在)**를 하나쯤 있다고 상정(想定)하고는, 그것을 삼라만상(森羅萬像)의 근원(根源)이라고 설명한다. 그 절대자(絶對者)는 무시(無始)인 존재이므로 반연(攀緣)할 경계(境界)가 없어서 '분별(分別)할 수가 없다'고 한다. 우리가 사용하는 일상적인 생각이나 말이나 글로 나타낼 수가 없다는 뜻이다.

외도(外道)들은 이처럼 '**분별(分別)이 전혀 없다**'거나 '**분별(分別)할 수가 없다**'는 표현이라야 절대(絶對)인 진리(眞理)를 설명할 수 있다고들 하는데, 외도(外道)의 '**분별(分別)이 전혀 없는 명제(冥諦)**'의 내용을 따져보면 바로 불교의 현량(現量)에 해당하는 용어이다. 그래서 그런지 몰라도, 분별(分別) 없이 견문각지(見聞覺知)하는 사람을 보고서 그를 도인(道人)이라고 착각하는 사람들이 더러 있다. 그들은 전오식(前五識)의 현량(現量)이 분별이 없으니, 불교에서 말하는 무심(無心)과 같다고 깜냥대로 이해하고서, 스스로 "봄이 없이 보고, 들음이 없이 듣고, 함이 없이 한다."고 자랑한다. 큰스님들이 항상 "분별(分別)하지 마라"고 말하니까, 이런 식(式)으로 잘못 이해(理解)하고 무분별(無分別)하게 수행(修行)하려고 노력(努力)을 하는 모양이다. 그렇다면 제6의식(意識)인 분별심(分別心)을 쓰지 않고 전오식(前五識)만 사용하면 무심도인(無心道人)이 되겠구나. 더러는 "정말 어린이가 되어야 성도(成道)할 수 있다"고 말하는 불자들도 있다. 그런 상태를 도인(道人)이라고 한다면, 지능지수(知能指數)가 아주 낮은 바보나 풀벌레들은 모두 분별(分別) 작용이 거의 없으니 공부하지 않고도 모두가 도(道)를 반쯤 통했다고 주장하겠구나. 물론 제6의식(意識)에서 **심구심**(尋求心)을 쓰면 분별(分別)하는 버릇이 나오므로, 분별하고 집착하는 버릇에서 벗어나고자 수행(修行)할 때에 **솔이심**(率爾心)만 쓰려고 노력할 수도 있다. 과연 그런 노력(努力)으로 이른바 무심(無心)이 될 수가 있을까? 행주와 걸레를 분별하지 않고 마구 사용하는 것이 무심(無心) 도인(道人)의 행동일까?

**[경(經)]　'아난'이 여쭈었다.**

**"만일 저의 심성(心性)은 각기 돌려보낼 데가 있다 하오면, 여래께서 말씀하시는 묘명원심(妙明元心)은 어찌하여 돌려보낼 데가 없습니까? 바라옵건대 알아듣도록 분명하게 설명하여주십시오."**

**부처님께서 '아난'에게 말씀하셨다.**

**"네가 나를 볼 때에, 너의 보는 견정(見精)인 명원(明元)이,[32) 비록 하늘의 달과 같은 묘정명심(妙精明心)은 아니지만, 눈을 눌러서 보는 제이월(第二月)과 같은 것으로, 월영(月影)은 아니다. 네가 자세히 들어라. 이제 너에게 견정(見精)은 돌려보낼 데가 없음을 보여주겠다.**

阿難言：若我心性 各有所還 則如來說 妙明元心 云何無還 惟垂哀愍 爲我宣說

佛告阿難：且汝見我 見精明元 此見雖非 妙精明心 如第二

---

32) '견정명원(見精明元)'을 운허스님은 '견(見)의 정명(精明)한 본원(本元)'이라고 번역하시는데, 앞의 이종근본(二種根本)에서 '식정원명(識精元明)'에서는 '식정(識精)의 원래 밝은 것'이라고 번역한 것과 다르게 해석한다. 식정(識精)과 견정(見精)은 같이 육정(六精)에 해당하므로, 식정(識精)과 원명(元明)으로 끊듯이 견정(見精)과 명원(明元)으로 끊는 것이 좋다.

月 非是月影 汝應諦聽 今當示汝 無所還地

**〈강의〉** 부처님이 여기서 견정(見精)을 자세하게 설명하신다. 처음으로 '견성(見性)'과 '견정(見精)'을 명확하게 구별하셨다. 즉 '**너의 보는 견정(見精)인 명원(明元)이, 비록 하늘의 달과 같은 묘정명심(妙精明心)인 진심(眞心)은 아니지만, 눈을 눌러서 보는 제이월(第二月)과 같은 것으로, 월영(月影) 같은 망심(妄心)은 아니다**'라고 하시어, '묘정명심(妙精明心)'인 진심(眞心)이 **하늘의 달인 제일월**(第一月)이라면, '견정(見精)'은 **일그러져 보이는 제이월**(第二月)에다 비유한다. '묘정명심(妙精明心)'인 제일월은 영지(靈知)인 **견성**(見性)을 가리키고, 제이월은 **견정**(見精)을 말한다.

여기서 제일월(第一月)이란 하늘에 있는 **진짜 달**이고, 제이월(第二月)이란 달을 보고서 눈을 살짝 누르면 보이는 **일그러진 달 모습**이고, **월영**(月影)은 **물에 비친 달그림자**이다. 제이월(第二月)은 일그러진 달 모습이긴 하지만 진짜 달을 떠난 가짜는 아니다. 그러나 월영(月影)은 물 안에 원래 달이 없으니 가짜이다.

'견정(見精)'을 '제이월(第二月)'에다 비유한 것은 현재 시각(視覺)현상을 알아보는 놈인 견정(見精)이 견성(見性)과 전혀 별개(別個)가 아니고, 시각현상을 볼 줄 아는 견성(見性)이 약간 전변(轉變)한 것이 견정(見精)이라는 설명이다.

**견정**(見精)은 비록 특정한 주파수(周波數)에 따라서 경계(境界)인 시각(視覺)현상을 알아보는 놈이긴 하지만, 아직 '분별(分別)이 없는 상태'를 말한다. "날씨가 차다"는 표현은 "날씨가 춥다"는 표현과 구별되고, "물이 차다"고 하는 것과 "물이 시원하다"고 하는 것은 좀 다르다. "차다"는 표현은 분별(分別)작용이 없이 감지(感知)한 상태이고 "춥다"나 "시원하다"는 표현은 감지(感知)한 뒤에 분별(分別)이 진행된 표현이다. 이렇게 〈능엄경〉의 **견정**(見精)은 시각(視覺)현상을 **있는 그대로 알아보는 '놈'**으로 아직 분별작용이 일어나기 전(前)을 가리킨다. 앞에서 **'파사익'왕(王)이 강(江)을 보던 견(見)**인 관하지견(觀河之見)에서 강(江)이라는 시각(視覺)현상을 **알아보는 놈**을 견정(見精)이라고 불렀는데, 그 견정(見精)이 강(江)을 감지(感知)한 **안식**(眼識)에서 주체(主體)인 셈이다. 분별(分別)작용이 없지만 나타난 시각(視覺)현상을 그대로 알아보는 안식(眼識)은 현량(現量)이니, 〈능엄경〉에서 제이월(第二月)로 설명한 **견정**(見精)은 현량(現量)의 주체이기도 하다. 환언(換言)하면 오식(五識)의 주체인 오정(五精)은 모두 **제이월**(第二月)이므로 현량(現量)이어서, 제일월(第一月)과 가까운 존재이다.

생각하건대, 여기에서 '분별이 없는 견정(見精)'을 통하여 **분별이 없는 견성**(見性)을 이해시키려고, 〈능엄경〉은 견성(見性)을 밝히는 법문(法門)의 중간에서 '분별없는 현량(現量)의 주체'로 '견정(見精)'이란 개념을 등장시킨 것이다. 즉 육처(六處)와 육식(六識)에다 **육정**(六精)이라는 개념을 새로 만들어 붙여서는, 분별(分別)이 없고 무상(無相)인 **육성**(六性), 그중에서도 **견성**(見性)을 이해시키려고 특수한 방편(方便)을 사용하고 있다. 물론 제6의식(意識)에서 의근(意根)인 **지각성**(知覺性)도 육성(六性)에 포함되지만, 의식(意識)은 인식(認識)과 동시에 분별(分別)작용도 같이 일어나서 **비량**(比量)으로 변전(變轉)하는 경우가 대부분이므로 현량(現量)에는 적당하지가 않다. 그래서 제6의식의 주체인 **지정**(知精)은 사용하지 않고, 진심(眞心)의 설명에 **견정**(見精)과 **문정**(聞精)만 활용하고 있다.

이런 취지로, 처음부터 **진심**(眞心)을 밝히는 '징심변견(徵心辯見)'

법문에, 현량(現量)인 전오식(前五識) 중에서 **견(見)과 안식(眼識)**을 등장시켜서 설명을 시작하시고는, 지금은 다시 현량(現量)인 안식(眼識)의 주체인 이 **견정(見精)**을 등장시켜서 **묘정명심(妙精明心)인 견성(見性)**을 알아차리도록 자세히 설명하신다.

**[경(經)] '아난'아, 이 강당(講堂)이 동향(東向)이므로 해가 뜨면 밝게 환하고, 한밤중에 달이 없고 운무(雲霧)가 자욱하면 어둡다. 문(門)으로는 통(通)함을 보고, 담장에서는 막힘을 본다. 분별하는 곳에서는 연(緣)을 보고, 허공은 모두 비었는데, 어두운 황사(黃砂) 먼지가 자욱하면 흙비가 오고, 맑게 개어서 안개가 걷히면 청명함을 본다.**

**'아난'아, 네가 이 여러 가지 변화(變化)하는 상(相)을 보지만, 내가 이제 이 상(相)들을 본래 원인(原因)한 곳으로 돌려보내 주겠다. 무엇이 본래의 원인(原因)이냐?**

**'아난'아, 이 여러 가지 변화(變化)하는 모습에서, 밝음은 태양(太陽)에게 돌려보낸다. 왜냐하면, 태양이 없으면 밝지 못하므로 밝은 원인(原因)은 태양에 속하니, 그러므로 태양에게 돌려보낸다. 어둠은 흑월(黑月)에 돌려보내고, 통(通)함은 문(門)에 돌려보내고, 막힘[색(塞)]은 담장에 돌려보내고, 연(緣)은 분별(分別)에 돌려보내고, 빈 것은 허공에 돌려보내고, 흙비는 황사(黃砂) 먼지에 돌려보내고, 청명(淸明)은 맑은 데 돌려보낸다. 모든 세간에 있는 일체(一切)의 것들이 이런 종류(種類)에서 벗어나지 못한다.**

**지금 네가 이 여덟 가지를 볼 때에, 견정(見精)의 명성(明性)은 마땅히 어디로 돌려보내야 하겠느냐? 왜냐하면, 만일 밝은 데로 돌려보낸다면 곧 밝지 않을 때엔 다시 어둠을 볼 수가 없어야만**

**할 것이다. 비록 명암(明暗)이 여러 가지로 차별(差別)이 있으나 그것을 보는 견정(見精)은 차별(差別)이 없다.**

阿難, 此大講堂 洞開東方 日輪升天 則有明耀 中夜黑月 雲霧晦暝 則復昏暗 戶牖之隙 則復見通 牆宇之間 則復觀壅 分別之處 則復見緣 頑虛之中 遍是空性 鬱孛之象 則紆昏塵 澄霽斂氛 又觀淸淨 阿難, 汝咸看此諸變化相 吾今各還本所因處 云何本因 阿難, 此諸變化 明還日輪 何以故 無日不明 明因屬日 是故還日 暗還黑月 通還戶牖 壅還牆宇 緣還分別 頑虛還空 鬱孛還塵 淸明還霽 則諸世間一切所有 不出斯類 汝見八種 **見精明性 當欲誰還** 何以故 若還於明 則不明時 無復見暗 雖明暗等 種種差別 見無差別

**〈강의〉** 여기에 나온 **견정(見精)의 명성**(明性)이 앞에서 나온 **견정(見精)의 명원**(明元)과 같다. 견정(見精)이 가진 분명하게 알아보는 성능(性能)인 명성(明性)은 바로 **견성**(見性)이다. 이 **견성**(見性)은 경계(境界)의 유무(有無)에 영향을 받지 않는다. 이 **견정(見精)의 명성(明性)**은 시각(視覺)현상의 유무(有無)와는 무관(無關)하고, 진심(眞心)의 본성(本性)인 **본능**(本能)으로서, 중생들의 공적영지(空寂靈知)가 지니고 있는 본래의 성능(性能)이다.

"**지금 네가 이 여덟 가지를 볼 때에, 견정(見精)의 명성**(明性)**은 마땅히 어디로 돌려보내야 하겠느냐? 왜냐하면, 만일 밝은 데로 돌려보낸다면 곧 밝지 않을 때엔 다시 어둠을 볼 수가 없어야만 할 것이다.**"라는 말은, 견성(見性)과 견정(見精)을 직지(直指)하는 법문이다. 밝음과 어둠을 동시에 알아보는 놈이니, 어디에 소속할 수가 없다. 이것이면 저것이 아니고, 저것이면 이것이 아닌 것이 속제(俗諦)의 원칙이다. 그런데 견정(見精)은 이것도 되고 저것도 되니, 생각이나 논리(論理)로 처리가 안 된다.

'**만일 밝은 데로 돌려보낸다면, 곧 밝지 않을 때엔 다시 어둠을 볼 수가 없어야만 할 것이다.**'라는 말은, 먼저 "밝음을 보는 놈은 그 밝음과 주파수(周波數)가 같은 놈이고, 어둠을 보는 놈은 그 어둠과 주파수가 같은 놈이다"라는 속제(俗諦)를 전제(前提)로 하는 말이다. 즉 '견성(見性)이 밝은 놈이라면, 어둠을 보지 못하고, 견성(見性)이 어두운 놈이라면 밝음을 보지 못한다.'는 뜻인데, 견성은 명(明)도 알아보고 암(暗)도 알아본다. 이것은 견성(見性)의 특징을 단적으로 설명하신 부분이다.

그런데 **견정(見精)의 명성**(明性)인 **견성**(見性)은 명(明)과 암(暗)을 동시(同時)에 같이 알아본다. 견성(見性)은 공적(空寂)하여 모습이 없으니 차별(差別)이 없다. 따라서 밝음과 어둠 중에서 어느 한쪽 주파수(周波數)를 가진 놈이라고 단정(斷定)할 수가 없다. 지금 시각(視覺)현상을 알아보는 놈인 견정(見精)도 명(明)과 암(暗)을 동시(同時)에 같이 알아본다. **견성**(見性)은 명암(明暗)뿐만 아니고, 통(通)과 색(塞), 연(緣)과 허(虛), 흙비와 청명(淸明)도 차별(差別)이 없이 모두 동시에 알아보니, 견성(見性)이란 놈을 특별히 어디로 귀속(歸屬)시킬 만한 곳이 없다. 보이는 경계는 다른 것이지만, 견정(見精)은 항상 달라진 것이 없기 때문이다.

[경(經)] **돌려보낼 수 있는 것들은 당연히 네가 아니지만, 네가 돌려보내지 못하는 것은 네 자신이 아니고 무엇이겠느냐. 그러므로 마땅히 알아라. 네 마음이 본래 묘명정(妙明淨)하건마는, 네**

**스스로가 미(迷)하고 답답하여 근본을 잃어버리고 윤회(輪廻)하면서 생사(生死) 속에서 항상 뜨고 잠기니, 그러므로 여래가 너를 가련(可憐)하다고 하느니라.”**

諸可還者 自然非汝 不汝還者 非汝而誰. 則知汝心 本妙明淨 汝自迷悶 喪本受輪 於生死中 常被漂溺 是故如來 名可憐愍

**〈강의〉** “돌려보낼 수 있는 것들은 당연히 네가 아니지만, 네가 돌려보내지 못하는 것인 ‘견정(見精)의 명성(明性)’인 **견성**(見性)은 바로 네 자신이 아니고 무엇이겠느냐.”라는 구절(句節)은, 지금(只今) 우리가 시각현상을 알아보는 **견정**(見精)은 외부의 빛깔에 관계없이 본래부터 진심(眞心)인 영지(靈知)에 갖추어져 있다는 사실을 가르쳐 보인 대목이다. 견정(見精)은 본래 견성(見性)에서 전변(轉變)한 것이다. 특정한 ‘사이클’ 안에서 특정한 범위의 시각(視覺)작용을 벌이고서 그 시각(視覺)현상을 보는 놈을 **견정**(見精)이라고 지칭하므로, 견정(見精)은 진(眞)과 망(妄)이 결합된 놈이다. 그러나 견정(見精)의 명성(明性)은 진심의 영지(靈知)이니 순수한 진심(眞心)이다.

고려시대 보조(普照)국사의 제자인 진각(眞覺)국사 무의자(無依子) 혜심(慧諶)스님이 그때까지 전해오던 1,463개의 공안(公案)을 모두 정리하여 〈선문념송〉(禪門拈頌) 30권을 편찬하였다. 이 〈능엄경〉 구절(句節)은 〈선문념송〉에 제53번째 공안(公案)으로 수록(收錄)되어 있다. 이것 외에도 〈능엄경〉의 구절(句節)이 혜심(慧諶)스님의 〈선문념송〉에 몇 개 더 수록되어 있다.

## 6. 견성(見性)은 물상(物象)이 아니다

[경(經)] '아난'이 부처님께 여쭈었다.

"제가 비록 견성(見性)이 돌려보낼 수 없는 것인 줄은 이제 알았으나, 이것이 바로 저의 진성(眞性)인 줄을 어떻게 하면 알 수가 있겠습니까?"

부처님께서 말씀하셨다.

"아난아, 너에게 묻겠다. 네가 아직 무루(無漏)인 청정(淸淨)은 얻지 못하였으나, 나의 신력(神力)을 의지하면 초선천(初禪天)을 걸림 없이 알아보며, '아나율'(阿那律)은 '염부제'(閻浮提)를 손바닥 보듯이 알아보고, 여러 '보살'(菩薩)들은 백천(百千) 세계를 알아보고, 시방(十方)의 여래(如來)는 미진수(微塵數)의 청정한 국토(國土)를 전부 다 알아본다. 그러나 중생(衆生)이 알아보는 것은 분촌(分寸)을 지나지 못한다.

阿難言 ： 我雖識此見性無還 云何得知 是我眞性
佛告阿難：吾今問汝 今汝未得無漏淸淨 承佛神力 見於初禪 得無障礙 而阿那律 見閻浮提 如觀掌中菴摩羅果 諸菩薩等 見百千界 十方如來 窮盡微塵 淸淨國土 無所不矚 衆生洞視 不過分寸

**〈강의〉** '아난'은 이제 견성(見性)이 돌려보낼 것이 아님을 알았다. 아침에 눈을 뜨면 밤에 잘 때까지 하루 종일 시각현상을 알아보는 작용이 쉬지 않으니, 견정(見精)을 나타내는 견성(見性)이 자기(自己) 자신(自身)을 떠난 것이 아닌 줄은 알았다. 그러나, 이 견성(見性)

이 바로 자기의 진성(眞性)임은 아직 분명하게 알지 못하고 있다.

부처님께서 '아난'의 진성(眞性)을 밝히고자 시각(視覺)현상을 알아보는 견정(見精)을 가지고 설명을 하신다. 불(佛)보살(菩薩)과 성문(聲聞)을 비롯하여 모든 **유정물**(有情物)들은 각각 살고 있는 세상(世上)에 따라 사용하는 주파수(周波數)가 다르므로, 그들의 **견정**(見精)이 알아보는 시계(視界)의 범위(範圍)가 한정되어 있다. **견성**(見性)은 시각(視覺)현상을 볼 줄 아는 영지(靈知)이므로 모든 중생(衆生)들이 동일(同一)하지만, **견정**(見精)은 업력(業力)으로 소속된 세상의 '사이클'에 따라 주파수가 다르므로 그 알아보는 영역(領域)에 당연히 차별(差別)이 있다.

**[경(經)] '아난'아, 너와 내가 사천왕(四天王)이 주거하는 궁전(宮殿)을 볼 적에, 그 중간(中間)에 널려 있는 바다와 육지와 허공에 있는 모든 것들을 두루 살펴보는데, 비록 어둡고 밝은 종류의 형상(形相)들이 다양하게 있으나, 모두 전진(前塵)으로서 분별(分別)의 대상(對象)들이다. 네가 여기서 자(自)와 타(他)로서 주관과 객관을 분별(分別)하여 보아라. 내가 이제 너를 위하여 견(見)에서 어느 것이 너의 바탕[體]이며, 어느 것이 물상(物象)인가를 구별하여 주겠다.**

**'아난'아, 너의 견(見)하는 시력(視力)을 다하여 일월궁(日月宮)까지 본다고 하여도 모두 물상(物象)이지 '네'가 아니며, 칠금산(七金山)에 이르러 두루 관찰(觀察)하여도 비록 가지가지 빛깔이 보이나 역시 물상(物象)이요 '네'가 아니며, 다시 구름이 뜨고 새가 날고 바람이 불고 티끌이 날리는 것이나, 수목(樹木)과 산천(山川)과 풀과 잡초와 사람과 축생(畜生)들을 차례로 살펴보아도 모두**

**물상(物象)이지 '네'가 아니다.**

阿難, 且吾與汝 觀四天王所住宮殿 中間遍覽水陸空行 雖有昏明 種種形像 無非前塵 分別留礙 汝應於此 分別自他 今吾將汝 擇於見中 誰是我體 誰爲物象 阿難, 極汝見源 從日月宮 是物非汝 至七金山 周遍諦觀 雖種種光 亦物非汝 漸漸更觀 雲騰鳥飛 風動塵起 樹木山川 草芥人畜 咸物非汝

**〈강의〉** 지금 눈앞에 전개된 시각(視覺)현상을 두고서, "어느 것이 너의 바탕[體]이며, 어느 것이 물상(物象)인가를 구별하여주겠다."는 것은, 시각(視覺)현상을 알아보는 **주체**(主體)와 보이는 **객체**(客體)를 구별(區別)해주겠다는 뜻이다. "육근(六根)이 육진(六塵)을 상대(相對)하여 육식(六識)이 생긴다."고 하는데, 먼저 근(根)과 진(塵)을 분명하게 구별(區別)하는 것이 필요하다. 그래서 지금 **견정**(見精)과 대상(對象)인 **색공**(色空)을 구별하고 있다. 즉 보는 주체인 견정(見精)은 보이는 객체인 물상(物象)과 다른 것이라고 설명하고 있다.

**[경(經)] '아난'아, 이 가깝고 먼 곳에 있는 모든 물상(物象)의 성질(性質)은 서로 다르지만, 동일(同一)한 너의 견정(見精)이 청정(淸淨)하게 보고 있다. 이때 물상(物象)은 종류(種類)에 따라서 차별(差別)이 있지만, 이것들을 보는 너의 견성(見性)은 차별(差別)이 없다.**

阿難, 是諸近遠 諸有物性 雖復差殊 同汝見精 淸淨所矚 則

諸物類 自有差別 見性無殊

**〈강의〉** 시각(視覺)현상을 알아볼 적에, 보이는 '경계(境界)'는 차별(差別)이 있으나, 그것을 알아보는 '견정(見精)'은 같은 놈이니 차별(差別)이 없다. 하나는 차별(差別)이 있고 하나는 차별(差別)이 없다. 그러하니 두 가지가 서로 다른 놈인 것이 분명하다. 즉, 시각(視覺)현상 중에 **청황적백흑**(青黃赤白黑)의 오색(五色)이 같이 있어도, 견정(見精)은 그 오색을 모두 다 알아본다. 흰색을 알아보면서 동시에 검은색도 같이 알아보지만, 그 견정(見精)은 같은 놈이다. 청색(青色)을 보는 견정(見精)과 홍색(紅色)을 보는 견정(見精)이 다른 놈이 아니다. 마치 거울에 차별(差別)이 있는 여러 가지 오색(五色)빛의 영상(影像)이 비칠 적에, 거울의 밝음인 허명(虛明)은 전혀 오색(五色)에 따라서 차별(差別)이 없는 것과 같다. 규봉(圭峰) 종밀(宗密) 대사의 〈법집별행록〉(法集別行錄)에 보면, 진심(眞心)의 바탕과 작용을 거울에 비유(譬喩)하여 설명하는 글이 있다.

> 진심(眞心)의 본체에는 두 가지의 작용이 있으니, 하나는 자성(自性)의 본용(本用)이요, 둘은 수연(隨緣)하는 응용(應用)이다. 구리로 만든 동경(銅鏡)에다 비유(譬喩)해보면, 구리는 바탕이니 자성체(自性體)이고, 구리거울의 허명(虛明)은 자성본용(自性本用)이고, 허명한 거울에 나타난 영상(影像)은 수연응용(隨緣應用)이다. 영상(影像)은 인연(因緣)을 상대하면 즉시 나타나는데, 나타낼 때는 천(千)가지의 차별(差別)이 있으나, 거울의 허명(虛明)은 광명(光明)이니, 밝은 것은 오직 일미(一味)일 뿐이다.

여기서 견성(見性)은 거울의 허명(虛明)에 해당하고, 대상(對象)은 거울의 영상(影像)에 해당한다.

같은 글 중에 또 구슬 비유가 있다.

> 또 '마니'주(珠)에 비유해보면, 한 개 '마니'주(珠)는, 하나의 신령(神靈)한 마음과 비슷하다. 오직 ('마니'주가) 두렷이 투명하고 깨끗하듯이, (마음은) 공적(空寂)하여 신령(神靈)하게 안다. ('마니'주는) 도무지 일체 차별 있는 색상(色相)이 없지만 그 바탕이 허명(虛明)하므로 바깥 물건을 대하면 능히 일체 차별 있는 색상(色相)을 나타낸다. ('마니'주에 비치는) 색상(色相)은 차별이 있을지언정, 허명(虛明)한 '마니주'는 한 번도 변(變)하거나 바뀐 적이 없다.

이 구슬비유도 앞에 나온 거울비유와 같은 내용이다. 두 개의 비유가 모두 시각(視覺)현상에서 견정(見精)이 허명(虛明)하여 공적(空寂)함을 설명하고 있다.

[경(經)] **이 견정(見精)의 묘명(妙明)한 것이 진실로 너의 보는 견성(見性)이다.**

此精妙明 誠汝見性

**〈강의〉** 앞에서 보이는 빛깔은 차별이 있으나, 그것을 보는 견정(見精)은 항상 같은 놈이니 차별이 없다고 했다. 여기서 다시 견정(見精)과 견성(見性)을 구별하는 장면이 나온다. 즉 견정(見精)의 '그 묘명(妙明)한 성품(性品)'이 바로 '견성(見性)'이라고 하셨다. 시각(視覺)

현상을 **알아보는 놈**이 견정(見精)이고, 견정(見精)에서 **볼 줄 아는 성품**이 바로 견성(見性)이다. 이 견성(見性)이 바로 영지(靈知) 그놈이다.

견성(見性)과 견정(見精)을 재차 비교(比較)하면, 이른바 **견성**(見性)은 진심(眞心)인 영지(靈知)가 가진 능히 견(見)할 줄 아는 본성(本性) 내지 본능(本能)을 가리키고, **견정**(見精)은 육도(六道)에 윤회하는 개별적인 존재(存在)들이 각각 소속된 특정한 세계의 주파수(周波數)에 의거하여 제각기 목전(目前)의 여러 가지 다른 시각(視覺)현상을 '알아보는 놈'을 가리킨다. 즉 '아나율'(阿那律)과 '아난'과 여러 '보살'과 여래(如來)가 알아보는 **견성**(見性)은 동일(同一)하지만, 각기 다른 '사이클'의 **견정**(見精)을 가지고 있으니 그 알아보는 시각현상은 각기 다르다. 즉 견정(見精)은 견성(見性)이 전변(轉變)하여 이미 주(主)와 객(客)이 갖추어진 제이월(第二月)이므로, 이른바 망(妄)에 속하여서 '사이클'에 따라서 그 능력(能力)에 차별이 있다. 그러나 **견성**은 영지(靈知)의 본능(本能)으로 무차별하다.

본래 진심(眞心)은 공적(空寂)하고 영지(靈知)하다. 진심(眞心)의 작용인 견성(見性)과 문성(聞性)들도 모두 공적(空寂)하고 영지(靈知)하다. 즉 '공적(空寂)하니까' 가지가지 빛깔을 다 알아보고, '공적(空寂)하니까' 차별 있는 것들을 그대로 나툴 수가 있고, '공적(空寂)하니까' 보고 듣는 놈 그 자체는 아무런 특색이나 변화가 없어서 항상 여여(如如)하다. 그런 마음의 '공적(空寂)한' 특징을 규봉(圭峰)대사의 〈**법집별행록**〉에서 이렇게 표현하고 있다.

> 공적영지(空寂靈知)가 미(迷)를 따르고 오(悟)를 따르되, 마음은 본래 저절로 안다. 영지(靈知)는 인연(因緣)을 만나서 생긴 것도 아니

고, 경계(境界)로 인하여 일어난 것도 아니다. 미(迷)할 때는 번뇌(煩惱)이지만 영지(靈知)는 번뇌가 아니고, 깨달을 적에는 능히 신통(神通)을 나투지만 영지(靈知)는 신통(神通)이 아니다.

**[경(經)]  만약 견성(見性)이 물상(物象)이라면, 네가 '나의 견성(見性)'을 볼 수 있어야 하리라.**

**만약 함께 보는 것으로 '나의 견성(見性)'을 본다고 한다면, 내가 불견(不見)할 때에는 어찌하여 나의 불견(不見)하는 곳을 보지 못하느냐?**

**만약 나의 불견(不見)하는 곳을 본다면, 자연히 저 불견(不見)하는 상(相)이 아니다.**

**만약 나의 불견(不見)하는 곳을 보지 못한다면, 자연히 물상(物象)이 아니다. 그렇다면 어떻게 (견성이) 네가 아니겠느냐?**

**또 네가 지금 물상(物象)을 볼 적에, 네가 물상(物象)을 보고 물상(物象)도 또한 너를 본다면, 그렇다면 체성(體性)이 분잡(紛雜)하여 너와 나와 모든 세간(世間)들이 제대로 성립할 수가 없을 것이다.**

若見是物 則汝亦可見吾之見. 若同見者 名爲見吾 吾不見時 何不見吾不見之處 若見不見 自然非彼不見之相 若不見吾不見之地 自然非物. 云何非汝. 又則汝今見物之時 汝旣見物 物亦見汝 體性紛雜 則汝與我 幷諸世間 不成安立

**〈강의〉** 이 부분은 "견정(見精)은 물상(物象)이 아니다"라는 것을 설명하는 내용인데, '만약[若]'이란 용어가 네 번이나 나오므로 흔히

‘**사약장**(四若章)’이라고 한다. 시각(視覺)현상을 알아볼 적에 견정(見精)의 ‘사이클’과 물상(物象)의 ‘사이클’이 서로 일치(一致)하여야 하므로, “물상(物象)과 동일한 ‘사이클’을 가진 **견정**(見精)**이라는 놈이 어딘가에 존재할 것이다.**”라는 추측을 할 수가 있다. 이 설법은 넉자배기로 번역한 한문(漢文) 문장이라 생략된 구절이 많아서 번역(飜譯)이 좀 복잡하지만, 요지(要旨)는 ‘**견정**(見精)**은 물상**(物象)**이 아니다**’라는 말씀이다.

처음에 “**만약 함께 보는 것으로 ‘나의 견정**(見精)**’을 본다고 한다면,**”은, ‘견정(見精)이란 놈이 물상(物象)처럼 모습이 있다고 생각하여, 너와 내가 함께 같은 물상(物象)을 보는 경우에 네가 나의 견정(見精)도 물상(物象)처럼 본다고 고집한다면’이라는 말이고, “**내가 불견**(不見)**할 때에는 어찌하여 나의 불견**(不見)**하는 곳을 보지 못하느냐?**(吾不見時 何不見吾不見之處)”에서 ‘불견(不見)하는 곳’인 불견지처(不見之處)는 ‘내가 보지 않고 있는 물상(物象)’을 가리킨다.

다음에 “**만약 불견**(不見)**하는 곳을 본다면, 자연히 저 불견**(不見)**하는 상**(相)**이 아니다.**(若見不見 自然非彼不見之相)”에서 ‘**만약 불견**(不見)**하는 곳을 본다면**(若見不見)’은, ‘내가 보지 않고 있는 물상(物象)을 만약에 네가 본다고 한다면’이란 말이다. 다음에 ‘**자연히 저 불견**(不見)**하는 상**(相)**이 아니다**(自然非彼不見之相)’라는 구절(句節)은 해석에 이견(異見)이 있다. 감산(憨山) 덕청(德淸)대사는 ‘만약 불견(不見)하는 곳을 본다면(若見不見), **그것은 너의 망견**(妄見)**이므로,** 자연히 내가 보지 않고 있는 물상(物象)은 아니다’라고 새긴다. 교광(交光) 진감(眞鑑)대사는 ‘만약 불견(不見)하는 곳을 본다면(若見不見), 나의 견(見)이 이미 그 물상(物象)을 보지 않고 떠났으니, 저 내가 보지 않고 있는 물상(物象)이 내 견(見)은 아니다.' 라고 새긴다.

또 다음에 '**만약 나의 불견(不見)하는 곳을 보지 못한다면, 자연히 물상(物象)이 아니다(若不見吾不見之地 自然非物)**'에서 '**자연히 물상(物象)이 아니다(自然非物)**'라는 구절은 '자연히 나의 견정(見精)은 물상(物象)이 아니다'라는 말이다.

이 '사약장(四若章)'의 결론은, 견정(見精)은 모습이 없고, 따라서 '모습이 있는' 물상(物象)과는 구별된다는 이야기다.

**[경(經)] '아난'아, 만약 네가 시각(視覺)현상을 볼 때에 이 견정(見精)은 너의 것이지, 나의 것이 아니다. 견성(見性)이 지금 두루하니, 그것이 네가 아니고 누구이겠느냐?**

**너는 어찌하여 너의 진성(眞性)을 스스로 의심하여, 네 진성(眞性)이 아니라고 생각하여 나에게서 진실(眞實)을 구(求)하려고 하느냐?"**

阿難, 若汝見時 是汝非我 見性周遍 非汝而誰 云何自疑汝之眞性 性汝不眞 取我求實

**〈강의〉** 시각(視覺)현상을 알아보는 견정(見精)에서 그 '볼 줄 아는 것'이 바로 네 진심(眞心)인 견성(見性)이다. 즉, 눈앞의 시각현상을 알아보는 놈인 견정(見精)은 자기의 영지(靈知)이지, 타인(他人)의 영지(靈知)가 아니라는 말이다. 그래서 "네가 시각(視覺)현상을 알아볼 때에, '볼 줄 아는 놈'인 견정(見精)은 네 견성(見性)이며, 그것이 바로 네 진심(眞心)이다."라고 단언한다. 마찬가지로 청각(聽覺)

현상을 알아듣는 놈인 문정(聞精)도 바로 네 문성(聞性)인 영지(靈知) 그것이지, 타인(他人)의 영지(靈知)가 아니라는 말이다.

제 눈으로 제 눈을 못 보듯이, 견성(見性)이 견성(見性)을 못 본다. 그러면 어떻게 견성(見性)을 친성(親省)하고 확인(確認)할 수가 있을까? 지금 네 주위에 두루한 시각(視覺)현상을 볼 줄 아는 것이 네 견성(見性)이고, 나아가 자심(自心)의 현량(現量)이 두루한 사실을 알아차리는 그놈이 바로 네 영지(靈知)이다. 삼라만상이 제 마음의 현량(現量)인 줄 알아차리는 그놈이 바로 제 자신의 영지(靈知)이고 그 영지(靈知)가 바로 견성(見性)이고 문성(聞性)이다. 이것이야말로 영지(靈知)인 견성(見性)의 실존(實存)을 친성(親省)하는 유일(唯一)한 방법이다.

## 7. 견성(見性)은 크기가 없다

**[경(經)] '아난'이 부처님께 사뢰었다.**

**"세존이시여, 만일 이 견성(見性)이 반드시 '저 자신'이라서 다른 것이 아니라면, 제가 부처님과 함께 사천왕(四天王)의 궁전을 보려고 일월궁(日月宮)에 있을 적에는 이 견(見)이 두루 원만(圓滿)하여 사바세계의 국토들을 두루 다 보았는데, 정사(精舍)에 돌아와 보니 가람(伽藍)만 보이고, 또한 방안에 앉아 있으니 처마 끝만 보입니다.**

**세존이시여, 이 견성(見性)이 그 바탕[體]이 본래는 한 세계에 두루하던 것이, 지금 방안에 있을 적에는 겨우 한 방안에만 가득하오니, 본래 큰 견성(見性)이 축소(縮小)하여 작아진 것입니까, 아**

**니면 담장과 지붕 때문에 차단(遮斷)되어 끊어진 것입니까?**

**제가 이 까닭을 모르오니, 바라옵건대 큰 자비(慈悲)로 저희들을 위하여 분명하게 설명해주십시오."**

阿難白佛言 : 世尊, 若此見性 必我非餘 我與如來 觀四天王勝藏寶殿 居日月宮 此見周圓 遍娑婆國 退歸精舍 祇見伽藍 淸心戶堂 但瞻簷廡 世尊, 此見如是 其體本來周遍一界 今在室中 唯滿一室 爲復此見 縮大爲小 爲當牆宇夾令斷絶 我今不知 斯義所在 願垂弘慈 爲我敷演

**〈강의〉** '아난'이 견성(見性)이 바로 공적영지(空寂靈知)인 자기의 주인공인 줄을 이제 알았으나, 견성(見性)의 크기가 장소에 따라 융통성(融通性) 있게 변모(變貌)하는 물건이라는 생각이 들어서, 다시 견성(見性)의 대소(大小)와 신축(伸縮)을 질문한다. 앞에서 살펴보았듯이 견성(見性)은 본래 공적(空寂)하여 아무 모습이 없고, 모습이 없으니 크기와 변동(變動)이 당연히 없는 존재이다. 그런데 '아난'은 여전히 **견정**(見精)을 사용하는 일상(日常)의 **버릇**을 벗어나지 못하고 있으므로, 모습이 없는 **견성**(見性)을 모습과 크기가 있는 존재(存在)로 보아서 그 확대와 축소와 연결(連結)과 단절(斷絶)을 물어보고 있다.

[경(經)] **부처님께서 말씀하셨다.**

**"'아난'아, 일체 세간의 크고 작은 내외(內外)의 모든 사물은 다 객체(客體)로 육진(六塵) 경계에 속하니, 너의 보는 견성(見性)이 늘어나거나 줄어든다고 말하지 말라.**

비유하면, 네모난 그릇 속에서 네모난 허공을 보는 것과 같다. 다시 네게 물겠다. 이 네모난 그릇 속의 네모난 허공이 네모난 것으로 정(定)해진 것이냐? 정(定)해진 것이 아니냐? 만일 허공이 네모난 것으로 정(定)해진 것이라면, 그 허공을 둥근 그릇에 옮겨 담아도 허공이 둥글지 않고 네모가 나야 할 것이다. 만일 허공이 네모난 것으로 정(定)해진 것이 아니라면, 네모난 그릇 속에서도 네모난 허공이 없다. 네가 말하는 '이 까닭을 알지 못한다'는 그 까닭이 이와 같으니라.

'아난'아, 만일 허공이 네모나고 둥근 것이 없는 줄을 알고자 하면, 단지 네모난 그릇만 치우면 된다. 허공 자체는 일찍이 네모난 적이 없으니, 허공의 네모난 모양을 제거해야 한다고 말할 필요가 없다.

만일 네가 질문한 것처럼, 방안에 들어갈 적에 견(見)이 줄어서 축소(縮小)하였다면, 하늘의 해를 쳐다볼 적에는 견(見)이 크게 확대(擴大)되어 해에 닿은 것이냐? 담장과 지붕이 견(見)을 작게 끊어버렸다면, 만일 작은 구멍이 뚫어져 있을 적에는 어째서 견(見)을 이은 흔적이 없느냐? 그러므로 그런 이치가 없다.

佛告阿難 ： 一切世間大小內外 諸所事業 各屬前塵 不應說言見有舒縮 譬如方器 中見方空 吾復問汝 此方器中所見方空 爲復定方 爲不定方 若定方者 別安圓器 空應不圓 若不定者 在方器中 應無方空 汝言不知 斯義所在 義性如是 云何爲在 阿難, 若復欲令入無方圓 但除器方 空體無方 不應說言 更除虛空 方相所在 若如汝問 入室之時 縮見令小 仰觀日時 汝豈挽見齊於日面 若築牆宇 能夾見斷 穿爲小竇

寧無續跡 是義不然

**〈강의〉** 보이는 경계(境界)가 달라져도 시각(視覺)현상을 알아보는 견정(見精)은 변동이 없고 여여(如如)하다. 시야(視野)가 넓으면 넓은 대로, 시야가 좁으면 좁은 대로, 비치는 그대로 그냥 알아볼 뿐이다.

[경(經)] **일체 중생이 아득한 옛날부터 물질(物質)인 육신(肉身)을 자기(自己)라고 오인(誤認)하여 본심(本心)을 잃어버리고, 물질(物質)에 끄달려서 그중에서 크고 작은 것을 본다.**

一切衆生 從無始來 迷己爲物 失於本心 爲物所轉 故於是中 觀大觀小

**〈강의〉** 여기서 부처님께서 '물전(物轉)'과 '전물(轉物)'의 차이를 설명하신다. 즉, 중생(衆生)들이 삼계유심(三界唯心)과 만법유식(萬法唯識)을 망각하고 육진(六塵) 경계가 외부에 현존(現存)한다고 믿고서, 모습에 쏠려서 경계를 분별(分別)하고 물질의 대소(大小)와 광협(廣狹)에 구애(拘礙)를 받는 것을 '물전(物轉)'이라고 하고, 성인(聖人)들이 일체유심조(一切唯心造)를 알아서 자심(自心)의 현량(現量)인 물질(物質) 경계(境界)에 장애(障碍)가 없는 것을 '전물(轉物)'이라고 한다. 즉 **일체유심조**(一切惟心造)를 또 한 번 언급(言及)하신다.

물질(物質)에 끄달리는 '물전(物轉)'은, 앞에서 설명했듯이, 제 마음이 만든 삼라만상(森羅萬象)을 외부에 존재하는 대상(對象)이라고 착각하면서, 모습에 쏠리는 버릇에 젖어서 육신(肉身)을 자기(自己)라고 오인(誤認)하고 본심(本心)을 잃어버리고서, 외부의 경계(境界)에서 크고 작은 차별상(差別相)을 보는 것이다. 즉 '보명묘성(寶明妙性)이 오(悟) 중에 있으면서' 공연히 미(迷)를 인식하려고 하는 무명(無明)으로 말미암아 '오온(五蘊)인 신심(身心)이 생기고', 그리고 "제 마음이 제 몸 안에 있다."고 믿으면서, 제가 만든 경계(境界)에 스스로 속아서 물질세계에서 윤회(輪廻)하게 되면서, '크고 작은 것'이라고 착각(錯覺)을 한다. 즉, 제각기 소속된 세상에서 제이월(第二月)인 **견정**(見精)으로 보이는 삼라만상(森羅萬象)을 "외부에 실제로 존재한다"고 믿고서, 다시 그 경계를 반연(攀緣)하여 새롭게 분별(分別)하는 반연심(攀緣心)을 일으키는 착각(錯覺) 상태를 설명한 것이다.

[경(經)] **그러나 만일 물질(物質)을 능히 굴릴 줄을 알면, 여래(如來)와 같이 되어서, 몸과 마음이 원명(圓明)하여서 도량(道場)에서 움직이지 않고, 한 터럭 끝에 시방(十方)의 국토를 모두 능히 포함하여 받아들일 수 있다."**

若能轉物 則同如來 身心圓明 不動道場 於一毛端 遍能含受十方國土

**〈강의〉** 그러나 보명묘성(寶明妙性)이 공적영지(空寂靈知)한 자기 본모습인 줄 알고, 나아가 바깥의 만법(萬法)이 제 마음에서 투영(投影)된 것인 줄 안다면, '**몸과 마음이 원명(圓明)하여**' 삼라만상(森羅萬象)이 내 마음을 벗어나지 않는다. 즉 외부에 경계(境界)가 없고,

따라서 대소(大小)나 광협(廣狹)이라는 장애(障碍)가 없다. 이렇게 외경(外境)이 허공꽃과 같은 환화(幻化)인 줄 알고 사물(事物)을 능히 잘 굴리는 것이 '전물(轉物)'이다. 이것은 시각(視覺)현상과 그것을 알아보는 견정(見精)도 모두 무시견망(無始見妄)임을 아는 부처님의 견처(見處)이니, 이러한 진제(眞諦)를 통달하면 "도량(道場)에서 움직이지 않고, 한 터럭 끝에 시방(十方) 국토(國土)를 모두 포함한다"는 말을 이해하게 된다.

그러면 어떻게 하여야 지금 쓰는 **견정**(見精)을 벗어날 수 있을까? 먼저 진심(眞心)인 공적영지(空寂靈知)가 무엇인지 분명하게 이해하는 것이 선결문제(先決問題)이다. 그리고 일체유심조(一切惟心造)를 분명하게 알아야 한다. 그러면 해답이 그 안에 있다.

## 8. 견(見)과 물상(物象)은 불이(不二)다

[경(經)] **'아난'이 부처님께 사뢰었다.**

**"세존이시여, 만일 지금 제 앞에 나타나 있는 이 견정(見精)이 반드시 저의 진짜 묘성(妙性)이라면, 이 '견(見)'이 제 진성(眞性)이니, 그러면 지금 저의 '몸'과 '마음'은 어떤 물건입니까? 지금 제 '몸'과 '마음'은 분별(分別)하면 실체(實體)가 있으나, 이 '견(見)'은 제 몸과 따로 분별할 것이 없습니다. 만일 견(見)이 참으로 제 마음이어서 저로 하여금 능히 보게 한다면, 견성(見性)이 참으로 '저'요, 이 몸은 제가 아닐 것입니다. 그렇다면 여래께서 먼저 틀린다고 지적하신 '물건이 능히 나를 보리라'고 하셨던 것과 어떻게 다릅니까?**

바라옵건대 큰 자비(慈悲)로써 모르는 것을 깨우쳐주십시오."

阿難白佛言 ： 世尊，若此見精 必我妙性 今此妙性 現在我前 見必我眞 我今身心 復是何物 而今身心 分別有實 彼見無別分辨我身 若實我心 令我今見 見性實我 而身非我何殊如來先所難言 物能見我 惟垂大慈 開發未悟

**〈강의〉** 앞에서 부처님이 진심(眞心)인 영지(靈知)를 설명하고자 견정(見精)을 자주 거론하였으므로, '아난'이 신심(身心) 이외에 견정(見精)이라는 존재가 따로 있다는 생각이 들었다. '아난'은 "지금 제 앞에 나타나 있는 이 **견정**(見精)이 반드시 저의 진짜 묘성(妙性)이라면, 견정(見精)과 신심(身心)은 서로 다른 존재인가? 그렇다면 이 신심(身心)은 도대체 무엇인가?" 하는 의심이 생겼다. 의심(疑心)은 제때에 풀어야 한다. 그래서 질문을 하고 있다.

이 글은 '네 가지 의문(疑問)'을 제시하는 글로 해석하는 것이 종래의 통설(通說)이다. 즉, "세존이시여, 만일 이 견정(見精)이 반드시 저의 진짜 묘성(妙性)이라면, 지금 이 묘성(妙性)이 제 앞에 나타나 있습니까? 또 이 '견(見)'이 제 진성(眞性)이라면, 그러면 지금 저의 '몸'과 '마음'은 어떤 물건입니까? 지금 제 '몸'과 '마음'은 분별(分別)하면 실체(實體)가 있으나, 이 '견(見)'은 제 몸과 따로 분별할 것이 없습니까? 만일 제 마음이 저로 하여금 능히 보게 한다면, 견성(見性)이 참으로 '저'요, 이 몸은 제가 아닐 것이니, 그렇다면 여래께서 먼저 틀린다고 지적하신 '물건이 능히 나를 보리라.'고 하셨던 것과 어떻게 다릅니까?"

생각하건대, 이러한 '네 가지 의문(疑問)'은 모두가 "지금 제 앞에 나타나 있는 이 견정(見精)이 반드시 저의 진짜 묘성(妙性)이라고 한다면"이라는 말을 전제(前提)로 한 것이므로, 알아듣기 쉽게 위와 같이 풀어서 의역(意譯)하여 보았다.

[경(經)] **부처님께서 '아난'에게 말씀하셨다.**

**"지금 '제 견정(見精)이 앞에 나타나 있다'는 너의 말이 옳지 않다. 만일 참으로 네 견(見)이 앞에 있어서 네가 참으로 견정(見精)을 본다면, 이 견정(見精)이 있는 처소(處所)가 있을 터이니, 그 처소를 구체적으로 지적(指摘)하여 가리킬 수 있을 것이다.**

**지금 '기타'림(祇陀林)에 앉아서 숲과 냇물과 전당(殿堂)을 두루 보며, 위로는 해와 달을 보고, 멀리 앞으로는 항하(恒河)를 대(對)하였으니, 네가 지금 내 사자좌(獅子座) 앞에서 손을 들어서 분명하게 가리켜서 지적(指摘)해보아라. 이 여러 가지 모습들이, 그늘진 것은 숲이요, 밝은 것은 태양이요, 막힌 것은 벽(壁)이요, 통한 것은 허공이니, 이와 같이 초목과 실날 같은 터럭까지도, 크고 작은 모양은 다르지만 모습이 있는 것은 모조리 지적(指摘)하여 가리킬 수가 있다.**

**만약 네 견정(見精)이 반드시 네 앞에 있다면, 네가 손으로 확실하게 가리켜 지적해보아라. 어느 것이 네 견정(見精)이냐?**

**'아난'아, 마땅히 알아라. 만일 허공이 견(見)이라면, 허공이 이미 견(見)이 되었으니, 어느 것이 허공(虛空)이냐? 만일 물건이 견(見)이라면, 물건이 이미 견(見)이 되었으니 어느 것이 물건(物件)이냐?**

**너는 이 삼라만상(森羅萬象)을 자세하게 관찰하여 정명(精明)하고 정묘(淨妙)한 견정(見精)을 분석해내어서, 저 다른 물상(物象)**

을 가리키듯이, 분명하게 나에게 지적하여 가리켜보아라."

'아난'이 말하였다.

"제가 지금 이 강당(講堂)에서 바라보니, 멀리는 항하(恒河)를 보고, 위로는 해와 달을 보는데, 손으로 가리키고 눈으로 보는 것이 모두 다 물건(物件)인지라, 견정(見精)이 없습니다.

세존이시여, 부처님의 말씀과 같이, 저는 아직도 마음이 새는 유루(有漏)인 초학성문(初學聲聞)이거니와, 비록 '보살'(菩薩)이라도, 이 만물상(萬物象) 중에서 일체의 물건(物件)에서 구별하여 따로 자성(自性)이 있는 견정(見精)을 가려낼 수는 없습니다."

부처님께서 말씀하셨다.

"그와 같고, 그와 같다. '아난'아, 네 말대로 일체의 물건(物件)과 구별하여 따로 자성(自性)이 있는 견정(見精)이 없다면, 네가 가리키는 이 물건 가운데는 견(見)이라고 할 것이 없겠구나.

佛告阿難 : 今汝所言 見在汝前 是義非實 若實汝前 汝實見者 則此見精 旣有方所 非無指示 且今與汝坐祇陀林 遍觀林渠及與殿堂 上至日月 前對恒河 汝今於我師子座前 擧手指陳 是種種相 陰者是林 明者是日 礙者是壁 通者是空 如是乃至草樹纖毫 大小雖殊 但可有形 無不指著 若必其見現在汝前 汝應以手 確實指陳 何者是見 阿難, 當知 若空是見 旣已成見 何者是空 若物是見 旣已是見 何者爲物 汝可微細披剝萬象 析出精明淨妙見元 指陳示我 同彼諸物 分明無惑

阿難言 : 我今於此重閣講堂 遠泊恒河 上觀日月 擧手所指 縱目所觀 指皆是物 無是見者 世尊, 如佛所說 況我有漏

初學聲聞 乃至菩薩 亦不能於萬物象前 剖出精見 離一切物 別有自性
佛言 : 如是如是
佛復告阿難 : 如汝所言 無有見精 離一切物 別有自性 則汝所指 是物之中 無是見者

**〈강의〉** "일체의 물건(物件)과 구별하여 따로 자성(自性)이 있는 견정(見精)을 가려낼 수는 없습니다."라는 것은, 즉 "대상인 만상(萬象)에서 따로 견정(見精)을 분명하게 떼어낼 수가 없다"는 말이니, 지금 눈앞에 보이는 것은 모두 물상(物象)이지, 견정(見精)이라고 할 만한 것이 따로 없다는 말이다. 시각(視覺)현상을 볼 적에, 보이는 객체(客體)와 보는 주체(主體)가 그 성질상 분명하게 구별이 된다는 것이다. 육근(六根)이 육진(六塵)을 상대(相對)하여 12처(處)가 생긴다'는 말이다.

[경(經)] **내가 지금 다시 네게 말하나니, 네가 여래(如來)와 함께 '기타'림(祇陀林)에 앉은 그대로 숲과 동산과 내지 해와 달을 다시 보아라. 여러 가지 물상(物象)의 모습이 서로 다르지마는 그 가운데에 네가 가리켜 보일 만한 견정(見精)은 없다고 했다.**

**그러면 네가 다시 밝혀보아라. 이 물상(物象) 가운데에서 어느 것이 네 견(見)이 아니냐?"**

**'아난'이 대답하였다.**

**"제가 이 '기타'림(祇陀林)을 두루 살펴보지만, 이 가운데서 어느 것이 '견(見)'이 아닌지를 알 수가 없습니다. 왜냐하면 나무가 제 '견(見)'이 아니라면 어떻게 제가 나무를 볼 수가 있겠습니까! 또**

나무가 저의 견(見)이라면 나무가 이제 제 견(見)이 되었으니 어떤 것이 나무이겠습니까? 이와 같이 허공이 제 '견(見)'이 아니라면 어떻게 제가 허공을 볼 수 있으며, 또 허공이 제 '견(見)'이라면 어떤 것이 허공(虛空)이겠습니까? 제가 지금 다시 생각해보니, 삼라만상(森羅萬象) 중에 제 '견(見)'이 아닌 것이 없습니다."

부처님께서 말씀하셨다.

"그러하고, 그러하니라."

이때에 무학(無學)이 아닌 대중(大衆)들은 부처님의 이 법문을 듣고 아득하여 그 이치를 잘 알지 못하여, 한참 동안 어쩔 줄 몰라 마치 알았던 것을 잃어버린 듯하였다.

今復告汝 汝與如來 坐祇陀林 更觀林苑 乃至日月 種種象殊 必無見精 受汝所指 汝又發明 此諸物中 何者非見
阿難言 : 我實遍見此祇陀林 不知是中 何者非見 何以故 若樹非見 云何見樹 若樹卽見 復云何樹 如是乃至 若空非見 云何見空 若空卽見 復云何空 我又思惟 是萬象中 微細發明 無非見者
佛言 : 如是如是
於是 大衆非無學者 聞佛此言 茫然不知是義終始 一時惶悚 失其所守

**〈강의〉** 앞에서는 부처님께서 "보이는 물상(物象)에서 견(見)을 가려낼 수가 없으니 물상과 견은 같지 않다."는 '아난'의 말을 옳다고 하시더니, 이번에는 '아난'의 "보이는 물상이 제 견(見) 아닌 것이 없다."는 말에도 동의(同意)하신다. 그렇다면 문제다. 부처님이 동의

하신 두 가지 내용이 서로가 모순(矛盾)되기 때문이다.

지금까지는 **견정**(見精)의 특징(特徵)을 설명하시면서, 시각(視覺) 현상에서 알아보는 주체인 견정(見精)은 객체인 물상과는 분명하게 구별이 되는 독자적(獨自的)인 존재로 부각(浮刻)시켜왔다. 그래서 안근(眼根)이 색진(色塵)을 상대하면 안식(眼識)이 생기고, 육근(六根)이 육진(六塵)을 인연하여 육식(六識)이 생긴다고 했다.

그런데 여기서는 전혀 반대되는 "물상(物象)이 견(見) 아닌 것이 없다."는 말에도 여전히 동의하시니, 지금까지 설명하시던 '물상(物象)에는 견(見)이 없다'는 설명과는 분명히 배치(背馳)되는 말이다. 즉 이제까지는 '견(見)과 물상(物象)은 다르다'는 입장에서 설명을 하다가, 지금은 반대되는 '견(見)과 물상(物象)이 같기도 하다'는 새로운 견해(見解)를 옳다고 했으니, 앞뒤가 상반(相反)한다. 즉 논리적(論理的)으로 모순당착(矛盾撞着)이다.

"**나무가 나의 견(見)이 아니라면 어떻게 내가 나무를 볼 수가 있겠는가**?"라는 이론을 근거로 하여, 나무와 견(見)이 다른 것이 아니고 동일(同一)한 것임을 주장한다. 즉 "물상(物象)이 견(見) 아닌 것이 없다."는 말도 논리적(論理的)으로는 가능하다. 주파수(周波數)가 같은 것이라야 서로 소통(疏通)이 되고, 성질이 같은 것이라야 서로 상통(相通)하는 현상을 보면, 이런 주장도 부인(否認)할 수가 없다.

물론 이렇게 '물상(物象)이 견(見) 아닌 것이 없다.'고 하는 새로운 견해는, 앞에서 검정(檢定)받았듯이, "만물상(萬物相) 중에서 분명하게 **견**(見)**을 가려낼 수가 없다.**"는 반론(反論)에 대하여 증거(證據)를 제시하지 못하는 약점(弱點)이 있다. 또한 앞 문단에 나온 "'**아난'아, 마땅히 알아라. 만일 허공이 견(見)이라면, 허공이 이미 견(見)**

이 되었으니, 어느 것이 허공(虛空)이냐? 만일 물건이 견(見)이라면, 물건이 이미 견(見)이 되었으니 어느 것이 물건(物件)이냐?"라는 반론(反論)에도 적당한 대답을 하지 못하는 형편이다.

어쨌든, 우리가 아는 논리(論理)에 따르면, 이 두 개의 견해는 상호모순(相互矛盾)되므로, 둘 다 옳을 수는 없고, 분명히 하나는 틀린 이야기이다. 그런데 부처님께서 두 가지 견해를 모두 옳다고 시인(是認)하셨으니, 이 법문(法門)을 듣던 '아난'과 대중들이 어리둥절한 것은 당연하다.

[경(經)] **여래(如來)께서 그들의 마음과 생각이 혼란(混亂)하고 당황함을 아시고는, 자비로운 마음을 내시어 '아난'과 대중들을 위안(慰安)하셨다.**

**"모든 선남자(善男子)들아, 무상법왕(無上法王)은 진실하게 말하며, 사실대로 말하며, 속이는 말도 없고, 거짓말도 없다. 외도(外道)인 '말가리'(末伽梨)들이 주장하는 네 가지 궤변(詭辯)이 아니니, 너희들은 잘 살펴보고 부질없는 생각을 하지 말라."**

**이때에 '문수사리'(文殊師利)보살이 사부대중(四部大衆)을 불쌍히 여기시어, 대중(大衆) 가운데 계시다가 일어나서 부처님의 발에 정례(頂禮)하고 합장하며 공경하면서 부처님께 사뢰었다.**

**"세존(世尊)이시여, 여래께서 설명하신 주관인 견정(見精)과 객관인 색공(色空)에서, 대중들이 보이는 대상(對象)인 색공(色空 : 色과 空)이 보는 주체(主體)인 견정(見精)과 같은지 다른지를 깨닫지 못하고 있습니다. 세존(世尊)이시여, 이 눈앞의 연진(緣塵)인 색공(色空)이 만일 견(見)이라면 어떤 것이 견(見)이라고 분명하게 가리킬 수가 있어야 하고, 색공(色空)이 만일 견(見)이 아니라**

면 색공(色空)을 알아보지 못해야 할 것입니다. 지금 대중들이 이 이치를 알지 못하여서 놀라고 당황한 것이지, 옛날의 선근(善根)이 적거나 가벼운 것은 아닙니다. 바라옵건대, 여래께서는 이 물상(物象)인 **색공(色空)**과 보는 **견정(見精)**이 원래 어떠한 것이기에, 그 중간(中間)에 '같고 다름이 없는가'를 큰 자비로 밝혀주십시오."

如來知其魂慮變慴 心生憐愍 安慰阿難及諸大衆 ： 諸善男子 無上法王 是眞實語 如所如說 不誑不妄 非末伽黎 四種不死矯亂論議 汝諦思惟 無忝哀慕

是時 文殊師利法王子 愍諸四衆 在大衆中 卽從座起 頂禮佛足 合掌恭敬 而白佛言 ： 世尊, 此諸大衆 不悟如來 發明二種精見色空 是非是義 世尊, 若此前緣 色空等象 若是見者 應有所指 若非見者 應無所矚 而今不知 是義所歸 故有驚怖 非是疇昔善根輕鮮 惟願如來 大慈發明 此諸物象與此見精 元是何物 於其中間 無是非是

**〈강의〉** 여래(如來)가 스스로 자기를 진실만을 말하는 사람이라고 소개(紹介)하는 이 장면(場面)은 정말 극적(劇的)이다. 〈금강경〉에도 이렇게 '사실(事實)을 사실대로 말하는 여래'의 모습을 세존(世尊) 본인(本人)이 스스로 소개(紹介)하는 장면이 나온다. 지혜(智慧)로운 제자(弟子)들과 현인(賢人)들도, **속제**(俗諦)는 쉽게 알아듣지만, **진제**(眞諦)는 이해하기가 어렵다는 사실을 극적(劇的)으로 나타낸 장면들이다.

〈능엄경〉 설법에서 지혜제일(智慧第一)인 '문수(文殊)'보살이 세 번 등장(登場)한다. 이번이 두 번째 등장이다. 많은 '보살'들이 있는데 특별히 '문수(文殊)'보살이 등장하는 것은 가장 이해하기 어려운 부분을 지혜(智慧)가 제일(第一)인 '문수'보살이 도와주려는 것이다. 〈능엄경〉은 인연(因緣)이 있어야 읽게 되고, 지혜(智慧)가 있어야 이해(理解)할 수가 있는 어려운 경(經)이다. 조선(朝鮮)시대 제일(第一)가는 천재(天才)였던 율곡(栗谷)선생도 이 경(經)을 이해하려고 천독(千讀)이나 했다는 전설이 그것을 말하고 있다.[33]

문수(文殊)보살이 등장하여, 우선 인식(認識)에서 주체와 객체의 관계에 대한 문제점(問題點)을 정리한다. "**이 눈앞의 연진(緣塵)인 색공(色空)이 만일 견(見)이라면 물상 중에서 어떤 것이 견(見)이라고 분명하게 가리킬 수가 있어야 하고, 색공(色空)이 만일 견(見)이 아니라면 색공(色空)을 알아보지 못해야 할 것입니다.**" 즉, 객관이 주관과 '같으면' 객관 중에서 주관을 따로 가려낼 수가 있어야 하고, 객관이 주관과 '다르면' 서로 주파수(周波數)가 다르므로 알아볼 수가 없으니 객관을 인식(認識)할 수가 없다는 말이다.

문수(文殊)보살은 시각(視覺)현상에서 보이는 대상인 **색공**(色空)이 보는 주체인 **견정**(見精)과 '같은지, 다른지'를 몰라서 대중들이 어리둥절한 것이지, 결코 전생(前生)에 공부를 게을리 한 것은 아니라고 대중들을 편든다. 시각(視覺)현상에서는 객체(客體)인 빛깔[色]과 허공[空]이 안식(眼識)을 일으키는 대상(對象)이다. 이 색공(色空)이라는 객체(客體)와 견정(見精)이라는 주체(主體)의 상호관

33) 율곡선생은 어려서 모친상을 당하자, 19세에 금강산에 들어가 〈능엄경〉을 다독(多讀)하다가 3년이 지나서 21세에 하산(下山)했다고 전한다. 옛날 선비들은 독서할 때에 이해가 될 때까지 계속해서 읽었다는 말이 있다. 하루에 일회독(一回讀)을 한다면, 3년 만에 1,000독(讀)이 가능하다.

계를 이론적(理論的)으로 살펴보면, 앞에서 본 바와 같이, '같기도 하고 다르기도 하다'는 병존(竝存)할 수 없는 두 가지 사실(事實)에 직면하게 된다. 환언하면 '같지 않기도 하고, 다르지 않기도 하다'는 이야기도 된다. 속제(俗諦)에서 사용하는 사고(思考)방식으로는, 이런 '상호모순(相互矛盾)'되는 두 개의 명제(命題)에 함께 동의(同意)할 수가 없다.

모순(矛盾)되는 상대적(相對的)인 것을 설명하는 불교(佛敎)의 논리(論理)에 **불이법문**(不二法門)이라는 것이 있다. 원래 불이(不二)는 "둘이 아니다"라는 뜻인데, 그렇다고 "둘이 같은 것이다. 또는 하나이다"라는 뜻은 아니다. 즉 "다르기는 하지만, 둘이 아니다"라는 뜻이다. 이런 **불이**(不二)라는 설명(說明) 방식은 〈유마경〉에서 많이 등장하는데, 그 경(經)에는 33개의 상호(相互) 대립(對立)하는 개념(槪念)을 **불이**(不二)**의 관계**(關係)라고 설명하고 있다. 그중에는 묘의(妙意)'보살'이 "눈과 빛깔이 둘이라고 하지만, 만약 눈의 성품(性品)을 알면 빛깔에 대하여 탐내거나 성내거나 어리석지 않으니, 이것을 적멸(寂滅)이라고 부른다. 나아가 귀와 소리, 코와 냄새, 혀와 맛, 몸과 촉감도 이와 같고, 뜻과 법진(法塵)이 둘이라고 하지만 의(意)의 성품(性品)을 알면 법진(法塵)에 대하여 탐내거나 성내거나 어리석지 않으니, 이것을 적멸(寂滅)이라고 부른다. 그 가운데에 안주(安住)하면 이것이 불이법문(不二法門)에 들어감이다"라고 말하는 법문이 나온다.[34] 즉, '눈의 성품(性品)'이 무엇인가에 대한 언급이 없으나, 그저 '눈과 빛깔이 둘이 아니다'라고 설명하고 있으며, 그것을 불이법문(不二法門)이라고 부른다. 이 불이(不二)라는 논리(論

---

34) 妙意菩薩曰 眼色爲二 若知眼性 於色 不貪不恚不痴 是名寂滅如是耳聲鼻香舌味身觸意法爲二 若知意性 於法 不貪不恚不痴 是名寂滅 安住其中 是爲入不二法門

理)로 설명하는 내용들은, 속제(俗諦)에서 보면 이른바 '딜레마'에 속하는 어불성설(語不成說)이다. 그러나 불교에서는 이 불이(不二)를 달리 본다. 이 불이법문(不二法門)의 논리(論理)는 사물(事物)의 진상(眞相)을 파악하는 불교의 진제(眞諦)에서 사용하는 독특한 논리라고 말한다.

그런데 이 대목에는 **불이**(不二)라는 용어가 등장하지 않는다. 불이(不二)의 논리를 사용하지 않고 이 모순당착(矛盾撞着)하는 견(見)과 물상(物象)의 관계를 쉽게 설명하고 있다.

**[경(經)] 부처님께서 문수(文殊)와 여러 대중(大衆)에게 말씀하셨다.**

**"시방(十方)의 여래(如來)와 대'보살'이 스스로 머무는 '삼마지'(三摩地) 중에는, 견정(見精)과 견연(見緣)과 생각과 모습이 모두 허공꽃과 같아서 본래 있는 것이 아니다.**

佛告文殊及諸大衆 ： 十方如來 及大菩薩 於其自住三摩地中 見與見緣 幷所想相 如虛空華 本無所有

**〈강의〉** 색공(色空)과 견정(見精) 간의 '동이관계(同異關係)'는 속제(俗諦)에서 해결할 수 없는 모순당착(矛盾撞着)에 속한다. 그런데 부처님은 이 모순(矛盾)관계를 **허공꽃**[虛空華]이라는 비유(譬喩)로 해결하셨다. 즉, 육근(六根)과 육진(六塵)이 상대(相對)하면서 형성하는 **육처**(六處)가 있는 듯하지만, 실은 주체와 객체가 모두 허공꽃[虛空華]과 같다고 설명한다. 즉 견정(見精)과 견연(見緣)이 모두 허망(虛妄)한 것이라고 가르치시니, 두 개가 같다 다르다 따질 필요가 없게 되었다. 제행(諸行)이 무상(無常)하고 제법(諸法)이 무아(無我)이니, "일체가 허망(虛妄)한 허공꽃이라"는 설명은 당연한 논리(論理)이다. "견정(見精)과 견연(見緣)이 둘 다 본체(本體)가 공(空)하여서 있는 것이 아니니, '둘이다', '하나다'라고 다툴 것이 없다"는 말씀이다. 심경불이(心境不二)라고 설명하지 않고, "심(心)과 경(境)이 모두 허망(虛妄)한 것이다"라고 대답한 것이다. 그렇다면 모순당착(矛盾撞着)하는 문제를 공리(空理)로써 풀려는 것일까? 그러면 공리(空理)에만 치우친 설명이라는 비난을 면할 수가 없다.

이제까지 부처님께서 보는 주체인 **견정**(見精)을 제이월(第二月)이라고 강조하면서, 시각(視覺)현상인 경계와 대립하는 존재라고 설명하셨다. 비량(比量)인 반연심(攀緣心)과 달리, **견정**(見精)은 **현량**(現量)이므로 믿을 만한 것이라고 하셨다. 즉 계속해서 현량의 주체인 **견정**(見精)을 부각시켜서 분별(分別)하는 주체인 반연심(攀緣心)과 구별을 지었다. 그래서 우리는 수월(水月)에 해당하는 분별하는 반연심(攀緣心)과 달리, '견정(見精)은 제이월(第二月)이라서 제일월(第一月)인 견성(見性)과 유사(類似)한 존재라고' 알고 있었다. 즉 **견정**(見精)의 공적(空寂)하면서도 영지(靈知)인 성질도 잘 알고 있다. 그래서 큰스님들이 "분별(分別)하지 말고, 그만 그대로 여여(如如)하게 견문각지(見聞覺知)하라"는 말씀을 금과옥조(金科玉條)로 믿고 절에 다녔다. 그런데 부처님이 여기에 와서는 갑자기 **"제이월**(第二月)**인 견정**(見精)**과 외부의 물상**(物象)**이 모두 허공꽃이다"** 라고 설명하신다. **현량**(現量)의 주체(主體)인 **견정**(見精)을, 분별이 없는 그 견정(見精)을, 허공꽃처럼 부실(不實)한 것으로 배척(排斥)하시니 무척 당혹스럽다.

육근(六根)과 진경(塵境)의 관계에 대한 부처님의 설명이 뒤에 있는 〈능엄경〉 제5권에도 나온다.

**부처님께서 '아난'에게 말씀하셨다.**
**"육근(六根)과 육진(六塵)이 근원이 같고, 결박(結縛)과 해탈(解脫)이 둘이 없으며, 식성(識性)이 허망하여 허공꽃과 같다. '아난'아, 육진(六塵)으로 말미암아 아는 지(知)가 발하고, 육근(六根)을 말미암아 모습인 상(相)이 생긴다. 모습인 상(相)과 보는 견(見)이 성품(性品)이 없어서 마치 꼬이어서 서로 의지하는 갈대인 '교로(交蘆)'와 같다."**

佛告阿難 根塵同源 縛脫無二 識性虛妄 猶如空華 阿難, 由塵發知 因根有相 相見無性 同於交蘆

교로(交蘆)는 갈대의 일종으로 줄기가 서로 꼬여서 지탱하고 서 있다. '근진(根塵)이 동원(同源)이므로', 모습인 상(相)과 보는 견(見)이 동시(同時)에 일어나고 소멸한다고 하신다. 즉, 상(相)이 없으면 견(見)도 없고, 견(見)이 없으면 상(相)도 없다.

**[경(經)] 이 견정(見精)과 견연(見緣)이 원래 '보리'(菩提)의 묘(妙)하고 정명(淨明)한 바탕이다. 어찌 그 가운데 '같다'거나 '다르다'는 말이 있을 수가 있겠느냐? '문수'야, 내가 이제 그대에게 묻겠는데, 그대가 '문수'인데 다시 '문수'(文殊)에게 시'문수'(是文殊)와 비'문수'(非文殊)가 있느냐?"**

**"세존이시여, 제가 참으로 '문수'(文殊)이고, 따로 시'문수'(是文殊)라고 할 것이 없습니다. 왜냐하면, 만약 시'문수'(是文殊)가 있**

**다면 시(是)와 비(非)로 나뉘어 곧 '문수'(文殊)가 둘이 되기 때문입니다. 지금 '문수'가 없는 것은 아니오나, 이 가운데 시(是)라 비(非)라 할 두 가지 모습은 원래 없습니다."**

此見及緣 元是菩提妙淨明體 云何於中 有是非是 文殊, 吾今問汝 如汝文殊 更有文殊 是文殊者 爲無文殊

(文殊言) ： 如是世尊, 我眞文殊 無是文殊 何以故 若有是者 則二文殊 然我今日 非無文殊 於中實無 是非二相

**〈강의〉** 앞 문장(文章)에서 공리(空理)와 유식(唯識)을 내세워서 주체인 **견정**(見精)도 대상인 **색공**(色空)처럼 '허공꽃'이라고 하여 그 실체(實體)를 부인하셨다. 그런데 지금은 뜻밖에도 견정(見精)과 색공(色空)이 모두, '**보리(菩提)의 묘정명체(妙淨明體)이다**'라고 설명한다.

앞의 대목에 나온 설명은 공(空)과 유식(唯識)에 치우친 견해인 것 같았는데, 지금은 허공꽃이 '**묘(妙)하고 정명(淨明)한**' 바탕에서 나왔다고 하여 허공꽃 그것이 '**보리(菩提)의 묘정명체(妙淨明體)**' 라고 설명한다.

부처님의 설명에 따르면, 견정(見精)과 색공(色空)이 "허공꽃과 같이 허망한 존재"이기도 하고, 한편으로 "묘정명체(妙淨明體)"이기도 하다는 말씀이다. 앞에서는 심경(心境)이 모두 **허망**(虛妄)한 것이라 하시고, 뒤에 와서는 심경이 모두 **진실**(眞實)한 것이라고 하셨다. 이 두 구절은 서로 모순(矛盾)되는 것 같아서 이해하기가 쉽지 않다. 이 법문은 이른바 속제(俗諦)로는 원만하게 처리하기가 힘든 부분이다. 그러나 진제(眞諦)에서 보면 일체유심조(一切唯心造)이고 만법유식(萬法唯識)이니 모두가 일심(一心)인 내 마음을 벗어날 수가 없다.

앞에서 말했듯이 삼라만상(森羅萬象)의 모습은 생멸(生滅)하므로 허망(虛妄)한 것이지만, 그 모습이 나온 근원(根源)을 찾아보면 본체(本體)인 성품(性品)은 불변(不變)하는 묘정명체(妙淨明體)라는 설명이다. 이른바 진여(眞如)를 여기서는 묘정명체(妙淨明體)라고 표현했는데, 그 밖에도 여래장(如來藏), 법성(法性), 불성(佛性), 진성(眞性) 등등으로 부른다. 시각(視覺)현상에서 보는 주체인 견정(見精)과 보이는 객체인 색공(色空)을 포함하여, 모두가 내 진심(眞心)에서 나왔다는 말이다. 꿈속의 허망한 광경은 모두 내 생각이었듯이, 허망한 견정(見精)과 견연(見緣)은 모두 내 진심(眞心)에서 나온 삼라만상(森羅萬象)에 속한다. 생멸(生滅)하는 모습은 망상(妄相)인 허공꽃이지만, 그 허공꽃은 묘정명체(妙淨明體)라는 진상(眞相)에서 나온 것이라는 설명이다.

[경(經)] **부처님께서 말씀하셨다.**

**"이 묘명(妙明)한 견정(見精)과 모든 경계인 허공(虛空)과 육진(六塵)도 역시 그러하여 본래 묘명(妙明)한 무상'보리'(無上菩提)의 깨끗하고 원만(圓滿)한 진심(眞心)인데, 허망(虛妄)하게 색공(色空)과 견문(見聞)이 되었다. 마치 제이월(第二月)과 같으니, 어느 것을 시월(是月)이라 하고 어느 것을 비월(非月)이라 하겠느냐? '문수'야, 다만 허공(虛空)에 있는 일월(一月)만이 참된 것이지, 그 중간(中間)에 시월(是月)과 비월(非月)은 없는 것이다.**

佛言 : 此見妙明 與諸空塵 亦復如是 本是妙明 無上菩提

淨圓眞心 妄爲色空 及與聞見 如第二月 誰爲是月 又誰非月 文殊, 但一月眞 中間自無 是月非月

**〈강의〉** 앞에 있는 「만법(萬法)은 진심(眞心)이 나툰 것이다」에서 이미 나왔던 내용이다. 누구든지 모두 '**본래 묘(妙)한 원묘명심(圓妙明心)**'인 진심(眞心)인데, 허망하게 오(悟) 가운데서 미(迷)를 인식(認識)하여 느닷없이 무명(無明)을 일으키고는, 식(識)이 전변(轉變)하면서 삼라만상(森羅萬象)이 벌어졌다는 설명을 간단하게 재차 언급한 것이다. 그렇게 하여 지금은 '**허망(虛妄)하게 색공(色空)과 견문(見聞)이 되었지만**', 견정(見精)과 색공(色空)은 그 근원(根源)이 같은 것으로, 본래 상대적(相對的)인 존재(存在)가 아니라는 설명이다. 결국 〈능엄경〉에서는 삼계유심(三界唯心) 내지 만법유식(萬法唯識)을 가지고 이렇게 견색불이(見色不二)의 도리(道理)를 설명하신다. 즉 견정(見精)과 색공(色空)이라는 상대(相對)되는 존재들이 외부에 존재하고 있는 것 같지만, 본래 **진심**(眞心)이 '인오중미(認悟中迷)'하여 **식정**(識精)으로 변전(變轉)하면서 일으킨 허망한 '허공꽃'이라고 풀이한다. 견정(見精)과 색공(色空)이 모두 내 정원(淨圓)한 진심(眞心)에서 변전(變轉)하여 동시에 나타나서는, 마치 심(心)과 경(境)으로 상대(相對)가 되어서 작용하는 것 같지만, 실은 허공꽃과 같이 허망(虛妄)하여 본래 주객(主客)이란 존재가 없다는 설명이다.

여기서 견정(見精)과 견성(見性)을 구별하는 거울 비유를 다시 살펴보자. 거울의 **허명**(虛明)한 성품인 자성본용(自性本用)이 있으므로, 거울의 **영상**(影像)인 수연응용(隨緣應用)이 나타난다. 거울의 **허명**(虛明)한 성품인 자성본용(自性本用)은 내 마음에서는 **견성**(見

性)에 해당한다. 거울의 **영상**(影像)인 수연응용(隨緣應用)은 우리 마음에서는 **전오식**(前五識)에 해당하는 현량(現量)인데 그 주체(主體)는 **견정**(見精)이다. 즉 견성(見性)이 거울의 **허명**(虛明)이라면, 견정(見精)은 **영상**(影像)을 거울에 비추는 작용이 된다. 다시 주파수(周波數)로 비유하면, **견정**(見精)은 이미 특정한 주파수에 해당하는 세계에서 **제팔식**(第八識)이 전변(轉變)하여 나툰 작용이다. 이 **견정**(見精)을 영지(靈知)의 본래 작용인 견성(見性)과 비교해보면, **견정**(見精)은 이미 특정한 주파수를 가졌으니 망식(妄識)에 해당한다. 비록 **견정**(見精)이 현량(現量)이긴 하지만 주파수라는 모습이 있으니, 색공(色空)과 상대(相對)하여 허망(虛妄)하게 나툰 것이다. 그래서 여기에 와서는 **견정**(見精)**은 제이월**(第二月)이라서 '진짜가 아니고', 오직 **견성**(見性)만이 제일월(第一月)이며 '진짜'라고 설명하셨다.

[경(經)] **그러므로 그대가 지금 견(見)과 육진(六塵)을 보고서 가지가지로 설명하는 것을 망상(妄想)이라고 하나니, 그렇게 하여서는 시(是)와 비시(非是)를 능히 벗어나지 못한다. 이것들은 본래 참으로 정묘(精妙)한 각명성(覺明性)에서 나온 것이다. 이렇게 알아야만 그대가 비로소 시(是)와 비시(非是), 지(指)와 비지(非指)에서 능히 벗어나게 된다."**

是以汝今 觀見與塵 種種發明 名爲妄想 不能於中 出是非是 由是眞精妙覺明性 故能令汝 出指非指

**〈강의〉** 비유하면, 꿈에서 깨어나면 꿈속의 주객(主客)들이 모두 '몽환(夢幻)'임을 안다. 만일 주객(主客)이 모두 몽환(夢幻)임을 안다면 새삼스레 꿈속의 주객을 명확하게 구별하려는 망상(妄想)을 지어본들 무엇하겠는가.

## 9. 견성(見性)은 자연(自然)도 아니고 인연(因緣)도 아니다

**[경(經)] '아난'이 부처님께 사뢰었다.**

**"세존이시여, 법왕(法王)의 말씀과 같이, '각(覺)과 연(緣)이 시방세계에 두루하여, 담연(湛然)하고 상주(常住)하여 그 자성(自性)이 생멸(生滅)이 아니다.'라고 한다면, 외도(外道)인 '사비가라'(娑毘迦羅)가 말하는 '까마득해서 알 수 없다'는 '명제(冥諦)'나, 잿더미 속에서 고행을 하는 투회외도(投灰外道)들이 말하는 '진아(眞我)가 시방에 두루하다'는 주장(主張)과 어떻게 다릅니까?**

阿難白佛言 : 世尊, 誠如法王所說 覺緣遍十方界 湛然常住 性非生滅 與先梵志娑毗迦羅 所談冥諦 及投灰等諸外道種 說有眞我遍滿十方 有何差別

**〈강의〉** 불교의 진제(眞諦)와 세상의 세속제(世俗諦)를 비교하여 설명한 법문이다. 당시의 인도(印度) 외도(外道)들이 주장하던, '**진아(眞我)가 시방에 두루하다**'거나, '**까마득해서 알 수 없는 명제(冥諦)가 있다**'는 주장은 지금도 세상(世上)에서 흔히 듣는 실체론(實體論)이다. 앞에서 나온 도교(道敎)의 도(道)나, 유교(儒敎)의 태극(太極)이나, 희랍(希臘) 철학의 아르케(arche)나, '예수'교의 '여호와' 신(神)이나, '이슬람'교의 '알라'신(神)이 모두 이런 부류들이다. 불교

(佛敎)는 이와 다르다. 어떻게 다른가?

삼법인(三法印)의 하나인 제법무아(諸法無我)는 '영원불변하는 실체(實體)는 없다'는 말이다. 따라서 '힌두'교 등에서 말하는 영원불변하는 진아(眞我)나 명제(冥諦)와 같은 개념(槪念)을 불교에서는 외도(外道)들의 편견(偏見)으로 본다. 그렇다면 〈능엄경〉에서 강조하는 '진심(眞心)'도 영원불변하는 실체(實體)가 아닐 수가 있다는 말인가? 그렇다면 영원불변하는 '불성(佛性)'이란 것도 본래 없다는 말인가? 이 문제에 대해서는 옛날부터 불교계(佛敎界)에서 논쟁(論爭)이 끊이지 않고 있다. 지금도 이 명제(命題)를 두고 지구촌에서는 갑론을박(甲論乙駁)이 계속되고 있다.

**[경(經)] 세존(世尊)께서 능가산(楞伽山)에서 대혜보살(大慧菩薩) 등을 위하여 이 이치(理致)를 말씀하실 적에, '저 외도(外道)들은 항상 자연(自然)을 말하거니와, 내가 말하는 인연(因緣)은 저들의 경계(境界)가 아니다.'라고 하셨습니다. 제가 지금 생각하오니, 각성(覺性)이 자연(自然)하여 생(生)도 아니고 멸(滅)도 아닌지라, 일체의 허망(虛妄)과 전도(顚倒)를 멀리 여의어서, 인연(因緣)이 아닌 듯하고, 자연(自然)도 아닌 듯합니다. 그렇다면 어떻게 개시(開示)하여야만, 여러 가지 사견(邪見)에 빠지지 아니하고, 진실(眞實)한 마음인 묘각명성(妙覺明性)을 얻겠습니까?"**

世尊, 亦曾於楞伽山 爲大慧等 敷演斯義 彼外道等 常說自然 我說因緣 非彼境界 我今觀此 覺性自然 非生非滅 遠離一切虛妄顚倒 似非因緣 與彼自然 云何開示 不入群邪 獲眞實心 妙覺明性

**〈강의〉 능가산**(楞伽山) 이야기는 부처님께서 전(前)에 능가산(楞伽山)에서 〈능가경〉(楞伽經)을 설법하실 적 이야기다. 이 〈능엄경〉을 설법(說法)하신 시기(時期)에 대하여 학자들 사이에 여러 가지 주장이 있다. 이 구절(句節)을 보면 〈능가경〉 이후에 설(說)하신 것이 분명하다.

인연(因緣)과 자연(自然)이 등장한다. 본래부터 존재(存在)하고 앞으로도 영원(永遠)한 것은 **자연**(自然)이고, 필요하고 충분한 조건(條件)이 갖추어져야 비로소 생겨나는 것은 **인연**(因緣)이다.이 세상에 있는 것은 자연(自然)이 아니면 인연(因緣)이다. 즉 견문각지(見聞覺知)하는 **각성**(覺性)도, 만약에 영원(永遠)하다면 **자연**(自然)에 속하고, 만약에 생멸(生滅)한다면 **인연**(因緣)에 속한다. 이미 '망심(妄心)'은 대상을 반연(攀緣)하므로 인연(因緣)에 속한다는 것을 앞에서 알았다. 그러나 인연이 아닌 '진심(眞心)'은 자연(自然)이라고 설명해야 할 것 같다. 삼라만상(森羅萬象)인 일체(一切)가 진심(眞心)에서 전변(轉變)한 것이라면, 본체(本體)인 진심(眞心)은 당연히 본래부터 존재하는 것이고 동시에 자연(自然)이라야 한다. 부처님의 설명을 들어보자.

[경(經)] **부처님께서 '아난'에게 말씀하셨다.**

**"내가 이렇게 방편(方便)을 열어 보여서 진실(眞實)하게 네게 설명했는데도, 네가 오히려 깨닫지 못하고 자연(自然)이라고 의혹(疑惑)하는구나. '아난'아, 만일 자연(自然)이라면, 자(自)라는 것이 분명(分明)하여 반드시 자연(自然)의 바탕인 체(體)가 있어야 할 것이다. 네가 이 묘명견(妙明見) 가운데에서 무엇을 자체(自體)라고 할 것인지 자세히 살펴보아라. 이 견(見)이 밝은 명(明)으로**

자(自)라 하겠느냐, 어두운 암(暗)으로써 자(自)라 하겠느냐, 허공으로써 자(自)라 하겠느냐, 막힌 색(塞)으로써 자(自)라 하겠느냐?

'아난'아, 만일 밝은 명(明)으로써 묘명견(妙明見)의 자(自)라고 한다면 어두운 암(暗)을 보지를 못해야 할 것이요, 허공(空)으로써 묘명견(妙明見)의 자(自)라고 한다면 막힌 색(塞)을 보지 못해야 할 것이다. 이와 같이 어두운 암(暗)으로써 묘명견(妙明見)의 자(自)라고 한다면 밝은 때에는 견성(見性)이 없어질 것이니, 어떻게 명(明)을 보겠느냐?"

佛告阿難 : 我今如是開示方便 眞實告汝 汝猶未悟 惑爲自然 阿難, 若必自然 自須甄明有自然體 汝且觀此妙明見中 以何爲自 此見爲復 以明爲自 以暗爲自 以空爲自 以塞爲自 阿難, 若明爲自 應不見暗 若復以空爲自體者 應不見塞 如是乃至 諸暗等相以爲自者 則於明時 見性斷滅 云何見明

**〈강의〉** 견성(見性)이 **자연**(自然)이라면 그 자연의 상태(常態)가 어떤 것인가 확인하고 있다. 밝은 것인가? 어두운 것인가? 견성(見性)의 작용을 명(明)・암(暗)・통(通)・색(塞)으로 나누어서 살펴보면서 견성(見性)이 자연(自然)이 될 수 없음을 밝히셨다. 견성(見性)의 바탕을 관찰한 결과 견성(見性)은 어떤 특정한 상태(常態)가 없음을 확인했다.

[경(經)] '아난'이 말하였다.

"이 묘(妙)한 견성(見性)이 자연(自然)이 아니라면, 제가 이제

'인연(因緣)으로 생긴 것이다.'라고 설명하고 싶지만 마음에 오히려 분명(分明)하지 못하여 자신이 없어서 여래(如來)께 여쭈오니, 이 이치가 어찌하여야 인연성(因緣性)에 합(合)하겠습니까?"

부처님께서 말씀하셨다.

"네가 인연(因緣)이라 하니, 네게 다시 묻겠다. 네가 지금 봄[見]을 인(因)하여 견성(見性)이 앞에 나타나는데, 이 견(見)이 명(明)을 인(因)하여 봄[見]이 있느냐, 암(暗)을 인(因)하여 봄[見]이 있느냐, 허공(虛空)을 인(因)하여 봄[見]이 있느냐, 폐색(閉塞)을 인(因)하여 봄[見]이 있느냐?

'아난'아, 만일 견(見)이 명(明)을 인(因)하여 봄[見]이 있다면 암(暗)은 보지 못해야 하고, 암(暗)을 인(因)하여 봄[見]이 있다면 명(明)은 보지 못해야 하며, 이와 같이 허공을 인(因)하고 폐색(閉塞)을 인(因)한다고 하여도 명(明)과 암(暗)을 인(因)한 것과 같다.

또 '아난'아, 이 견(見)이 명(明)을 연(緣)하여 봄[見]이 있느냐, 암(暗)을 연(緣)하여 봄[見]이 있느냐, 허공을 연(緣)하여 봄[見]이 있느냐, 폐색을 연(緣)하여 봄[見]이 있느냐. '아난'아, 만일 견(見)이 허공을 연(緣)하여 있다면, 폐색을 보지 못해야 하고, 만일 견(見)이 폐색을 연(緣)하여 있다면, 허공은 보지 못해야 한다. 이와 같이 명(明)을 연(緣)하고 암(暗)을 연(緣)한다고 하여도, 허공(虛空)과 색(塞)을 연(緣)한 것과 같다.

阿難言 ： 必此妙見 性非自然 我今發明 是因緣生 心猶未明 咨詣如來 是義云何 合因緣性

佛言 ： 汝言因緣 吾復問汝 汝今因見 見性現前 此見爲復因明有見 因暗有見 因空有見 因塞有見

阿難, 若因明有 應不見暗 如因暗有 應不見明 如是乃至 因空因塞 同於明暗 復次 阿難, 此見又復 緣明有見 緣暗有見 緣空有見 緣塞有見 阿難, 若緣空有 應不見塞 若緣塞有 應不見空如是乃至 緣明緣暗 同於空塞

**〈강의〉** 다시 견성(見性)이 **인연**(因緣)이 아님을 설명하신다.

인연(因緣)에서 **인**(因)은 주요한 조건(條件)이고 **연**(緣)은 부수적인 조건이다. 초목(草木)을 예로 들어보면 필요충분(必要充分) 조건 중에서 씨앗이 인(因)이 되고, 습기・햇살・공기・비료는 연(緣)이 된다.

**견성**(見性)은 시각(視覺)현상을 즉시 볼 줄 아는 것이다. 알아보는 작용인 견(見)은 네 가지 대상(對象)인 명(明)・암(暗)・허공(虛空)・물상(物象)을 경계(境界)로 한다. 그 경계(境界) 중에서 명(明)과 암(暗)은 서로 반대이고, 트인 허공(虛空)과 막힌 폐색(閉塞)도 서로 반대이다. 즉, 명(明)이 만일에 조건이라면, 반대되는 암(暗)은 자연히 조건이 아닐 것이며, 설령 암(暗)을 보더라도 암(暗)인 줄 알아보지 못해야만 할 것이다. 그런데 견성(見性)은 명과 암을 동시에 알아본다.

우리는 '부처님께서 **인연법**(因緣法)**을 깨달아** 정각(正覺)을 이루셨다'고 알고 있는데, 여기 〈능엄경〉 설법에서는 **'인연**(因緣)**도 아니다'** 라고 설명하셨다. 다른 경전(經典)에서는 찾아보기 힘든 내용이다.

**[경(經)] 마땅히 알아라. 이렇게 정각(精覺)의 묘명(妙明)은 인(因)도 아니고, 연(緣)도 아니고, 자연(自然)도 아니고, 부자연(不自然)도 아니다. 비(非)와 불비(不非)도 없고, 시(是)와 비시(非是)도**

**없어서, 일체(一切)의 모습[相]을 여의면서, 일체의 법(法)에 즉(卽)한다.**

當知如是 精覺妙明 非因非緣 亦非自然 非不自然 無非不非 無是非是 離一切相 卽一切法

**〈강의〉** 정각묘명(精覺妙明)은 공적영지(空寂靈知)한 진심(眞心)을 가리킨다. 이 '진심(眞心)'은 인연(因緣)도 아니고, 자연(自然)도 아니며, 또한 인연(因緣) 아님도 아니고, 자연(自然) 아님도 아니다. 따라서 진심(眞心)의 '영지(靈知)'도 인연(因緣)도 아니고, 자연(自然)도 아니며, 영지(靈知)의 여섯 가지 묘용인 '견성(見性)·문성(聞性)·후성(嗅性)·상성(嘗性)·촉성(觸性)·지성(知性)'도 인연(因緣)이나 자연(自然)이 아니다. 모습이 없는 진심(眞心)은 우리가 알고 있는 사구(四句)나 흑백논리(黑白論理)로는 짐작이 가지 않는 존재이다. 이처럼 견성(見性)이나 문성(聞性)도 상식적인 생각으로 더듬어서 알 수 있는 물건이 아니다.

부처님은 결론적으로 '정각묘명(精覺妙明)'은 '**이일체상(離一切相)이면서 즉일체법(卽一切法)**'이라고 하셨다. "**일체(一切)의 모습[相]을 여의면서, 일체의 법(法)에 즉(卽)한다.**" 바꾸어 말하자면, 진심(眞心)은 아무런 모습이 없으므로 자연(自然)이나 인연(因緣)으로 '설명할 수가 없으면서', 동시에 자연(自然)이나 인연(因緣)으로 '나툰 모든 모습을 여의지 않았다'. 즉 견정(見精)이 물상(物象)을 벗어남과 동시에 견정(見精)이 물상(物象)과 즉(卽)하여 있다는 말이다. 마치 거울의 본용(本用)인 허명(虛明)은 응용(應用)인 영상(影像)을 나투더라도 여전히 허명(虛明)을 잃지 않고 있으나, 허명(虛

明)을 찾아보면 아무 모습이 없고 거울에 나타난 영상(影像)들이 바로 허명(虛明) 그놈이다. 이런 진심(眞心)을 표현하기를, "**일체(一切)의 모습[相]을 여의면서, 일체의 법(法)에 즉(卽)한다.**" 즉, '**이일체상(離一切相) 즉일체법(卽一切法)**'이라고 하였다.

**[경(經)] 네가 지금 경계에 끄달리는 반연심(攀緣心)과 세간(世間)의 희론(戱論)과 명자(名字)와 모습을 가지고 정각묘명(精覺妙明)인 진심(眞心)을 분별(分別)하려 하느냐? 그것은 마치 손바닥으로 허공(虛空)을 만지는 것과 같아서, 자못 애만 쓸 따름이지, 허공이 어찌 네 뜻대로 네 손에 잡히겠느냐?**"

汝今云何 於中措心 以諸世間 戱論名相 而得分別 如以手掌 撮摩虛空 祇益自勞 虛空云何 隨汝執捉

**〈강의〉** 세상에서 사용하는 반연심인 망심(妄心)은 분별하는 생각이니, 분별할 대상이 '모습이 없는 것'이 되면 할 말이 아무것도 없다. 유(有) 아니면 무(無)라고 하고, 명(明) 아니면 암(暗)이라 하고, 흑(黑) 아니면 백(白)이라고 생각하는 것이 세간의 논리(論理)이다. 부처님은 이것을 사용하는 논리학(論理學)체계를 희론(戱論)이라고 하신다. 아무 짝에도 쓸데가 없는 짓거리라고 금지하신다.

불교공부를 하는 우리 중생들이 먼저 자기 마음을 알려고 노력하여도, 생각하고 명상하는 모든 것이 희론(戱論)을 벗어날 수가 없다고 한다면, 우리는 과연 어떻게 공부를 하여야 할까?

앞에서 부처님은 이종근본(二種根本)을 설명하시면서 먼저 진심(眞心)과 망심(妄心)을 구별하셨다. 이 진심(眞心)의 내용을 우리는 경전(經典)들을 열심히 공부하여 알아차려야 한다. 자기가 애독하는 경전(經典)에서 마음을 알 수가 없다면, 모름지기 이 〈능엄경〉의 칠처징심(七處徵心)법문과 십번변견(十番辯見)법문을 자세히 공부하여 마음을 스스로 파악(把握)하여야 한다. 이 징심변견(徵心辯見)법문을 해설한 글이 많지만, 그중에서도 중봉(中峰) 명본(明本)대사의 〈능엄징심변견혹문〉(楞嚴徵心辯見或問)이란 짧은 글이 유명하다. 그밖에 선가(禪家)에는 진심(眞心)을 자세하게 설명한 글이 많이 있다. 대표적인 것이 영명(永明) 연수(延壽)대사의 〈종경록〉(宗鏡錄)이다. 이 글은 100권이나 되는데, 그 요지(要旨)는 진심(眞心)을 설명한 것이다. 〈종경록〉을 요약한 것이 〈주심부〉(註心賦)이다. 그 밖에 우리나라 조계종(曹溪宗)에서 옛날부터 교과서로 사용하는 규봉(圭峰) 종밀(宗密)대사의 〈법집별행록〉(法集別行錄)과 고려시대 보조(普照)국사 지눌(知訥)스님이 남기신 〈수심결〉(修心訣), 〈절요〉(節要) 등이 유명하다. 이런 글들을 열심히 공부하여 제 진짜 마음을 분명하게 알아차리고, 나아가 마음에 대한 질문(質問)을 받아도 대답(對答)을 잘 할 수 있어야 한다. 이렇게 진짜 마음을 분명하게 알아차리면 식심(識心)의 단계에 올랐다고 할 수 있다. 우리나라에서는 이 식심(識心)을 두고, "견처(見處)가 났다"거나 "바른 지견(知見)을 얻었다"거나 "한 소식했다"고 하였다.

## 10. 견성(見性)은 견정(見精)이 아니다

[경(經)] **'아난'**(阿難)**이 부처님께 사뢰었다.**

**"세존(世尊)이시여, 이 묘(妙)한 각성(覺性)이 진실로 인(因)도 아니고 연(緣)도 아니라면, 세존께서는 어찌하여 항상 비구(比丘)들에게 말씀하시되, '견성(見性)이 네 가지 인연을 갖추어야 하니, 이른바 허공을 인연하고, 명(明)을 인연하고, 심(心)을 인연하고, 눈을 인연하여야만 한다'고 하셨습니다. 그 뜻은 어떠한 것입니까?"**

**부처님께서 말씀하셨다.**

**"'아난'아, 내가 말한 인연(因緣)은 세간(世間)에 있는 모습인 인연상(因緣相)들을 말한 것이고, 근본(根本)인 제일의(第一義)를 말한 것이 아니다.**

阿難白佛言 : 世尊, 必妙覺性 非因非緣 世尊, 云何常與比丘 宣說見性具四種緣 所謂 因空 因明 因心 因眼 是義云何

佛言 : 阿難, 我說世間 諸因緣相 非第一義

**〈강의〉** 부처님의 **연기**(緣起) **법문**(法門)은 모습이 있는 세간상(世間相)을 대상으로 한 것이다. 초기 경전(經典)에는 부처님께서 세간(世間)을 설명하면서 상대적(相對的)인 인연(因緣)법칙을 진리(眞理)라고 한 것이 사실이다. 그러나 후기의 경전을 보면 진여(眞如)·불성(佛性)·법성(法性)·법신(法身)이라는 것이 등장하면서 절대적(絶對的)인 무위(無爲)인 제일의제(第一義諦)를 설명하신다. 즉, 유정물의 근본은 불성(佛性)이라 하고, 무정물의 근본은 법성(法性)이라고 하면서, 인연(因緣)법칙으로 설명하지 못하는 절대(絶對)의 부분을 제일의제(第一義諦)라고 한다.

연기법(緣起法)은 속제(俗諦)에도 있다. 그러나 절대(絶對) 무위(無爲)인 제일의제(第一義諦)를 설명하는 진제(眞諦)는 불법(佛法)에만 있다. 세상에도 무소부재(無所不在)한 존재인 신(神)이나 사물(事物)의 본체인 이(理)를 설명하는 종교나 철학이 있지만, 제일의제(第一義諦)를 설명하는 진제(眞諦)는 꿈도 못 꾼다.

신(神)이나 이(理)가 모두 관념(觀念)이나 생각일 뿐, 진여(眞如) 자성(自性)을 확실하게 알지를 못한다.

부처님이 여기에서 견성(見性)을 방편(方便)으로 삼아 절대(絶對) 무위(無爲)인 진심(眞心)을 밝혀서 제일의제(第一義諦)를 설명하시고자 한다.

[경(經)] **'아난'아, 내가 다시 네게 묻겠다. 세간(世間)의 사람들이 '내가 능히 본다'고 하는데, 어떤 것은 '본다'하고, 어떤 것을 '못 본다'고 하느냐?"**

**'아난'이 대답하였다.**

**"세간의 사람들이 해나, 달이나, 등(燈)의 광명(光明)으로 인(因)하여 가지가지의 모습을 보는 것을 '본다'고 하는데, 이 세 가지 광명(光明)이 없으면 '못 본다'고 합니다."**

**"아난아, 만일 명(明)이 없을 때에는 '못 본다'고 한다면, 암(暗)도 보지 못해야 할 것이며, 만일 암(暗)을 본다면, 그것은 명(明)이 없을 뿐이지 어찌 보는 견(見)이 없다고 하겠느냐!**

**'아난'아, 만일 암(暗)할 때에, 명(明)을 보지 못하기 때문에 '못 본다'고 한다면, 명(明)할 때에 어두운 암상(暗相)을 보지 못하는 것도 '못 본다'고 해야 할 것이니, 그렇다면 어두운 모습과 밝은 모습인 두 모습을 모두 '못 본다'고 해야 되겠구나.**

이것은 두 모습이 서로 밀어내고 빼앗는 것이지, 너의 견성(見性)은 그 중간에 잠시도 없는 것이 아니다. 그렇다면 두 경우 모두 '본다'고 해야 할 것이니, 어찌 '못 본다'고 하겠느냐?

그러므로 '아난'아, 너는 마땅히 알아라. **명(明)을 볼 적에도 보는 견성(見性)은 명(明)이 아니고**, 암(暗)을 볼 적에도 보는 견성(見性)은 암(暗)이 아니고, **허공(虛空)을 볼 적에도 보는 견성(見性)은 허공이 아니고**, 막힌 색(塞)을 볼 적에도 보는 견성(見性)은 색(塞)이 아니니, 이렇게 명(明)·암(暗)·통(通)·색(塞)의 '네 가지 이치'가 이미 성취(成就)되었다.

阿難, 吾復問汝 諸世間人 說我能見 云何名見 云何不見
阿難言 : 世人因於日月燈光 見種種相 名之爲見 若復無此三種光明 則不能見
(佛言) : 阿難, 若無明時 名不見者 應不見暗 若必見暗 此但無明 云何無見 阿難, 若在暗時 不見明故 名爲不見 今在明時 不見暗相 還名不見 如是二相 俱名不見 若復二相 自相陵奪 非汝見性 於中暫無 如是則知二俱名見 云何不見
是故 阿難, 汝今當知 見明之時 見非是明. 見暗之時 見非是暗. 見空之時 見非是空. 見塞之時 見非是塞 四義成就

**〈강의〉** "만일 암(暗)을 본다면, 그것은 명(明)이 없을 뿐이지 **어찌 보는 견(見)이 없다고 하겠느냐!**" 즉, 견성(見性)은 항상 쉴 새 없이 볼 줄 아는 능력(能力)이다. 명암(明暗)과 통색(通塞)에 관계없이 항상 볼 줄 아는 성능(性能)이다.

연수(延壽)대사가 〈주심부〉(註心賦)에서 이르기를, '진성(眞性)인 영지(靈知)는 고요히 항상 비춤[照]이니, 또한 '생각 없이 앎'[無念之知]이다' 하고, 또 '이 지(知)라는 것은 바로 일체중생의 심체(心體)로서, 허공(虛空)과 같지 아니하여, 그 성품(性品)이 저절로 신령(神靈)스럽게 이해(理解)하니, 또한 뜻을 짓지도 않고, 그대로 걸림 없이 안다'고 하였으니, 견성(見性)과 견정(見精)은 항상 작동(作動)하는 줄을 알겠다.

저 구슬의 비유에서, 구슬의 **허명**(虛明)은 마음의 견성(見性)에 비유하고, 구슬의 **영상**(影像)은 마음의 현량(現量)에 비유하고 있다. **허명**(虛明)은 **영상**(影像)을 떠난 것이 아니지만, 또한 **영상**(影像)과는 별개(別個)이다. 공적영지(空寂靈知)인 진심의 여섯 가지 묘용(妙用) 중에는 견성(見性)·문성(聞性)이 포함되어 있다. 즉 쉬지 않고 견문각지(見聞覺知)하되 견성(見性)·문성(聞性)의 당처(當處)는 **공적**(空寂)하여 불변(不變)하는 것이, 마치 거울이 항상 영상(影像)을 비추지만 그 **허명**(虛明)은 여여(如如)한 것과 같다. 그런데 이 견성(見性)은 '공적(空寂)하기 때문에', 명(明)과 암(暗)을 동시에 알아본다. 즉 진심(眞心)인 견성(見性)은 명(明)을 알아보면서 동시에 암(暗)도 알아본다. 그렇게 '명(明)도 알아보고 암(暗)도 알아본다'면, 견성은 명(明)도 아니고 암(暗)도 아니면서, 동시에 명(明)이기도 하고 암(暗)이기도 하다는 말이다. 어째서 그런가?

견성(見性)은 항상 **공적**(空寂)하기 때문이다. 텅 비어서 한 물건도 없기 때문에, 명(明)과 암(暗)과 통(通)과 색(塞)을 따로따로 볼 수가 있고, 또 동시에 같이 볼 수도 있다. 이 점에 대하여, 연수(延壽)대사가 〈주심부〉(註心賦)에서 다음과 같이 설명하였다.

하택(荷澤)화상이 공(空)하여 모습이 없으면서도 **영지**(靈知)함을 설명하기를 "요연(了然)하게 항상 알아서, 심성(心性)을 매(昧)하지 않는다."라고 말했다. 마치, '마니'주(珠)에서 검은 빛을 볼 때, 다만 구슬이 **허명**(虛明)함을 보고, **영상**(影像)인 검정・파랑・노랑 등을 보지 않는다. 이미 흑색(黑色)에 즉(卽)한 것도 아니지만, 또한 흑색을 떠난 것도 아니며, 또한 검고 흰 빛깔을 모두 떨쳐버린 것도 아니다. 요연(了然)하게 심성(心性)을 볼 때에, 즉(卽)도 아니고 이(離)도 아니며, 머뭄도 없고 집착(執着)도 없으며, 일(一)도 아니고 이(異)도 아니며, 취(取)하지도 아니하고 버리지도 아니한다

[경(經)] **네가 이제 분명히 알아야 한다. 견정**(見精)**을 견**(見)**할 때에, 견성(見性)은 견정(見精)이 아니다. 견성**(見性)**은 견정**(見精)**을 여의어서, 견정(見精)으로는 견성(見性)에 능히 미치지 못하거늘, 어찌하여 다시 인연**(因緣)**과 자연**(自然)**과 화합상**(和合相)**을 말하느냐**?

汝復應知 見見之時 見非是見 見猶離見 見不能及 云何復說 因緣自然 及和合相

**〈강의〉** '견견지시 견비시견(見見之時 見非是見)'을 직역하면, "견(見)을 **견**(見)할 때에, **견**(見)은 견(見)이 아니다"가 되지만, 이 구절의 해설은 옛날부터 여러 가지가 있다. 상식적으로 앞의 **견**(見)과 뒤의 견(見)이 서로 다른 의미인 것은 쉽게 알 수가 있는데, 종래의 견해는 앞의 **견**(見) 자(字)를 진견(眞見)인 진심(眞心)으로 해석하고, 뒤의 **견**(見) 자(字)는 망견(妄見)인 망심(妄心)으로 해석한다. 따라서 일

반적으로 "망견(妄見)을 **견**(見: 眞見)할 때에, 그 **견**(見: 眞見)은 이 망견(妄見)이 아니다."라고 해석한다. 이 구절도 혜심선사의 〈선문념송〉(禪門拈頌)에 제50번째 공안(公案)으로 들어 있다.

생각하건대, 진견(眞見)과 망견(妄見)에 대해서는 이미 앞에서 망심(妄心)과 진심(眞心)을 구별하면서 여러 차례 반복하여 설명했으므로, 부처님께서 다시 이곳에서 중복(重複)하여 마음의 진망(眞妄)을 밝힐 이유가 없다고 본다. 따라서 여기에서는 부처님께서 지금까지 방편(方便)으로 쓴 '견정(見精)'이라는 **견**(見)과 영지(靈知)의 공능(功能)인 '견성(見性)'의 **견**(見)을 분명하게 구별하여 밝히신 것으로 생각된다.

즉 앞의 「견성(見性)은 돌려보낼 곳이 없다」를 설명하는 부분에서, '견성(見性)'을 '제일월', 견정(見精)을 '제이월'로 비유하여 견정(見精)이 '수월(水月)'인 반연심(攀緣心)과는 다르다고 설명하셨고, 그 뒤로 견성(見性)과 견정(見精)의 차이점을 구체적으로 설명하시지는 않았다. 견성(見性)이 '볼 줄 아는 성품(性品)'이고, 견정(見精)이 '알아보는 놈'인 지라 견(見)한다는 내용은 같으므로 혼용(混用)하였다. 지금까지 **견정**(見精)을 반연(攀緣)하여 보는 **망견**(妄見)과 구별하고자 여러 각도(角度)에서 설명했지만, 견성(見性)과 견정(見精)을 확연히 다른 것이라고 선언(宣言)하지는 않았다. 물론 앞에서 "견성(見性)은 동일(同一)하지만, 견정(見精)은 차별(差別)이 있다"고 하거나, "'문수'야, 다만 허공(虛空)에 있는 일월(一月)만이 참된 것이지, 그 중간(中間)에 시월(是月)과 비월(非月)은 없는 것이다"라고 하면서, 견정(見精)은 약간 허망(虛妄)한 것이라는 뜻을 비치셨다. 그러나 분별(分別)이 없는 **현량**(現量)의 주체인 견정(見精)을 제이월(第二月)이라고 부르면서, 허망(虛妄)한 수월(水月)과 다르다고 선언(宣言)하신 이후(以後)로 지금까지, 우리는 견정(見精)이 견(見)의 주인공인 줄 알고 있었다. 그것이 십번변견(十番辯見)의 마지막 장면에서 '**견견지시 견비시견(見見之時 見非是見)**'이라고 하시어, '견성(見性)은 제일월(第一月)이니, 제이월(第二月)인 견정(見精)과는 다르다'고 선언(宣言)하면서, 제일월(第一月)인 **견성**(見性)을 직지(直指)하여 들어내어 보이셨다.

즉, 육정(六精)의 하나인 **견정**(見精)이 견성(見性)을 아주 벗어난 존재는 아니지만, 특정한 주파수를 가진 존재이므로 이미 **진망**(眞妄)이 화합한 것이라서, 진심(眞心)인 영지(靈知)의 본용(本用)인 견성(見性)과는 다르다는 말이다. 그러하여 여기에서 '**견견지시 견비시견(見見之時 見非是見)**'이라고 하시어, "시각현상을 알아보는 견정(見精)을 견(見)할 때에, 견(見)하는 견성(見性)은 견정(見精)이 아니다."라고 하여 양자(兩者)의 차이점을 명확히 구별하셨다. 이 십번변견(十番辯見)법문에서 원래 부처님의 의도(意圖)는 '견성(見性)을 통하여 진심(眞心)을 공적(空寂)하면서 영지(靈知)한 성품을 설명'하시는 데 있었다. 그래서 앞에서는 견정(見精)이라는 제이월(第二月)을 등장시켜서 **분별**(分別)**작용이 없는 현량**(現量)을 부각하여 견성(見性)의 절대(絶對) 무위(無爲)인 성격을 어느 정도 이해시킨 것이다. 지금은 방편(方便)으로 사용하던 견정(見精)을 내버리고 견성(見性)을 직지(直指)하신 것이다.

다시 '**견유이견 견불능급(見猶離見 見不能及)**' 즉 "견성(見性)은 견정(見精)을 여의어서, 견정(見精)으로는 견성(見性)에 능히 미치지 못한다."고 하신 말씀은, **견성**(見性)이 본래 영지(靈知)의 공능(功能)이므로 견성(見性)에서 유래한 견정(見精)과는 다른 존재라는 것을 설명하신 것이다. 즉, 영지(靈知)의 공능(功能)인 견성(見性) · 문성

(聞性)·후성(齅性)·상성(嘗性)·각성(覺性)·지성(知性)이라는 **육성**(六性)이 견정(見精)·문정(聞精) 등의 **육정**(六精)과 다른 것임을 설명하신 부분이다. 진심(眞心)인 영지(靈知)가 견성(見性) 등인 육성(六性)으로 나타나므로 이 **육성**(六性)은 본래 무위(無爲)인 자성본용(自性本用)으로서 주객(主客)이 없다. 절대(絶對)인 육성(六性)은 모습이 없어서 구별이 되지 않으므로 **견성**(見性)이 바로 **문성**(聞性)이고, 또 **견성**(見性)이 바로 **후성**(齅性)이고 **상성**(嘗性)이고 **각성**(覺性)이고 동시에 **지성**(知性)이기도 하다. 그런데 육정(六精)은 '견정(見精)'과 '문정(聞精)'의 작용이 확연하게 다르고, '각정(覺精)'과 '지정(知精)'의 작용이 서로 구별되므로, 육정(六精)이 견문각지할 때는 서로 다른 놈이라고 생각된다. 그러니 육성(六性)이 육정(六精)과 같지 않다는 말이다. "견성(見性)은 견정(見精)을 여의어서, 견정(見精)으로는 견성(見性)에 능히 미치지 못한다."라고 한 것이 그런 의미이다. 견성(見性)을 비롯한 육성(六性)을 통칭하면 공적(空寂)한 **영지**(靈知)일 따름이다. 따라서 견(見)이니 문(聞)이니 각(覺)이니 지(知)라는 식으로 육정(六精)을 구별하듯이 육성(六性)을 분명하게 서로 식별(識別)할 수가 없다는 말씀이다. 이러므로 "**견성**(見性)은 견정(見精)을 여의어서, 견정(見精)으로는 **견성**(見性)에 능히 미치지 못한다"고 거듭 설명하셨다.

이렇게 견성(見性)과 견정(見精)을 구별하신 부처님의 본회(本懷)는 능히 견문각지(見聞覺知)를 '할 줄 아는' **영지**(靈知)가 바로 **진심**(眞心)이라는 사실을 밝혀주시려는 데 있다. 여기서 주의할 것은 '진심(眞心)이 영지(靈知)한다'가 아니고, '영지(靈知)가 바로 진심(眞心)이다'라는 말이다. 공적(空寂)한 **영지**(靈知) **그것이** 바로 진짜 내 마음이다. '볼 줄 **알고** 들을 줄 **아는** 주체인 **그놈**이 마음'이라고 말하면, '알 **지**(知)'라는 글자를 빌려서 마음을 설명하는 것이지만, '보고 **앎** 듣고 **앎** 그것이 바로 마음'이라고 말하니 따로 아는 주체(主體)가 없다. 즉 진심(眞心)이니 법신(法身)이니 자성(自性)이니 진여(眞如)라고 이름 붙일 놈이 따로 없다. 이 고개가 넘기 어려운 고개다. 다른 종교(宗敎)나 세상의 철학(哲學)들이 이 고개를 넘지 못하고 있다.

[경(經)] **너희들 성문(聲聞)들이 용렬(庸劣)하고 아는 것이 없어서 청정(淸淨)한 실상(實相)을 능히 통달(通達)하지 못하기 때문에, 내가 지금 너희들에게 설명하는 것이니, 마땅히 잘 생각해서 묘(妙)한 '보리'(菩提)를 공부하는 길에서 피곤(疲困)하다고 게으름을 피우지 마라."**

汝等聲聞 狹劣無識 不能通達 淸淨實相 吾今誨汝 當善思惟 無得疲怠 妙菩提路

**〈강의〉** 이 변견장(辯見章)은 진심(眞心)인 공적영지(空寂靈知)를 밝히시고자, 견성(見性)을 비유(譬喩)로 사용하여 이리저리 자세하게 설명하셨다. 또한 방편(方便)으로 **견정**(見精)이라는 용어(用語)로 제이월(第二月)을 상징하면서 현량(現量)을 활용하셨다. 그러다가 끝에 와서는 방편(方便)인 견정(見精)도 망견(妄見)이라고 설명하면서, 진견(眞見)인 견성(見性)을 직지(直指)하고자 하신다. 이렇게 견정(見精)과 견성(見性)의 차이를 설명하시지만, 이해하기가 쉽지 않다.

여기서 "마땅히 잘 생각해서 묘(妙)한 '보리'(菩提)를 공부하는 길에서 피곤(疲困)하다고 게으름을 피우지 마라."고 특별히 주의를 주신 것은, 비록 이해하기 어렵지만 '사유수(思惟修)를 포기하지 마라'고 당부하시는 말씀이다. 진심(眞心)을 파악하려는 공부를 쉬지 마라는 뜻이다. 온갖 지식과 경험과 사유(思惟)를 총동원하여 진심(眞心)을 분명하게 파악하라는 부탁이다.

우리는 **견성**(見性)하여 **성불**(成佛)을 하려고 부처님의 법문을 배우고 있는 불자(佛子)들이다. 이 〈능엄경〉이야 말로 공적(空寂)하고 영지(靈知)한 우리의 진심(眞心)을 가장 분명하게 설명한 경전(經典)이다. 이 경(經)을 읽고 또 읽으면서 "마땅히 잘 생각해서" 마음자리를 분명하게 이해하여야 비로소 **식심**(識心)이 되고, 그런 연후에야 '달마'대사의 **견성**(見性)이 가능하다. 진심(眞心)이 어떤 것인지 미리 알고 있어야 체득(體得)할 수가 있다. 처음에 식심(識心)하려고 '**게으름을 피우지 않고, 마땅히 잘 생각하는 것**'만이 부처님의 노고(勞苦)에 보답하는 일이다.

그래서 부처님께서 여기에서 "**마땅히 잘 생각해서**(當善思惟)"라는 공부방법을 설명하신다. 돈교오위문(頓敎五位門)에서 말하는 첫 단계인 마음을 알려고 경전(經典)을 공부하는 **식심**(識心)의 단계는, 자기가 가지고 있는 지식(知識)과 경험(經驗)을 총동원하여서 따지고 분별하고 생각하는 이른바 **사유수**(思惟修)에 속한다. 각자가 사유(思惟)하고 분별(分別)하여 진심(眞心)이 무엇인지 이론적으로 분명하게 알아야 한다는 말씀이다. 설령 간화선(看話禪) 공부를 택하여 화두(話頭) 공안(公案)을 가지고 참선(參禪)공부를 하려고 하더라도, 먼저 마음을 이해하는 **식심**(識心)의 단계를 거쳐 가야만 비로소 '심의식(心意識)을 떠나서 참구(參究)하는 방법'을 알 수가 있다.

먼저 진심(眞心)을 **식심**(識心)하려면 경론(經論)의 설명을 자세히 읽고 비교(比較)하고 분석(分析)하면서 온갖 분별(分別)을 다 동원해야 한다. 무슨 수단(手段)을 사용하든 일단 진심(眞心)이라는 **묘명심**(妙明心) 내지 **각료능지지심**(覺了能知之心)을 확실하게 파악하고, **공적영지**(空寂靈知)라는 용어를 분명하게 이해하여야 비로소 식심(識心)이 된 것이다. 흔히 간화선(看話禪)을 공부하는 사람들은 무턱대고 "분별(分別)하지 마라"라고 하거나, 또 "경론(經論)도 보지 마라"라는 말을 상용(常用)한다. 본래 조주(趙州)대사의 '방하착(放下着)'과 분양(汾陽)대사의 '막망상(莫妄想)'에서 나온 이런 말들은, 이미 **식심**(識心)단계를 넘어선 사람들이 공리(空理)를 요달(了達)하고서 **견성**(見性)하려고 무심(無心)이 되려는 공부단계에 들어갈 적에 비로소 사용하는 경구(警句)들이다. 식심하고서 한 소식을 한 수행자(修行者)가 절학(絶學)하고 무위(無爲)에 들어가려는 단계에서 사용하는 공부방법인데, '마음이 무엇인지'조차 전혀 모르는 초보자(初步者)들도 거리낌 없이 앵무새처럼 따라서 지껄인다. 일종의 유행어(流行語)인 것 같다. "분별(分別)하지 마라"라고 하면, 마치 참선(參禪)을 잘하고 있는 사람처럼 보인다고 착각하고 있는지도 모르겠다. '구구단'도 제대로 못 외우는 학생이 미리부터 미적분(微積分)계산법을 가르치겠다고 큰소리를 치는 것과 같다.

**식심**(識心)의 수준을 넘어간 사람이라야 비로소 '방하착(放下着)'과 '막망상(莫妄想)'의 뜻을 이해할 수 있다는 사실을 알아야 한다. "날씨가 춥다"는 말은 비량(比量)이고, "날씨가 차다"는 말은 현량(現量)이니, 현량(現量)을 쓰는 사람은 분별(分別)이 없으니 도인(道人)에 더 가깝다고 생각하면 크게 잘못 아는 것이다. 먼저 진심(眞心)을 분명하게 파악하고 있어야 도인(道人)을 운운(云云)할 자격이 생긴다. 요즘 불교를 가르친다는 사람들이 **현량**(現量)을 진심(眞心)으로 잘못 알고서, 설법 중에 "**평상심**(平常心)이 바로 도(道)다"라는 말을 흔히 한다. "분별심(分別心)을 쓰지 마라"고 설법들을 하니까, 분별(分別)하지 않는 **현량**(現量)이 바로 **평상심**(平常心)이라고 잘못 알고서 그렇게 말하는 것 같다. 만약 평상시(平常時)에 쓰는 **현량**(現量)을 평상심(平常心)이라고 잘못 이해하고서 "**평상심**(平常心)이 바로 도(道)"라는 말을 함부로 한다면, 자기 공부(工夫)만 망치는 것이 아니고 남의 공부(工夫)도 함께 망치는 언동(言動)이니, 조심해야 한다. **평상심**(平常心)은 진심(眞心)을 확실하게 파악하여야 비로소 알 수 있다.

이렇게 분별(分別)없는 현량(現量)의 주체인 **육정**(六精)이 바로 영지(靈知)인 **육성**(六性)인 줄로 착각하기 때문에, 제대로 바른 지견(知見)을 얻지 못하고 있는 불자(佛子)들이 부지기수(不知其數)인 것이 우리 불교계의 현실(現實)이다.

## 11. 만법(萬法)은 무시망견(無始妄見)이다

[경(經)] **'아난'이 부처님께 사뢰었다.**

**"세존이시여, 불세존(佛世尊)께서 저희들에게 인연(因緣)과 자연(自然)과 화합(和合)과 불화합(不和合)을 말씀하셨으나, 마음이 아직 열리지 못하고 있는데, 이제 다시 '견정(見精)을 견(見)할 때에 견성(見性)은 견정(見精)이 아니다'라고 하시는 말씀을 듣고는 더욱 답답하기만 합니다. 원하옵건대 큰 자비로 큰 지혜의 눈을 베푸시어, 저희들의 각심(覺心)이 본래 밝고 깨끗함을 열어 보여주**

**십시오.”**

**이 말을 마치고, 슬프게 눈물을 흘리면서 엎드려 절하고 부처님의 거룩한 가르침을 듣고 싶어 하였다. 이때 세존께서 ‘아난’과 대중들을 불쌍하게 여기시어 장차 대‘다라니’(大陀羅尼)**[35] **와 모든 ‘삼마제’(三摩提)와 묘(妙)한 수행로(修行路)를 자세히 설명하시고자, ‘아난’에게 말씀하셨다.**

**“네가 비록 뛰어나게 기억을 잘 하나 다문(多聞)만 좋아하고 ‘사마타’(奢摩他)와 미밀(微密)한 관조(觀照)는 오히려 분명하게 알지 못하는구나. 너는 자세히 들으라. 내가 너를 위하여 분별(分別)하여 열어 보여서, 장래의 유루(有漏)인 수행자들로 하여금 ‘보리’과(菩提果)를 얻게 하리라.**

阿難白佛言 ： 世尊, 如佛世尊 爲我等輩 宣說因緣 及與自然 諸和合相 與不和合 心猶未開 而今更聞 見見非見 重增迷悶 伏願弘慈 施大慧目 開示我等 覺心明淨 作是語已 悲淚頂禮 承受聖旨

爾時 世尊 憐愍阿難 及諸大衆 將欲敷演大陀羅尼 諸三摩提 妙修行路 告阿難言 ： 汝雖强記 但益多聞 於奢摩他微密觀照 心猶未了 汝今諦聽 吾當爲汝 分別開示 亦令將來 諸有漏者 獲菩提果

**〈강의〉** 견정(見精)으로 알아보는 시각(視覺)현상은 분별(分別)이

---

35) ‘다라니’(陀羅尼)는 진언(眞言)이나 주문(呪文)으로 번역하는데, 모든 것을 다 총괄(總括)한다는 의미다. 〈능엄경〉 제7권에 이른바 능엄주(楞嚴呪)라고 부르는 대‘다라니’(大陀羅尼)가 나온다.

붙지 않은 성경(性境)으로 알고 있던 '아난'이 '견정(見精)을 견(見)할 때에 견성(見性)은 견정(見精)이 아니다.'라는 말씀을 듣고, 마음이 갑갑해진다. "그러면 지금 보이는 삼라만상(森羅萬象)은 도대체 무엇이란 말인가?" '아난'에게 생긴 의문은 우리에게도 마찬가지다.

'아난'이 여기에서 눈물까지 흘리면서 견정(見精)을 털어버리시는 설명을 더 듣고자 간청한다. 그래서 자비(慈悲)하신 부처님께서 '견정(見精)이 보는 시각현상이 허망한 것을 보는 견(見)'이라는 사실을 설명하실 차례가 되었다. 견정(見精)이 견성(見性)과 다른 이유도 이곳에서 분명하게 밝혀진다.

**[경(經)] '아난'아, 일체중생들이 세간을 윤회(輪迴)하게 된 것은, 두 가지 뒤바뀐 분별(分別)하는 견망(見妄)으로 말미암아서, 그 견망(見妄) 중에서 발생(發生)하고 또 업(業)을 지어서 윤전(輪轉)하는 것이다. 무엇이 두 가지 뒤바뀐 분별망견(分別妄見)이냐 하면, 첫째는 중생의 별업망견(別業妄見)이요, 둘째는 중생의 동분망견(同分妄見)이다.**

阿難, 一切衆生 輪迴世間 由二顚倒分別 見妄 當處發生 當業輪轉 云何二見 一者 衆生別業妄見 二者 衆生同分妄見

**〈강의〉** 윤회하는 원인(原因)은 앞에서 이미 나온 '보명묘성(寶明妙性)이 깨달은 오(悟) 중에 있으면서 미(迷)를 인식하려고' 하는 것은, 오(悟)와 미(迷)를 분별하여 망(妄)을 보게 된 '**분별견망(分別見妄)**', 즉 무명(無明)에서 시작한다. 그 무명(無明)에서 정보(正報)와 의보

(依報)가 발생하고 분별(分別)인 비량(比量)으로 업(業)을 지어서 윤회하는데, 두 가지 망견(妄見)이 그 주역(主役)을 담당한다. '동분망견(同分妄見)'은 같은 세상에 사는 동업(同業) 중생(衆生)들이 같이 보고 듣는 주위(周圍)의 삼라만상(森羅萬象)에 대하여 가지고 있는 망견(妄見)이고, '별업망견(別業妄見)'은 개개인이 각각 가지고 있는 자기의 몸과 마음에 대한 망견(妄見)이다.

### (1) 별업망견(別業妄見)

[경(經)] **어떤 것을 별업망견(別業妄見)이라 하느냐?**

**'아난'아, 세간 사람들이 눈에 결막염(結膜炎)이 걸리면 밤에 촛불을 볼 때 특별히 오색(五色)이 중첩한 원영(圓影)이 촛불 주위에 나타난다.**

**'아난'아. 어떻게 생각하느냐? 이 촛불 주위에 나타나는 원영(圓影)이 촛불의 빛이냐. 견(見)의 빛이냐?**

**'아난'아, 만일 촛불의 빛이라면, 결막염이 없는 사람은 어째서 원영(圓影)을 보지 못하고, 결막염 환자(患者)만 이 빛을 보느냐?**

**만일 견(見)의 색이라면, 견(見)이 이미 색(色)이 되었으니, 저 결막염 환자(患者)가 원영(圓影)을 '보는' 행위를 무엇이라고 불러야 하겠느냐?**

**또, 만일 이 원영(圓影)이 촛불을 여의고 따로 있다면, 방안에 있는 병풍(屛風) · 휘장 · 상자 · 방석을 볼 적에도 원영(圓影)이 있어야 할 것이다.**

**또, 만일 이 원영(圓影)이 견(見)을 여의고 따로 있다면, 눈으로만 볼 수 있는 것이 아니니, 어째서 결막염 환자(患者)가 '눈'으로만**

**원영(圓影)을 보느냐?**

**그러므로 마땅히 알아라. 오색(五色)은 촛불에 있고, 견병(見病)인 눈병이 원영(圓影)이 된 것이다.**

云何名爲 別業妄見 阿難, 如世間人 目有赤眚 夜見燈光 別有圓影 五色重疊 於意云何 此夜燈明所現圓光 爲是燈色 爲當見色 阿難, 此若燈色 則非眚人 何不同見 而此圓影 唯眚之觀 若是見色 見已成色 則彼眚人 見圓影者 名爲何等 復次 阿難, 若此圓影 離燈別有 則合傍觀 屛帳几筵 有圓影出 離見別有 應非眼矚 云何眚人 目見圓影 是故當知 色實在燈 見病爲影

**〈강의〉** 지금 나 개인(個人)의 몸과 마음은 내가 윤회(輪迴)를 거듭하면서 쌓은 업력(業力)이 지어낸 독자적인 오온(五蘊)이다. 그러므로 내 몸과 마음은 이 우주에서 오직 하나뿐인 독특(獨特)한 존재이다. 이 우주(宇宙) 안에 나와 꼭 같이 생긴 몸이나 마음이 또 있을 수가 없다. 왜냐하면 나와 꼭 같은 업(業)을 가진 자(者)가 없기 때문이다. 그래서 몸과 마음을 별업망견(別業妄見)의 대표적인 것이라고 한다.

앞에서 수차(數次)에 걸쳐서 **일체유심조**(一切惟心造)를 언급했으며, 이 별업망견(別業妄見)법문도 같은 내용을 다르게 표현한 것이라고 볼 수도 있으나, 사실은 약간의 차이가 있다.

결막염 환자가 보는 **원영**(圓影)은 견(見)이 병(病)이 나서 생긴 환상(幻相)이다. 원영(圓影)은 본래 없는 것이며 눈병이 나야만 보이는 환상(幻相)이다. 여기에서는 우리가 보는 대상(對象)이 견병(見

病)에서 생긴 것이라는 진제(眞諦)를 은근히 암시하고 있다. 난데없이 결막염 환자에게 보이는 특이한 병증(病症)인 원영(圓影)을 이야기하는 것은 나의 별업망견(別業妄見)인 신심(身心)도 이런 원영(圓影)과 다름이 없다는 것을 비유하는 것이다. 즉 나의 오온(五蘊)이 환영(幻影)이라는 것을 전제(前提)로 하고서 원영(圓影)을 설명하고 있다.

### (2) 견성(見性)을 밝히다

[경(經)] **촛불의 원영(圓影)과 그것을 보는 견정(見精)이 모두 눈병인 생병(眚病)이지만, 생병(眚病)인 줄 '알아보는 견(見)'은 병(病)이 아니다. 그러므로 '이것이 촛불이다', '이것이 견(見)이다'라고 하거나, 이 가운데 '이것은 촛불이 아니다', '이것은 견(見)도 아니다'라고 할 것이 있다고 마침내 말할 수가 없다.**

**마치 눈을 눌러서 보이는 제이월(第二月)이 견체(見體)도 아니고, 원영(圓影)도 아닌 것과 같다. 무슨 까닭이냐. 제이월(第二月)은 눈을 눌러서 생긴 것이므로, 지혜가 있는 사람은 이 눈을 눌러서 생긴 것을, '이것이 월형(月形)이다', '월형(月形)이 아니다', '견(見)을 여의였다', '비견(非見)을 여의었다'라고 말할 수가 없다.**

**이와 같이 원영(圓影)은 눈의 결막염(結膜炎)으로 인하여 보이는 것인데, 어떻게 '이것은 촛불 탓이다', '이것은 견(見) 탓이다'라고 하거나, '촛불이 아니다', '견(見)이 아니다'라고 분별(分別)하겠느냐?**

影見俱眚 見眚非病 終不應言 是燈是見 於是中有 非燈非

見 如第二月 非體非影 何以故 第二之觀 揑所成故 諸有智者 不應說言 此揑根元 是形非形 離見非見 此亦如是 目眚所成 今欲名誰 是燈是見 何況分別 非燈非見

**〈강의〉** "촛불의 '원영(圓影)'과 그것을 보는 '견정(見精)'이 다 눈병인 '생병(眚病)'이지만, 생병(眚病)인 줄 **'알아보는 견(見)'은 병(病)이 아니다**."라는 구절은 **견정**(見精)**과 견성**(見性)을 확연하게 구별하는 장면(場面)이다. 양자(兩者)가 같은 견(見)이지만, '영견구생(影見俱眚)'의 견(見)은 원영(圓影)인 줄 모르고 나타난 시각(視覺)현상을 알아보는 **견정**(見精)이므로 '망견(妄見)'이고, '견생비병(見眚非病)'의 견(見)은 시각현상이 생병(眚病)인 줄 알아보는 **견성**(見性)이므로 '진견(眞見)'이다. "**생병(眚病)인 줄 '알아보는 견(見)'은 병(病)이 아니다**."라는 구절에 나오는 진견(眞見)은 언어(言語)나 문자(文字)로 설명하기가 어렵다. 스스로 알아차릴 수는 있으나, 말로써 설명하여 타인(他人)이 진견(眞見)을 알아듣고 이해하게 하는 것은 어려운 일이다.

'영견구생(影見俱眚)'에서 촛불의 원영(圓影)과 견정(見精)이 모두 눈병에서 생긴 허망한 망견(妄見)이라고 하신 것은, 삼라만상(森羅萬象)인 육진(六塵) 경계(境界)뿐 아니고 견문각지(見聞覺知)하는 현량(現量)의 주체인 **육정**(六精)도 모두 망견(妄見)에서 나온 것이라는 말씀이다. 시각(視覺)현상을 알아보는 **견정**(見精)도 무시(無始)인 망견(妄見)에서 나왔으니, 생병(眚病)의 범주를 벗어나지 못한다. 그러나 현전하는 시각현상이 무시견망(無始見妄)인 줄 알아차리는 그 견(見)은 '견생비병(見眚非病)'으로서 '**생병(眚病)인 줄 알아보는 견(見)**'이니 진견(眞見)이다. 그 진견(眞見)이 바로 **견성**

(見性)에 해당한다. 즉 앞에서 "견정(見精)을 알아보는 견성(見性)은 진견(眞見)이다"라는 **견견지시(見見之時) 견비시견(見非是見)**이란 구절을 여기에서 실례(實例)를 들어 재차 설명하고 있는 셈이다.

그렇다면 **망견**(妄見)**인 견정**(見精)**과 진견**(眞見)인 견성(見性)은 어떤 **차이**(差異)가 있을까? 중봉(中峰)대사의 〈**능엄징심변견혹문**〉에 다음과 같은 글이 있다.

> **견**(見)에 두 가지가 있다. 여래(如來)께서 '심체(心體)인 영지(靈知)가 요료불매(了了不昧)하는 것을 견(見)이라고 한다' 하신 것은 **진견**(眞見)이라 부르고, '아난'이 중생들의 버릇에 의지하여 '눈으로 전진(前塵)의 색상(色象)을 대(對)하는 것을 견(見)이라고 한다' 한 것은 **망견**(妄見)이라 부른다. **망**(妄)은 여러 가지 전진(前塵)을 여의면 견(見)이 없다는 뜻이고, **진**(眞)은 전진(前塵)이나 인연(因緣)·화합(和合) 등의 모습과 아무런 관련이 없다는 뜻이니 곧 진짜로 공적(空寂)한 바탕이 갖추고 있는 확연(廓然)한 **영감**(靈鑑)을 가리킨다.
>
> 혹왈(或曰) : 깨달아 통달한 사람도, 산(山)을 보고 물이라고 말하지 않고, 중을 보고 속인(俗人)이라고 말하지 않는다. 이런데도 깨달으면 '분별(分別)이 없다'고 하겠습니까?
>
> 답(答) : 공적(空寂)한 바탕이 본래 **영감**(靈鑑)**의 분별**(分別)을 갖추고 있어서, **식**(識)**의 분별**(分別)과는 다르다. 즉 식(識)은 기심분별(起心分別)이고, 지(智)는 무념분별(無念分別)이다.
>
> 혹왈(或曰) : **무념**(無念)인데 어떻게 **분별**(分別)을 합니까?

답(答) : '밝은 거울'을 보지 못했는가. 거울은 무정(無情)이라서 식(識)이 없으니, 어떻게 염체(念體)가 있겠느냐. 그런데도 예쁜 것은 예쁘게 '비추고', 못난 것은 못나게 '비추니', 어찌 **분별**(分別)이 아니냐. 대개 그 바탕이 허명(虛明)하므로 환하게 비추는 것이니, **분별**(分別)하는 것 같으나 실로 분별(分別)하는 **생각**이 없으니, 나의 **영감**(靈鑑)의 바탕과 무엇이 다르냐.

그래서 "만 개의 구멍이 바람만 불면 소리를 내고, 온갖 어둠이 햇빛을 만나면 밝아진다"고 하나, '바람'은 구멍에서 소리를 내려는 의도(意圖)가 없이 불고, '햇빛'은 어둠을 밝히려는 생각이 없이 비춘다. 모두 다 바탕이 본래 그러한 것이니, 유위(有爲)인 것 같으나 실은 유위(有爲)의 **마음**이 없다. 네가 이것을 체득(體得)하면, 하루 종일 먹고 마시더라도 배부름을 방해(妨害)하지 않으니, 실로 음식을 씹는다는 의도적인 행위가 없다. 종일 옷을 입고 있어도 따뜻함을 장애(障碍)하지 않으니, 터럭만큼도 집착(執着)하여 걸릴 것이 없다. 그러므로 "공화(空華)인 범행(梵行)을 수습(修習)하고, 수월(水月)인 도량(道場)에 연좌(宴坐)한다"고 한다.

여기서 우리는 **견정**(見精)**과 견성**(見性)을 한번 정리하고 넘어갈 필요가 있다. **진심**(眞心)을 말로써 표현하고 설명하는 것이 쉽지가 않다. 그래서 부처님께서 진심(眞心)을 설명하는 방편으로 먼저 **견성**(見性)을 사용하셨고, 다시 견성(見性)을 설명하는 방편으로 **견정**(見精)이라는 개념을 가립(假立)하여 활용(活用)하셨다. 그런데 별업(別業)과 동분(同分)인 두 가지 망견(妄見)으로 삼라만상이 벌어지는 설명을 듣고 보니, 견정(見精)도 허망한 생병(眚病)에서 나타난 허공꽃과 같아서, 다른 삼라만상(森羅萬象)처럼 모두 자심(自心)의 현량(現量)인 망견(妄見)에서 나툰 허상(虛像)이다. 처음에는 육진(六塵)을 분별없이 알아보는 **현량**(現量)의 주체를 **육정**(六精)이라고 내세워서, 분별(分別)에 물든 **비량**(比量)의 주체인 **반연심**(攀緣心)을 배척하였었다. 그러다가 지금은 두 가지 망견(妄見)을 설명하면서 **견정**(見精)을 **제이월**(第二月)이라고 강조하시면서 물리쳤다.

부처님의 법문(法門)은 이처럼 필요한 방편(方便)을 가립(假立)하여 활용하시다가 다시 그 방편(方便)을 털어버리어 파기(破棄)도 하니, 진상(眞相)을 차례차례 밝히어서 쉽게 이해하도록 선교(善巧)방편(方便)을 굴리시는 장면이다. 진심(眞心)을 설명하는 변견(辯見)법문이 이제야 방편(方便)을 버리고 진짜 모습을 내보이는구나. 주객(主客)과 심경(心境)이 망견(妄見)에서 나온 허공꽃인 줄 알아보는 **진견**(眞見)만이 진짜 **견**(見)이고, 그것이 바로 **견성**(見性)이며, 또한 공적(空寂)하면서 영지(靈知)한 **진심**(眞心)이라는 말씀이시다.

규봉(圭峰)대사의 〈**법집별행록**〉(法集別行錄)에 진심(眞心)을 공적영지(空寂靈知)라고 설명한 글이 있다.

> 하택(荷澤) 신회(神會)대사의 종지(宗旨)는 "제법(諸法)이 꿈과 같음을 여러 성인(聖人)들이 다 같이 말씀하셨다. 그러므로 망념(妄念)이 본래 고요하고 육진(六塵) 경계(境界)가 본래 비었다. 비고[空] 고요한[寂] 마음이 **신령**(神靈)**하게 알아서**[知] **어둡지 아니하니**, 이 공적(空寂)한 마음이 일찍이 달마(達磨)대사께서 전하신 청정(淸淨)한 마음이다. 미혹(迷惑)하여 중생으로 지내거나 깨달아서 부처가 되더라도, 마음은 본래 저절로 아는데, 이 **저절로 아는 영지**(靈知)는 인연(因緣)을 빌려서 나는 것도 아니고 경계(境界)를 만나서 일어나

는 것도 아니다. 미(迷)한 때는 번뇌(煩惱)이지만 이 영지(靈知)는 번뇌(煩惱)가 아니고, 깨달은 때는 신통(神通)이지만 이 영지(靈知)는 신통(神通)이 아니다.

여기에서 **진심**(眞心)을 **청정**(淸淨)하고 **영지**(靈知)라고 표현하였다. 청정(淸淨)은 공적(空寂)의 다른 표현이다. 이와 같이 견성(見性)인 진심(眞心)을 이야기한 선사(禪師)들의 설명이 비교적 자세(仔細)하니, 모름지기 다독(多讀)하여 그 진의(眞意)를 터득하여 식심(識心)할 때까지 계속 공부하여야 연후(然後)에 시절인연을 만나서 견성(見性)하게 된다.

### (3) 동분망견(同分妄見)

[경(經)] **어떤 것을 동분망견(同分妄見)이라 하느냐?**

**'아난'아, 이 '염부제'(閻浮提)[36]에서 대양(大洋)을 제외(除外)하고, 중간에 있는 평탄한 육지가 삼천주(三千洲)가 있다. 복판의 대주(大洲)를 동서로 나눠보면 대국(大國)이 이천삼백(二千三百)이다. 그리고 소주(小洲)들이 여러 대양 중에 있는데, 거기에는 이백(二百)이나 삼백(三百) 개의 나라가 있기도 하고, 혹은 일국(一國)이나 이국(二國), 나아가 삼십국(三十國)·사십국(四十國)·오십국(五十國)이 있기도 하다.**

**'아난'아, 이 가운데 작은 섬에 나라가 두 개 있다. 한 나라 사람들은 악연(惡緣)을 함께 만나서, 항상 상서롭지 못한 경계를 보는데,**

---

36) 염부제(閻浮提)는 당시 인도(印度) 지리학(地理學)에서 말하는 사주세계(四洲世界)에서 남쪽에 있다는 남섬부주(南贍部洲)인데, 바로 우리가 사는 세계를 가리킨다고 한다.

**하늘에서 혹은 두 해를 보기도 하고, 두 달을 보기도 하고, 내지(乃至) 햇무리·월식(月蝕)·일식(日蝕)·혜성(彗星)·발성(孛星)·비성(飛星)·유성(流星)·등무지개·결무지개·홍(虹)·예(蜺) 등등 가지가지 고약한 현상을 이 나라 사람들은 본다. 그러나 저쪽 나라 사람들은 이런 상서롭지 못한 현상을 보지도 못하고 또한 듣지도 못한다.**

云何名爲同分妄見 阿難, 此閻浮提 除大海水 中間平陸 有三千洲 正中大洲 東西括量 大國凡有二千三百 其餘小洲在諸海中 其間或有三兩百國 或一或二至於三十四十五十 阿難, 若復此中 有一小洲 祇有兩國 唯一國人 同感惡緣 則彼小洲 當土衆生 睹諸一切 不祥境界 或見二日 或見兩月其中乃至暈適珮玦 彗孛飛流 負耳虹蜺 種種惡相 但此國見彼國衆生 本所不見 亦復不聞

**〈강의〉** 앞에 나온 **일수사견**(一水四見)은 같은 대상(對象)을 보는 각자의 주파수가 달라서 각기 다르게 보이는 이야기였는데, 이 **동분망견**(同分妄見)은 살아가는 주위의 환경(環境)이 바로 동업중생의 망견(妄見)에서 나온 것이라는 이야기다. 즉, 지금 현실세계(現實世界)에 나타나는 특유(特有)한 주변(周邊)은 동분망견(同分妄見)에서 나타난 허망(虛妄)한 경계(境界)로서 그 대상(對象)이 바깥에 실재(實在)하는 것이 아니라는 설명이다.

북극(北極)지방에 사는 사람들이 '오로라'를 보는 것이나, 열대(熱帶) 사막지방에서 신기루(蜃氣樓)를 보는 것은, 그 지역에 사는 '동업중생(同業衆生)'들만이 가지는 '동분망견(同分妄見)'에서 나온 경계이다. 우리가 남북으로 분단된 조국을 보는 것이나, 선진국들이 부유하고, 아프리카에 사는 사람들이 전쟁이나 기아에 허덕이는 것도, 모두 그 지역의 동업중생(同業衆生)들의 동분망견(同分妄見)이 나투는 환경(環境)이다. 삼라만상이 모두 식정(識精) 원명(元明)이 나투는 환상(幻相)이며, 자심(自心)이 나투는 허공꽃인 것이다. 이것을 흔히 **자심현량**(自心現量)이라고 말하는데, **만법유식**(萬法唯識)과 같은 뜻이다.

[경(經)] **'아난'아, 내가 지금 너를 위하여 이 두 가지 망견(妄見)을 가지고 다시 종합적으로 밝히겠다.**

**'아난'아, 저 중생이 별업망견(別業妄見)으로 촛불에 나타나는 원영(圓影)을 보는 것이 비록 경계(境界)인 것 같지만, 사실은 저 보는 사람의 눈병으로 이루어진 것이고, 눈병은 곧 견(見)이 피로(疲勞)하여 생긴 견로(見勞)이지 물질로 만들어진 것은 아니다. 그러나 눈병인 줄 '알아보는 견(見)'은 '보는 허물'이 없다.**

阿難, 吾今爲汝 以此二事 進退合明 阿難, 如彼衆生 別業妄見 矚燈光中 所現圓影 雖現似境 終彼見者 目眚所成 眚卽見勞 非色所造 然見眚者 終無見咎

**〈강의〉** 결막염(結膜炎)에 걸린 사람의 눈에 보이는 **촛불의 원영**(圓影)은 "**눈병으로 이루어진 것**"인데, 사실은 그런 **원영**(圓影)은 존재하지 않으니, 이른바 별업망견(別業妄見)으로 그렇게 보이는 것이다.

그러나 "**그 원영(圓影)이 눈병인 줄 알아보는 견(見)은 보는 허물이 없다.**"고 하는, '**연견생자 종무견구**(然見眚者 終無見咎)'라는 구절에 나온 견(見)은, 진견(眞見)이며 망견(妄見)이 아니다. 앞에 설명한 "원영(圓影)과 그것을 보는 견(見)이 다 눈병인 생병(眚病)이지만, 이러한 생병(眚病)을 알아보는 '견(見)'은 병(病)이 아니다."라는 '**견생비병(見眚非病)**'에 나오는 '견(見)'과 같은 '진견(眞見)'이다.

**견구**(見咎)에서 '보는 허물'이라고 하는 번역이 좀 애매한데, 망견(妄見) 때문에 본래 없는 주객(主客)이나 심경(心境)이 사현(似現)하여 존재하는 것처럼 보이므로 그것을 **허물**이라고 했다.

부처님께서 여기에서 다시 한 번 **견성**(見性)을 진견(眞見)이라고 직지(直指)하시면서, 앞에서 설명하던 **견정**(見精)을 모두 눈병 때문에 생긴 **망견**(妄見)이라고 재차 천명(闡明)하셨다.

[경(經)] **네가 지금 눈으로 산하(山河)와 국토(國土)와 중생(衆生)을 보는 것에 비유하면, 모두 다 시작이 없는 과거(過去)부터 가지고 있었던 견(見)의 병(病)인 '무시견병(無始見病)'으로 이루어진 것이다. 견(見)과 앞에 보이는 경계(境界)인 견연(見緣)이라는 전경(前境)이 현전(現前)하고 있는 것 같지만, 원래 나의 각명(覺明)이 소연(所緣)을 알아보는 생병(眚病)이다.**

例汝今日 以目觀見 山河國土 及諸衆生 皆是無始見病所成
見與見緣 似現前境 元我覺明 見所緣眚

**〈강의〉** "원래 나의 각명(覺明)이 소연(所緣)을 보는 생병(眚病)"이라고 해석한 '**원아각명 견소연생(元我覺明 見所緣眚)**'에서, '견(見)'은 주관인 **견정**(見精)이고, '소연(所緣)'은 객관인 **색공**(色空)이다. 이 **견정**(見精)**과 색공**(色空)이 등장하는 시각(視覺)현상이 모두 **무시견병**

(無始見病)에서 나타난 헛꽃이다. 앞에서 제이월(第二月)인 견정(見精)은 현량(現量)으로 분별심(分別心)인 반연심(攀緣心)과는 다르다고 설명하시는 것을 듣고서, "견정(見精)과 그 현량(現量)은 현실(現實)이라"고 믿었더라도, 이제부터는 그 견정(見精)과 현량(現量)조차도 모두 다 **무시견병**(無始見病) 때문에 생긴 허공꽃임을 알아차려야 한다.

우리가 객관적(客觀的)으로 존재(存在)한다고 믿고 있는 외부의 삼라만상(森羅萬象)은 모두 동분망견(同分妄見)이다. 우리의 몸과 마음은 모두 별업망견이다. 삼라만상과 심신(心身)이 모두 **무시견병**(無始見病)으로 이루어진 허망(虛妄)한 경계(境界)라고 하신다. **견정**(見精)으로 시각현상을 분명하게 목격(目擊)하고 있는 청중(聽衆)은 이러한 진상(眞相)이 얼른 납득이 가지 않는다. 그래서 세존(世尊)께서 오온(五蘊)과 만법(萬法)이 모두 시작이 없는 **무명**(無明)에서 생긴 허망한 **견정**(見精)으로 나타난 **현량**(現量)임을 재삼(再三) 강조하셨던 것이다. 내용상으로는 유식무경(唯識無境)이라는 유식론(唯識論)과 같다. 그래서 삼계유심(三界唯心)이요 만법유식(萬法唯識)이라고들 한다.

지금 보이고 들리는 것이 모두 내 마음의 조화(調和)라고 말하시니, 참으로 아득한 고개로구나! 그러나 부처님께서 설법(說法)하신 내용이 분명한 사실(事實)인데야 어찌하겠는가!

### (4) 본각(本覺)을 밝히다

[경(經)] **각명(覺明)으로 소연(所緣)을 보는 것은 눈병인 생병(眚**

**病)이지만, 본각(本覺)인 명심(明心)이 인연(因緣)들을 각(覺)하는 것은 생병(眚病)이 아니다.**

覺見卽眚 本覺明心 覺緣非眚

**〈강의〉** 첫 구절인 '**각견즉생(覺見卽眚)**'은 앞에 나온 구절인 '원아각명 견소연생(元我覺明 見所緣眚)'을 줄인 것이다. 즉 '**각견(覺見)**'의 '각(覺)'은 각명(覺明)을 줄인 것이고, '견(見)'은 견정(見精)이니, '각견즉생(覺見卽眚)'은 "각명(覺明)인 견정(見精)으로 보는 망견(妄見)은 눈병이다"라는 뜻이다.

다음에 '**본각(本覺)인 명심(明心)이 인연(因緣)들을 각(覺)하는 것은 생병(眚病)이 아니다**'라는 '**본각명심 각연비생(本覺明心 覺緣非眚)**'에서 '각연(覺緣)'의 '각(覺)'은 진심(眞心)의 영지(靈知)인 **진각**(眞覺)을 가리키니, 앞에서 "생병(眚病)을 알아보는 '견(見)'은 병(病)이 아니다."라는 **견생비병(見眚非病)**에 나오는 '진견(眞見)'과 같은 놈이다. 즉 "본각(本覺)의 명심(明心)이 인연(所緣)인 줄을 깨달아 아는 '각(覺)'은 생병(眚病)이 아니다."라는 말이다. 여기 '**각연(覺緣)**'의 '각(覺)'은, 앞에서 견성(見性)에서는 **진견**(眞見)이라 부르고, 본각(本覺)에서는 **진각**(眞覺)이라고 부르지만, 명칭(名稱)만 다를 뿐이지 실은 같은 놈이다. 진심(眞心)에서는 영지(靈知)라고 부르는 바로 그것이다. 즉 지금까지는 견성(見性)과 진견(眞見)이 같이 등장했는데, 여기에는 **견**(見)이 물러가고 **각**(覺)이 등장하면서, '견정(見精) · 견성(見性)' 대신에 **진지**(眞知) · **진각**(眞覺)이 등장한다. 지금까지는 진심(眞心)을 설명하고자 방편(方便)으로 '견(見)과 견정(見精)과 견성(見性)'이라는 명칭(名稱)을 가립(假立)하여 활용하였으나, 이제는 진심(眞心)인 진지(眞知)와 진각(眞覺)을 설명하는 순서(順序)인지라 단도직입(單刀直入)으로 **지**(知)와 **각**(覺)을 거론(擧論)하고 있다. **진각**(眞覺)은 바로 **본각**(本覺)이므로 여기서는 바로 **본각**(本覺)을 직지(直指)하면서, '견(見)과 견정(見精)과 견성(見性)'이란 방편(方便)은 멀리 여의었다.

[경(經)] **소각(所覺)을 각(覺)하는 경우는 (능각과 소각이 있으니) 생병(眚病)이나, 각(覺)은 생병(眚病) 속에 있지 않다. 이 것[本覺]은 실(實)로 견정(見精)을 견(見)하는 놈인 견성(見性)이니, 어찌 각문지견(覺聞知見)이라고 부르겠느냐!**

覺所覺眚 覺非眚中 此實見見 云何復名 覺聞知見

**〈강의〉** '**각소각생(覺所覺眚)**'에서, 앞의 '각(覺)'은 육근(六根)의 육각(六覺)작용을 말하고, 뒤의 '소각(所覺)'은 육진(六塵)인 경계를 말한다. 이미 주객(主客)이 벌어지니 육정(六精)이 작용하므로 전부가 반연심(攀緣心)이다. 즉 "소각(所覺)을 각(覺)하는 경우"는 능각(能覺)과 소각(所覺)이 있어 견문각지(見聞覺知)에 해당하는 "생병(眚病)이다". 그러나 '**각비생중(覺非眚中)**'에서 '각(覺)'은 진심(眞心)의 영지(靈知)인 본각(本覺)의 **진각**(眞覺)을 가리키므로 "본각(本覺)의 진각(眞覺)은 생병(眚病) 속에 있지 않다."는 말이다. 다시 '**차실견견(此實見見)**'이 나오는데, 이 '차(此)'는 '**각비생중(覺非眚中)**'을 가리키고, '**견견(見見)**'은 앞에 나온 '**견견지시(見見之時) 견비시견(見非是見)**'을 가리킨다. 즉 **견성**(見性)은 견정(見精)을 벗어나듯이, **진각**(眞覺)은 견문각지(見聞覺知)하는 육정(六精)의 망각

(妄覺)을 벗어났다는 설명이다. 앞에서 나왔던 '**견견지시**(**見見之時**) **견비시견**(**見非是見**)'에 대한 설명이 이곳에 와서야 사실상 매듭을 지었다고 하겠다.

그 다음 '**운하부명 각문지견**(**云何復名 覺聞知見**)'이란 말에서 '본각(本覺)의 진각(眞覺)'은 반연심(攀緣心)을 벗어났으니, "어찌 주객(主客)이 벌어져서 육정(六精)이 작용하는 **각문지견**(**覺聞知見**: **見聞覺知**)이라는 표현(表現)으로 설명할 수가 있겠느냐"라는 설명이다. 이 '진각(眞覺)'이야말로 우리가 이제까지 사용한 진심(眞心)인 공적영지(空寂靈知)의 그 지각(知覺)작용을 가리킨다. 즉 **본각**(本覺)의 성(性)은 **진각**(眞覺)이다. 그러면 진각(眞覺)은 어떤 것이기에 망각(妄覺)과 구별이 되는 것인가? 경(經)에는 더 이상의 자세한 설명이 없다. 연수(延壽)대사가 〈주심부〉에서 "명심(冥心)이라야 도(道)에 합(合)할 수가 있고, 의해(意解)로는 밝히기 어렵다[冥心合道 意解難明]"고 했다.

그러면 주객(主客)과 심경(心境)을 벗어난 **진각**(眞覺)은 과연 언어(言語)와 문자(文字)로는 설명(說明)이 불가능한 것인가? 육정(六精)을 벗어난 **영지**(靈知)의 **육성**(六性)은 도대체 어떤 것인가? 중봉(中峰)대사의 설명을 〈능엄징심변견혹문〉에서 다시 찾아보자.

> **지각**(知覺)에 두 가지 종류가 있으니, 하나는 진지(眞知)인 **진각**(眞覺)이고, 하나는 망지(妄知)인 **망각**(妄覺)이다. 이 두 가지는 같은 듯하지만 다르고, 비록 다르지만 또한 같다. 범성(凡聖)이 이로서 구분(區分)되고, 미오(迷悟)가 여기서 갈라진다. 배휴(裴休)가 〈원각경〉 서문(序文)에서 말하기를 "혈기(血氣)가 있는 종류는 반드시 **지**(知)가 있고, 무릇 지(知)가 있는 것은 반드시 같은 바탕이다[血氣

之屬必有知 凡有知者必同體]"라고 했는데, 이 말은 진지(眞知)인 **진각**(眞覺)의 바탕을 일체 중생(衆生)이 본래 구족(具足)하고 있어서, 모든 부처님의 상주(常住)하는 법신(法身)과 바탕이 다르지 않음을 바로 지적한 것이다. 이 바탕은 담연(湛然)하여 **상적**(常寂)하되 확연(廓然)하여 **영지**(靈知)하니 이름 하여 **마음**이라고 하는데, 두루 법계(法界)를 머금었다. 비록 모든 세간의 모습들이 찰나 찰나에 생주이멸(生住異滅)하더라도 이 바탕은 부동(不動)이다. 〈능엄경〉에서 여래(如來)께서 징험(徵驗)하시고자 한 것은 바로 **이 마음**을 나타내고자 한 것이다. **이 마음**은 일체의 명상(名相)인 성범(聖凡)・염정(染淨)・진망(眞忘)・화합(和合)과 인연(因緣)과 자연(自然), 나아가 견문각지(見聞覺知) 등등(等等)의 법(法)을 멀리 여의었다.

소위 망지(妄知)인 **망각**(妄覺)이란 것은 지금 이 사대(四大)를 몸이라고 여기고, 근진(根塵)이 상대(相對)하여 분별(分別)을 일으켜서는, 취사(取捨)와 증애(憎愛)가 염념(念念)이 천류(遷流)하여 쉬지 않는 것이다. 이 **망체**(妄體)는 근진(根塵)으로 말미암아 허망하게 화합(和合)한 것이니, 그 바탕이 있는 것 같지만, 근진(根塵)이 홀연히 사라지면 이 망(妄)도 역시 소멸한다. 이것을 '아난'이 마음이라고 가리킨 것이니, 여래(如來)께서 어찌 틀렸다고 배척하지 않으시겠느냐. 그래서 〈능엄경〉에서 "이 허망심(虛妄心)은 전진(前塵)을 여의면 필경에 바탕이 없다[此虛妄心 離去前塵 畢竟無體]"고 하시고서, 다시 "육진(六塵)으로 말미암아 지(知)를 발하고, 육근(六根)을 인하여 모습[相]이 있다. 모습[相]과 견(見)이 자성(自性)이 없으니 마치 서로 얽힌 교로(交蘆)와 같다[由塵發知 因根有相 相見無性 同於交蘆]"고 하셨다.

혹왈(或曰) : 깨달아 통달한 사람도, 밥을 먹으면 배부르고, 옷을 입으면 따뜻합니다. 배부르고 따뜻한 줄 '알면' 허망(虛妄)과 같고, '알지 못하면' 토목(土木)과 같습니까?

답(答) : 네가 '알지 못하면' 이라고 말하는데, **진각**(**眞覺**)의 바탕이 어떻게 잠시라도 없을 때가 있겠느냐! 너는 "미(迷)하면 **식**(**識**)이라 하고, 오(悟)하면 **지**(**智**)라고 한다"는 말을 듣지 못했느냐? 명칭(名稱)은 바뀌지만 바탕은 같다. 그래서 〈능엄경〉에서 "육근(六根)과 육진(六塵)은 같은 근원(根源)이고, 결박(結縛)과 해탈(解脫)이 둘이 아니다. 식(識)의 성품은 허망(虛妄)하니, 마치 허공꽃과 같다[根塵同源 縛脫無二 識性虛妄 猶如空花]"고 하였다.

어떤 것이 **식**(**識**)인가? 바탕을 인정하여 아(我)라고 여기고, 집지(執持)하여 분별(分別)하는 것이다. 어떤 것이 **지**(**智**)인가? 바탕이 아(我)가 아닌 줄을 알아서 모든 분별(分別)을 떠나는 것이다.

이 중봉(中峰)대사의 글을 정독(精讀)하면 이른바 망지(妄知) 망각(妄覺)과 진지(眞知) 진각(眞覺)의 구별(區別)이 명확해진다. 진심(眞心)을 인식(認識)하는 데 꼭 필요한 설명만을 여기에 인용(引用)하였다. 그러나 **진각**(**眞覺**)은 주객(主客)이 없는 무연(無緣)인 영지(靈知)이므로 상식(常識)으로 짐작할 수가 없는 놈이다. 언어나 문자를 사용하는 사려(思慮)를 통하여, 진심(眞心)을 체득(體得)하는 것은 이론상(理論上)으로도 문제(問題)가 있다. 지각(知覺)이나 인식(認識)작용은 '주체와 객체가 서로 상대(相對)가 되는 경우'에만 가능하기 때문이다. 그런데 "마음이 자기 마음을 객체로서 인식

(認識)한다"는 것은 불가능하다. 어떻게 제 마음이 객체가 될 수 있는가? 그래서 진심(眞心)을 이해하는 식심(識心)은 쉬워도, 제 마음을 분명하게 본다는 견성(見性)은 어렵다. 중봉(中峰)대사의 글을 계속 찾아보자.

> 이 이치(理致)는 말이나 뜻으로 통달(通達)할 것이 아니다.
>
> 그리하여 영가(永嘉)대사가 이르되, "만약 지(知)로 적(寂)을 지각(知覺)하더라도[若以知知寂], 이것은 **무연**(無緣)**인 지**(知)가 아니다"라고 하였으니, 이것은 문자(文字)와 능소(能所)에 의지하여 영지(靈知)의 바탕을 인식(認識)하려는 것을 깨트린 말이다. 즉 〈능엄경〉에서 말한 "지견(知見)에 입지(立知)하면 즉 무명(無明)의 근본(根本)이다[知見立知 卽無明本]"라고 한 것이 이것이다. 왜 그런가? 대개 영감(靈鑑)의 바탕에 본래 갖추고 있는 **무념**(無念)**인 지**(知)를 계합(契合)하려고 한다면, 이 무념(無念)인 지(知)는 객체인 소지(所知)가 따로 있는 것을 용납하지 않기 때문이다.
>
> 또 "만약 저절로 지(知)하는 것으로 지(知)라고 하더라도[若以自知知], 역시 **무연**(無緣)**인 지**(知)가 아니다"라고 하였으니, 이것은 비록 문자(文字)와 인연(因緣)을 빌리지는 않았으나, 숙근(夙根)이 불매(不昧)하여 태어나면서부터 능지(能知)하는 것이므로, 반연(攀緣) 없이 아는 것은 아니고, 아직 능지(能知)의 흔적이 남아 있다. 즉 〈능엄경〉에서 말한 "자기 마음으로 자기 마음을 취하면, 환(幻)이 아닌 것이 환법(幻法)을 이룬다[自心取自心 非幻成幻法]"는 것이 바로 이것이다. 왜 그런가? 대개 진적(眞寂)의 바탕에 있는 지각(知覺)은 원래 일법(一法)도 인연(因緣)하지 않아도 본래 갖추어져 있다. 진실로 바탕에 의하지 않고 증(證)하여야 한다. 터럭만큼이라도

지견(知見)이 있으면 모두 희론(戱論)에 떨어진다.

같은 내용의 글이 연수(延壽)대사의 〈주심부〉(註心賦)에도 간단하게 소개되어 있다.

〈영가집〉(永嘉集)에 이르되, "만약 지(知)로써 공적(空寂)을 안다면 그것은 **반연**(攀緣)**이 없는 지각**(知覺)이 아니니, 비유컨대 손으로 여의주(如意珠)를 잡으면 '여의주를 잡지 않은 맨손'이 아니다. 만약에 저절로 지(知)하는 것이 지(知)라고 안다면 또한 **반연**(攀緣)**이 없는 지각**(知覺)이 아니니, 마치 손으로 스스로 주먹을 쥐면 '주먹을 쥐지 않은 맨손'이 아니다. 또한 지(知)로써 공적(空寂)을 알지 아니하거나, 또한 저절로 지(知)하는 것이라고 알지 아니하여도, 가히 '앎이 없다[無知]'고는 말하지 못한다. '자성(自性)이 요연(了然)하므로', 목석(木石)과 같지 않다[以性了然故로 不同於木石]. 마치 손으로 물건을 잡지 아니하고, 또한 스스로 주먹을 만들지 아니하더라도, 가히 '손이 없다[無手]'고는 말하지 못한다. **손이 여전**(如前)**히 그대로 있으니**, 토끼뿔과 같지 않다[以手安然故로 不同於兎角]"라고 말했다.

이어서 연수(延壽)대사는 영가(永嘉)대사의 이 구절을 논평하기를, "이것은 선종(禪宗)의 묘법(妙法)이다[斯爲禪宗之妙라]"라고 극찬하였다.

연수(延壽)대사가 선종(禪宗)의 묘법(妙法)이라고 극찬하면서 인용한 이 글은, 원래 〈영가집〉의 '사마타'송(頌)에 나오는 글인데, 바로 앞에서 중봉(中峰)대사가 인용(引用)하였던 그 글과 같은 내용이다. 영가(永嘉)대사의 이 구절(句節)은 **반연(攀緣)을 떠난 지각(知覺)인 무연지(無緣知)**를 가장 분명하게 설명한 글이라고 인정되어, 자고(自古)로 많은 선사(禪師)들이 자주 인용(引用)하고 있다. 언어나 문자로 표시할 수가 없는 진심(眞心)을 가장 명백하게 표현한 글로서, 이른바 진심(眞心)을 직지(直指)한 내용이니 꼭 이해하고 외워두어야 한다. 만약 이 글의 내용(內容)을 바르게 이해(理解)한다면, 자성(自性)을 이론적으로 분명하게 알았으니, 당연히 **견성(見性)**은 '떼어놓은 당상(堂上)'인 셈이다.

[경(經)] **그러므로 네가 지금 너와 나와 세간(世間)의 모든 중생(衆生)을 보는 것이 모두 다 견(見)의 생병(眚病)으로, 생병(眚病)인 줄 견(見)하는 견성(見性)이 아니다. 저 견(見)의 진정(眞精)한 성(性)은 생병(眚病)이 아니므로 견(見)이라 이름하지 않는다.**

是故 汝今 見我及汝 幷諸世間 十類衆生 皆卽見眚 非見眚者 彼見眞精 性非眚者 故不名見

**〈강의〉** '**개즉견생 비견생자(皆卽見眚 非見眚者)**'를 보통 "모두 견(見)의 생(眚)이요, 생(眚)을 보는 것은 아니다."라고 번역하지만, 그 내용은 "삼라만상(森羅萬象)이 모두 다 견(見)의 생병(眚病)으로, 생병(眚病)인 줄 알아보는 진견(眞見)은 아니다."라는 뜻이다.

즉, '**견정(見精)·색공(色空)**은 생병(眚病)에서 나온 것이지만, 생병(眚病)에서 나온 줄 알아보는 **진견(眞見)**은 진각(眞覺)의 영지(靈知) 작용이다.'라는 말이다. 그래서 "**저 견(見)의 진정(眞精)한 성(性)은 생병(眚病)이 아니므로, 견(見)이라 이름하지 않는다.**"라고 결론을 지었다. 즉 '피견진정 성비생자(彼見眞精 性非眚者)'라고 표현한 **진견**(眞見)은 영지(靈知)의 작용으로, 비록 견(見)이라는 글자로 표기는 했으나, 지금까지 등장한 **견정**(見精)이나 견문각지(見聞覺知)인 **망견**(妄見)과는 다르니, 바로 **견성**(見性)이다. 이 **진견**(眞見)은 비록 '본다'라는 명칭을 사용했지만, 사실은 주객(主客)을 두어서 견문각지(見聞覺知)하는 **견정**(見精)과는 전혀 차원을 달리한다. 진견(眞見)인 **영지**(靈知)는 주객(主客)을 벗어났으니 대상(對象)의 유무(有無)와 아무 관련이 없는 절대(絶對)인 놈이다. 이 **진견**(眞見)이 이른바 제일월(第一月)인 **견성**(見性)이면서, 동시에 본각(本覺)의 **진각**(眞覺)이다.

**[경(經)] '아난'아, 저 중생의 동분망견(同分妄見)으로써 저 허망하게 보는 별업(別業)의 일인(一人)에 비유(比喩)한다면, 눈에 생병(眚病) 난 사람은 저 일국(一國)과 같다. 그가 보는 원영(圓影)이 눈의 생병(眚病)으로 생기는 것이나, 저 중동분(衆同分)에서 보는 좋지 않은 경계(境界)가 다 동견업(同見業)의 생병(眚病)으로 생기는 것이, 모두 다 무시견망(無始見妄)으로 생기는 것이다.**

**다시 '염부제'(閻浮提)의 삼천주(三千洲)와 사대해(四大海)와 '사바'세계(娑婆世界)와 시방(十方)의 유루국(有漏國)과 모든 중생들에게 비유(比喩)한다면, 모두 다 각명(覺明)인 무루묘심(無漏妙心)이 견문각지(見聞覺知)하는 허망(虛妄)한 병연(病緣)으로 말미암아, 화합(和合)하여 허망(虛妄)하게 생겨나고, 화합(和合)하여 허망하게 죽는 것이다. 만일 화합(和合)하거나 불화합(不和合)하는 인연(因緣)을 멀리 여의면, 곧 모든 생사(生死)의 원인을 제거하여 없애게 된다.**

阿難, 如彼衆生 同分妄見 例彼妄見別業一人 一病目人 同彼一國 彼見圓影 眚妄所生 此衆同分所見不祥 同見業中瘴惡所起 俱是無始見妄所生 例閻浮提 三千洲中 兼四大海娑婆世界 幷洎十方諸有漏國 及諸衆生 同是覺明無漏妙心見聞覺知 虛妄病緣 和合妄生 和合妄死 若能遠離 諸和合緣 及不和合 則復滅除 諸生死因

**〈강의〉** 삼계유심(三界唯心)이고 만법유식(萬法唯識)인 이 내용은 앞에서도 수차례 반복(反復)하여 설명하셨는데, 여기서 또다시 확인하신다. 부처님의 노파심(老婆心)은 이처럼 철저(徹底)하다. 우리도 여기서 징심변견(徵心辯見)법문에 대해서 총정리를 한번 해보자.

우리의 **망견**(妄見)에는 별업(別業)과 동분(同分)의 두 종류가 있었다. 이 망견(妄見)은 무명(無明) 때문에 생긴 것이다. 무루묘심(無漏妙心)인 본각(本覺)이 **무시견병**(無始見病) 때문에 **견문각지**(見聞覺知)하는 식정(識精)이 되고, 다시 육진(六塵) 경계만 따라다니면서 분별하는 **반연사려심**(攀緣思慮心)이 된 것이다. 이 **연려심**(緣慮心)을 '진짜 마음이라고 잘못 알고서,' 자심(自心)이 나툰 '경계(境界)에 끄달리면서' 생사(生死)라는 기멸(起滅)이 생기고, 건망증(健忘症)이 심한 중생(衆生)들은 그 미혹(迷惑)이라는 결박(結縛)을 풀지 못하여 **윤회**(輪廻)를 계속한다. 문제(問題)는 우리가 평상시에 쓰는 **반연사려심**(攀緣思慮心)은 경계를 따라 분별하니 변화(變化)하므로 가짜이고, 육성(六性)으로 알아차리는 **공적영지**(空寂靈知)인 **묘명심**(妙明心)이 진짜 내 마음이라는 사실을 우리들이 모르고 있다는 점이다. 설령 그런 말은 들었더라도 이해(理解)가 안 되고, 설령 이해는 했더라도 아직 실감(實感)이 나지 않는다. 그래서 부처님께서 **칠처징심**(七處徵

心)하시고 나서, 다시 견(見)을 비유로 사용하시면서 견정(見精)이라는 방편(方便)을 가립(假立)하여, 진견(眞見)인 견성(見性)을 찾아내어 보이셨다. 끝으로 진각(眞覺)인 본각(本覺)까지 다 밝히셨다.

이렇게 만법(萬法)이 모두 **무시견병**(無始見病)에서 나온 허망한 모습인 줄 이해를 했다면, 어떻게 **수행**(修行)을 하여야 진심(眞心)인 본각(本覺)을 알아차릴 수 있을까? 허망(虛妄)한 근진(根塵)의 화합(和合)인 **분별**(分別)과 함께, 육정(六精)의 견문각지(見聞覺知)인 자심(自心)의 **현량**(現量)까지도, 모두 '**멀리 여의라**'고 하신다. 그런데 '**여의려고 하면**', 여의려는 주체(主體)와 여읠 대상(對象)이 확연하게 상대(相對)하게 되고, 결국은 경계를 따르는 반연심(攀緣心)을 사용하게 된다. '**여의는 것**'이 매우 어렵다. 그러나 여기에서 우리는 활로(活路)를 찾아야 한다. 즉 부처님이 누차(屢次) 변견(辯見)하셨던 법문 중에서 그 해법(解法)을 이미 눈치 챈 사람은 '**멀리 여의는 수행**(修行)'이 가능하다. 〈능엄경〉 앞부분에 나온 변견(辯見)하는 설명을 다독(多讀)하고서 그 내용을 투철(透徹)하게 알면, 저절로 '여의되 여윔이 없는 수행(修行)'이 가능하게 된다.

〈원각경〉(圓覺經)의 보현장(普賢章)에 보면 이런 글이 있다.

> 환(幻)인 줄 알면 여읜 것이니 방편(方便)을 지을 필요가 없고, 환(幻)을 여의면 깨친 것이니 점차(漸次)로 수행(修行)할 것이 없다.
>
> 지환즉리 부작방편 이환즉각 역무점차
> 知幻卽離 不作方便 離幻卽覺 亦無漸次

이 구절은 올바른 수행을 설명한 내용으로 잘 알려져 있다.

이제 **진심**(眞心)을 알았다면, 마지막으로 본심(本心)인 '**본각**(本覺)

은 과연 어떤 놈인가?' 확인(確認)할 차례이다. 왜냐하면, 〈대승기신론〉에는 "**시각**(始覺)을 거쳐 **구경각**(究竟覺)에 이른다"고 말하는데, 이 시각(始覺)은 바로 **본각**(本覺)의 시각이다. 만일 시각에서 여러 단계의 수행과정을 거쳐야 마지막인 구경각(究竟覺)에 이른다면, 이 본각(本覺)이란 것은 **시종**(始終)**과 점차**(漸次)가 있다는 말인가?

## 12. 견정(見精)은 화합(和合)을 벗어났다

[경(經)] **'보리'(菩提)의 불생멸성(不生滅性)이 원만(圓滿)하여, 청정(淸淨)한 본심(本心)인 본각(本覺)이 상주(常住)한다. '아난'아, 네가 비록 본각묘명(本覺妙明)의 성(性)이 인연(因緣)도 아니며 자연(自然)도 아닌 줄은 이미 깨달았으나, 아직 이 각원(覺元)이 화합(和合)으로 생긴 것도 아니고, 불화합(不和合)으로 생긴 것도 아닌 줄을 모르고 있구나.**

圓滿菩提 不生滅性 淸淨本心 本覺常住 阿難, 汝雖先悟 本覺妙明 性非因緣 非自然性 而猶未明 如是覺元 非和合生 及不和合

**〈강의〉** **'청정(淸淨)한 본심(本心)'**에서 청정(淸淨)하다는 말은 아무런 모습도 없다는 뜻이다.

**각원**(覺元)이란 본각(本覺)의 원청정체(元淸淨體)를 가리키는데, 앞에서 이미 변견(辯見)하시면서 **진견**(眞見)이 '인연(因緣)도 아니고 자연(自然)도 아님'을 설명했다. 그런데 여기서 새삼스레 **각원**(覺元)

이 '화합(和合)도 아니고 화합(和合) 아님도 아님'에 대한 설명을 계속하시려는 것은, 노파심에서 그러한 것인가? 그렇지 않다. **시각**(始覺)에서 시작하여 **구경각**(究竟覺)이 되는 과정에서 **본각**(本覺)과 화합하는 길고 긴 수행절차가 반드시 있다고 생각하는 사람들을 위한 법문(法門)이다. 영지(靈知)와 견성(見性)과 진심(眞心)이 다른 놈이 아니듯이, 시각(始覺)과 본각(本覺)과 구경각(究竟覺)이 원래 같은 놈이다.

'**청정(淸淨)한 본심(本心)**'을 알기 쉽게 설명한 글이 연수(延壽)대사의 〈주심부〉(註心賦)에 나온다. 규봉대사의 〈법집별행록〉에서 인용한 글이다.

> 미(迷)를 따르고 오(悟)를 따르지만, 마음은 본래 저절로 안다. 이 마음은 인연(因緣)을 만나서 생긴 것도 아니고 경계(境界)로 인하여 일어난 것도 아니다. 미(迷)할 때는 번뇌(煩惱)하지만 청정한 마음인 **지**(知)는 번뇌(煩惱)가 아니고, 깨달을 적에는 신통(神通)변화(變化)를 나투지만 청정한 마음인 **지**(知)는 신변(神變)이 아니다. 그러나 이 지(知)를 미혹(迷惑)하여 곧 아상(我相)을 일으킨다. 만약에 이 **영지**(靈知)를 알면 '찰나'에 성불(成佛)한다.[任迷任悟하나 心本自知요 不籍緣生이요 不因境起라 迷時에는 煩惱이나 知非煩惱요 悟時에는 神變이나 知非神變이라 然由迷此知하여 卽起我相이라 若了此知하면 刹那에 成佛이니라]

이 글귀는 자고(自古)로 진심(眞心)인 본각(本覺)을 가장 잘 표현한 법문(法門)으로, 인용(引用)이 잦은 것 중의 하나이다. '**진심(眞心)이 청정(淸淨)하다**'는 것은, 마치 거울에 검은 영상(影像)이 비쳐도 거울의 허명(虛明)은 항상 여여(如如)하여 잠깐이라도 변한 적이 없듯이, 청정(淸淨)한 본심(本心)은 항상 불변(不變)하는 것을 분명하게 설명하고 있다. 중생(衆生)으로 비록 육도(六道)를 윤회(輪廻)하고 있더라도, 진심(眞心)은 여전히 청정(淸淨)하다는 내용이다. 그러나 이런 법문을 듣고도 우리는 **반연심**(攀緣心)인 망심(妄心)을 쓰고 있어서 "내 마음이 더러워져 있다"는 생각에서 벗어나지 못하고 있다.

'**화합**(和合)'이란 용어에서, '화(和)'는 경계선(境界線)을 찾을 수 없이 화합(化合)한 것이니 물에 설탕을 타는 경우와 같으며, 잡(雜)과 반대되는 말이다. 또 '합(合)'은 성질이 같은 것이 화합(化合)한 것으로 냄비에 뚜껑을 덮는 경우와 같으며, 괴각(乖角)과 반대되는 말이다.

[경(經)] **'아난'아, 내가 다시 앞에 보이는 육진(六塵)으로써 너에게 묻겠다. 네가 지금도 일체세간(一切世間)이 망상(妄想)으로 화합(和合)된 인연성(因緣性)임을 믿고서, 스스로 "'보리'(菩提)의 마음을 증득(證得)하는 것도 화합(和合)으로 생기는 것이다."라고 의심(疑心)을 하느냐?**

**그렇다면 지금 너의 묘정(妙淨)한 견정(見精)이 명(明)과 어울려서 화(和)하였느냐, 암(暗)과 더불어 화(和)하였느냐, 통(通)과 화(和)하였느냐, 막힌 색(塞)과 화(和)하였느냐?**

**만일에 견정(見精)이 명(明)과 어울려 화(和)하였다면, 네가 명(明)을 볼 적에 반드시 명(明)이 앞에 나타나게 되니, 어느 곳에 견(見)이 섞였느냐? 견(見)의 모습을 분변(分辨)할 수 있으리니 섞인 모양이 어떤 모양이 되느냐?**

만일에 명(明)이 견(見)이 아니라면, 어떻게 명(明)을 볼 수가 있으며, 만일에 명(明)이 곧 견(見)이라면 어떻게 견(見)을 보겠느냐.

반드시 견(見)이 원만(圓滿)하다면, 어느 곳에 명(明)이 섞이어 어울렸겠느냐. 만일 명(明)이 원만(圓滿)하다면 견(見)과 섞이어 어울리지 아니하리라.

견(見)은 명(明)과 다르므로, 섞이었으면 성명(性明)이라는 명자(名字)를 잃게 되고, 섞이어서 명성(明性)을 잃었다면 명(明)과 어울렸다는 말이 옳지 않다.

또한 견정(見精)이 저 암(暗)과 통(通)과 색(塞)과 어울려 화(和)한다는 것도 이와 같다.

阿難, 吾今復以前塵問汝 汝今猶以 一切世間 妄想和合 諸因緣性 而自疑惑 證菩提心 和合起者 則汝今者 妙淨見精 爲與明和 爲與暗和 爲與通和 爲與塞和 若明和者 且汝觀明 當明現前 何處雜見 見相可辨 雜何形像 若非見者 云何見明 若卽見者 云何見見 必見圓滿 何處和明 若明圓滿 不合見和 見必異明 雜則失彼性明名字 雜失明性 和明非義 彼暗與通 及諸群塞 亦復如是

**〈강의〉** 앞에서 **견정**(見精)**은 망견**(妄見)이라고 설명하시고 견성(見性)이 진견(眞見)이라고 밝히시더니, 여기서는 다시 **견정**(見精)을 예(例)로 들어서 본각(本覺)이 화합(和合)이 아님을 설명하셨다. 무슨 까닭일까? 견정(見精)이 비록 특정한 '사이클'을 가진 중생이 시각(視覺)현상을 알아보는 허망(虛妄)한 놈이기는 하지만, 근원을 따져보면 견성(見性)이라는 진견(眞見)에서 나툰 작용(作用)이다. 즉 견정(見精)은 진견(眞見)인 견성(見性)과 그 바탕이 다른 놈이 아니다. 견성(見性)을 떠나서 견정(見精)을 따로 논(論)할 수 없고, 견정(見精)을 떠나서 견성(見性)을 찾을 수도 없다. 진(眞)과 망(妄)이 불이(不二)임을 안다면, 견정(見精)으로 본각(本覺)을 설명하는 것을 이해할 수가 있을 것이다. 그래서 계속하여 **견정**(見精)을 예로 들어서 설명한다.

**[경(經)] 또 '아난'아, 너의 지금 묘정(妙淨)한 견정(見精)이 명(明)과 더불어 합(合)하였느냐, 암(暗)과 합(合)하였느냐, 통(通)과 합(合)하였느냐, 막힌 색(塞)과 합(合)하였느냐?**

**만일에 견정(見精)이 명(明)과 합(合)하였다면, 암(暗)할 적에는 명상(明相)은 이미 없어졌으니, 이 견(見)이 암(暗)과 합하지 아니한다면, 어떻게 암(暗)을 보느냐?**

**만일에 암(暗)을 볼 적에 암(暗)과 합(合)하지 않았다면, 명(明)과 합한 것도 응당 명(明)을 보지 못할 것이다. 이미 명(明)을 보지 못한다면, 어떻게 명(明)과 합(合)하였다고 하며, 명(明)이 암(暗)이 아닌 줄 알겠느냐?**

**또한 견정(見精)이 저 암(暗)과 통(通)과 색(塞)과 합(合)하였다는 것도 역시 이와 같다."**

復次 阿難, 又汝今者 妙淨見精 爲與明合 爲與暗合 爲與通合 爲與塞合 若明合者 至於暗時 明相已滅 此見卽不與諸暗合 云何見暗 若見暗時 不與暗合 與明合者 應非見明 旣不見明 云何明合 了明非暗 彼暗與通 及諸群塞 亦復如是

[경(經)] '아난'이 부처님께 사뢰었다.

"세존이시여, 제 생각에는 이 묘(妙)한 각원(覺元)이 모든 연진(緣塵)이나 마음의 염려(念慮)와 더불어 화합(和合)함이 아닌 듯합니다."

부처님께서 말씀하셨다.

"네가 이제 다시 '각(覺)이 연진(緣塵)이나 생각과 더불어 화합(和合)함이 아니다.'라고 하니, 다시 네게 묻노라.

이 묘(妙)한 견정(見精)이 화합(和合)이 아니라면, 명(明)과 어울려 화(和)하지 않았느냐, 암(暗)과 화(和)하지 않았느냐, 통(通)과 화(和)하지 않았느냐, 막힌 색(塞)과 화(和)하지 않았느냐?

만일에 명(明)과 화(和)하지 않았다면, 견(見)과 명(明)이 경계선(境界線)이 있어야 하니, 네가 자세히 보아라. 어디까지가 명(明)이요, 어디까지가 견(見)이냐? 견(見)과 명(明)이 어느 지점을 한계선(限界線)으로 하고 있느냐?

'아난'아, 만일 밝은 경계인 명제(明際)에 견(見)이 없다면, 서로 미칠 수가 없어서 명상(明相)의 소재를 알지 못할 것이니, 그 한계선이 어떻게 성립되겠느냐?

저 암(暗)과 통(通)과 색(塞)도 역시 이와 같다.

阿難白佛言 : 世尊, 如我思惟 此妙覺元 與諸緣塵 及心念慮 非和合耶

佛言 : 汝今又言 覺非和合 吾復問汝 此妙見精 非和合者 爲非明和 爲非暗和 爲非通和 爲非塞和 若非明和 則見與明 必有邊畔 汝且諦觀 何處是明 何處是見 在見在明 自何爲畔 阿難, 若明際中 必無見者 則不相及 自不知其明相所

在 畔云何成 彼暗與通 及諸群塞 亦復如是

[경(經)] **또 묘(妙)한 견정(見精)이 화합(和合)이 아니라면, 명(明)과 더불어 합(合)하지 않았느냐. 암(暗)과 합하지 않았느냐. 통(通)과 합(合)하지 않았느냐. 막힌 색(塞)과 합(合)하지 않았느냐?**

**만일에 명(明)과 더불어 합(合)하지 않았다면, 견(見)과 명(明)의 성질이 서로 어긋나는 것이 마치 귀(耳)와 명(明)이 아무런 관계가 없는 것과 같아서, 견(見)이 명상(明相)의 소재를 알지 못할 것이니, 어떻게 합(合)과 비합(非合)의 이치를 밝히겠느냐?**

**저 암(暗)과 통(通)과 색(塞)도 역시 이와 같다."**

又妙見精 非和合者 爲非明合 爲非暗合 爲非通合 爲非塞合 若非明合 則見與明 性相乖角 如耳與明 了不相觸 見且不知明相所在 云何甄明合非合理 彼暗與通 及諸群塞 亦復如是

**〈강의〉** 시각(視覺)현상을 알아보는 **견정**(見精)은 '화합(和合)과 비화합(非和合)'으로 설명이 안 된다. 견문각지(見聞覺知)하는 **육정**(六精)이 모두 이와 같다. 그런데 본래 주객(主客)이라는 상대(相對)를 여읜 절대(絶對)인 **본각**(本覺)을, 어떻게 이런 화합(和合)과 비화합(非和合)으로 설명하겠는가! 영지(靈知)인 견성(見性)이나 진심(眞心)인 진각(眞覺)은 언어(言語)를 통한 **논리**(論理)나 **사유**(思惟)로 표현할 방법이 없다. 절대(絶對)인 진(眞)은 언어(言語) 그 이전(以前)을 표현하는 용어이다. 그래서 '달마'대사는 일찍이 "문자(文字)를 세우지 않고 인심(人心)을 직지(直指)하여, 본성(本性)을 사무쳐 보고서 성불(成佛)하게 한다[不立文字 直指人心 見性成佛]"는 선법(禪法)을 주장하셨고, 연수(延壽)대사는 "명심(冥心)이라야 도(道)에 합(合)할 수가 있고, 의해(意解)로는 밝히기 어렵다."고 하셨다. 진심(眞心)인 본각(本覺)은 지식(知識)으로 알 수가 없고, 지혜(智慧)로도 밝힐 수 없다. 오직 견성(見性)해야만 분명하게 알 수 있다. 그래서 "스스로 친성(親省)할 뿐이지, 다른 방법이 없다"고 선사(禪師)들은 말한다.

그렇다면 〈능엄경〉을 열심히 공부하여 진짜 마음이라는 진심(眞心)을 이해(理解)한 구도자는 '어떻게 공부하여야' 장차 진심(眞心)인 본각(本覺)을 직접 확인(確認)하고 친성(親省)할 수가 있겠는가? 더구나, 확인해야 할 그 놈이 바로 나 자신(自身)이라면, **자기**(自己) **자신**(自身)을 어떻게 자신이 찾을 수가 있을까? 제 눈으로 제 눈을 볼 수가 없고, 제 입으로 제 배꼽을 깨물 수가 없듯이, 제 마음이 제 마음을 볼 수 없다고 말하지 않는가! 수심(修心)하는 구도자(求道者)가 여기에서 대부분 갈 길을 찾지 못하고 이리저리 헤매고 있다.

**출가**(出家)**한 승려**(僧侶)는 도(道)만 닦는 전문가이므로 부처되는 공부만 전공(專攻)하면 된다. 의식주(衣食住)가 해결되니 돈벌이할 궁리를 할 필요가 없다. 따라서 이치(理致)를 알아서 바르게 불법(佛法)을 **신해**(信解)하고 싶으면 기본적으로 사집(四集)과 사교(四敎)를 배우고 나서 대교(大敎)를 거쳐서 모든 경론(經論)을 '마스터'하면 된다. 다시 **행증**(行證)하고자 하면 사교입선(捨敎入禪)하여 선방(禪房)에서 참선(參禪)하고 화두(話頭)를 타파하여 견성(見性)하면 된다.

그러나 생계(生計)를 꾸려나가야만 하는 **재가**(在家) **수도인**(修道人)들은 그런 시간적(時間的) 물질적(物質的)인 여유가 없다. 거사

(居士)들이 진심(眞心)을 알고 친성(親省)하려고 참선(參禪)에 전념하는 것은 좋은 공부방법이 아니다. 가족(家族)들의 의식주(衣食住)를 해결하고 나서 그렇게 하는 것은 가(可)하지만, 부자(富者)가 아니면 화두(話頭) 일변도(一邊倒)는 그림의 떡이다. 그러면 생활인(生活人)은 어떻게 생사문제를 해결하여야 할 것인가? 화두(話頭) 참선(參禪)이 개발(開發)되기 이전부터 있었던, 돈교문(頓敎門)을 의지하는 공부방법이 있다. 육조(六祖)대사의 식심(識心) 견성(見性)을 따라서 공부하면 된다. 그 돈교문을 연수(延壽)대사가 〈돈교오위문〉(頓敎五位門)으로 자세하게 설명을 하셨다. 나는 이것이야말로 재가(在家) 수행자(修行者)가 공부하는 방법(方法) 중에서 가장 믿을 만한 것이라고 본다.

〈능엄경〉을 다독(多讀)하여 제 진심(眞心)을 확실하게 파악(把握)하였다면, 〈돈교오위문〉(頓敎五位門)의 초위(初位)인 **식심**(識心)의 단계를 지났다. 나머지 세 단계(段階)인 **지신무정**(知身無情), **사대공**(四大空), **오온공**(五蘊空)을 차례로 거쳐서 마지막에 제오위(第五位)인 **견성**(見性)을 지향하는 이 돈교(頓敎)법문을 도반(道伴)들에게 권장(勸奬)하고 싶다. 즉 확실하게 **식심**(識心)을 한 사람이라야 **견성**(見性)할 수 있다는 말씀을 믿고, 먼저 **변견식심**(辯見識心) **법문**을 통달하도록 노력하여야 한다. 분명하게 진심(眞心)인 본각(本覺)을 알아서 **견성**(見性)한 자(者)라야 무위(無爲)인 진짜 수행(修行)의 길을 갈 수가 있다. 먼저 찾는 물건이 어떤 것인지 확실하게 알아야만 그 물건을 찾을 수가 있다. 모르는 놈은 손에 쥐고도 모른다. 다만 제오위(第五位)인 **견성**(見性)은 열심히 공부한다고 성취되는 것이 아니다. **식심**(識心) 공부를 통달(通達)하고 점차 진보하다 보면, 무심(無心)이 되면서 시절인연을 '저절로' 만나서 '저절로' 견성(見性)하게 된다.

이제 **변견식심**(辯見識心)하신 부처님의 곡진(曲盡)한 법문(法門)을 마친다. 진심(眞心)을 파악하도록 자세하게 마음을 분석하고 설명하신 설법(說法)이 여기서 일단락(一段落)을 지었다. 독자(讀者)가 이 법문을 자세히 공부하여 **진짜 마음**을 분명하게 이해하였으면 남에게 마음을 설명할 수도 있다. 이 정도가 되면 이른바 **해오**(解悟)한 것이니, 〈돈교오위문〉(頓敎五位門)에서 **식심**(識心)이라는 첫 관문(關門)을 통과한 것이다.37) 계속 경전(經典)을 열심히 공부하여 **지신**(知身)과 **사대공**(四大空)과 **오온공**(五蘊空)을 거치면 의심(疑心)이 풀려서 저절로 무심(無心)해지고 시절(時節)이 오면 견성(見性)하게 된다.

우선 **식심**(識心)을 분명하게 해결하지 못한 경우를 위하여, 앞에서 말했듯이, **식심**(識心) **공부**에 참고가 될 선사(禪師)들의 글을 몇 개만 골라서 책 뒤에 부록(附錄)으로 실었다. 규봉(圭峰) 종밀(宗密)스님의 〈법집별행록〉과 영명(永明) 연수(延壽)대사의 〈주심부〉와 중봉(中峰) 명본(明本)대사의 〈능엄징심변견혹문〉에서 식심(識心)에 필요한 부분만을 **초역**(抄譯)하였다. 번역은 직역(直譯)을 원칙으로 하였으나, 뜻을 아는 것이 중요하므로 경우에 따라 의역(意譯)한 부분도 더러 있다.

---

37) 식심(識心)한 것을 보고, 흔히 "한 소식 했다"거나, "지견(知見)이 났다"거나, "견처(見處)를 얻었다"고 말한다.

# 제4장

# 중봉(中峰)의 『징심변견』(徵心辯見)

## 1. 간단한 소개

중국 원(元)나라 때 고승(高僧)인 명본(明本) 중봉(中峰)대사가 〈능엄경〉 제1권과 제2권에 나오는 징심변견(徵心辯見) 법문(法門)에 대하여 보충(補充) 해석(解析)한 글이다.

중봉(中峰: 1263~1323)대사는 사집(四集)중의 하나인 〈선요〉(禪要)의 저자인 고봉(高峰)선사의 법제자이다. 저서(著書)로는 〈광록〉(廣錄) 30권이 있는데, 이글은 〈광록〉 제13권에 들어 있다. 〈능엄경〉을 처음 공부할 적에 생기는 **식심**(識心)에 대한 의심(疑心)을 분명하게 밝혀서, 초심자가 읽으면 진심(眞心)과 망심(妄心)을 쉽게 구별하고 파악할 수가 있게 하였다. 문답(問答)하는 형식으로 설명하였기에 〈능엄(楞嚴) 징심변견(徵心辯見) 혹문(或問)〉이라는 제목이 붙어 있다. 이 글은 식심(識心)에 필요한 내용을 간단명료하게 설명하고 있어서 거의 대부분을 번역(飜譯)하였다.

## 2. 초역(抄譯)

'그윽한 지도리'인 **현추**(玄樞)가 조용히 운행(運行)하고 있으니 우주(宇宙)에 퍼져서 만법(萬法)마다 모두 두루하고, '신령스런 비춤'인 **영감**(靈鑑)이 높이 걸려서 항하사(恒河沙) 세계(世界)를 통섭(統

攝)하니 어떤 모습도 감추지를 못한다. 모습을 모두 감추지 못하는 것을 **견**(見)이라 하고, 만법(萬法)에 모두 두루한 것을 **심**(心)이라 부르는데, 견(見) 밖에 따로 **심**(心)이 없고, 심(心)을 떠난 **견**(見)이 따로 없다. 마치 순금(純金)으로 만든 금붙이와 같고, 맑은 물에서 일어나는 파랑(波浪)과 같다. 금붙이를 버리고 금(金)을 찾을 수가 없으니 금이 바로 금붙이이고, 파랑을 버리고 물을 구할 수가 없으니 물이 바로 파랑을 만든다. 비록 **이름**은 달라서 차별(差別)이 있는 것 같으나, **바탕**은 하나이므로 차별(差別)이 없다. 이리하여 세존(世尊)께서 **현추**(玄樞)의 정체(正體)를 의거하여 여러 각도에서 질문(質問)을 하셨고, '아난'은 **영감**(靈鑑)의 진광(眞光)을 몰라서 칠처(七處)를 가지고 대답했던 것이다.

현추 밀운 긍찰토이무법부주 영감 고현
玄樞가 密運하여 亘刹土而無法不周하고 靈鑑이 高懸하여
통사계이유형막은 유형막은지위견 무법부주지
統沙界而有形莫隱이라 有形莫隱之謂見이요 無法不周之
위심 증무외견지심 영유이심지견 유순금지
謂心이라 曾無外見之心하니 寧有離心之見이랴 類純金之
주상 유담수지흥파 사상무이멱기금 전금시
鑄像하고 有湛水之興波로다 舍像無以覓其金하니 全金是
상 발파하이구기수 즉수생파 명수이이사차
像이요 撥波何以求其水하니 卽水生波로다 名雖異而似差
체상일이무별 시이 세존 거현추지정체
이나 體常一而無別이다 是以로 世尊이 據玄樞之正體하여
설문다단 아난 매영감지진광 지귀칠처
設問多端하고 阿難이 昧靈鑑之眞光하여 指歸七處하니라

**혹문**(或問) : **'아난'이 칠처**(七處)**를 가리키는 그 행동**이, 이른바 말세(末

世) 중생(衆生)의 미혹(迷惑)을 제거하고자 일부러 그렇게 한 것입니까, 아니면 정말 몰라서 그렇게 미련하게 헤매었습니까?

**답**(答) : 그 지혜(智慧)를 보지 않으면 그 우치(愚癡)를 알 수가 없다. 우(愚)는 지(智)를 펴내는 단서(端緖)이고, 지(智)는 우(愚)를 털어내는 근본이다. 여래(如來)는 대웅(大雄)의 정지(正智)를 품어서 **영감**(靈鑑)이 소소(昭昭)하고, '아난'은 소승의 편우(偏愚)를 나타내니 **현추**(玄樞)에 어둡다. 그러나 지(智)는 우(愚)를 털어내기를 기다리지 않고 지(智)를 기르니, 여래(如來)는 징(徵)하되 징(徵)함이 없고, 우(愚)는 지(智)가 발동하기를 기다리지 않고 우(愚)를 고수하니, '아난'은 답(答)하되 정답(正答)이 아니다.

일시(一時)의 방편(方便)을 가지고, 만고(萬古)의 원문(圓聞)을 열었으니, **크도다**! **'아난'의 자비**(慈悲)**여**! '아난'은 과거의 부처님들이 설명하신 법요(法要)를 듣고, 모두 다 기억(記憶)하여 빠트림이 없다. 그 심법(心法)을 상세하게 이해하지 못하면서 어떻게 모두 다 기억(記憶)할 수가 있겠는가! 실은 말세(末世) 중생(衆生)들을 불쌍하게 여기어서, '아난'이 일부러 어리석음을 보이고, **여래**(如來)**께서 품은 뜻을 곡진**(曲盡)**하게 설명하시도록 방편**(方便)**을 베풀었던 것이니**, 후학(後學)에게 공부할 기회를 만들어 주고자 벌린 연극(演劇)이다.

**혹문**(或問) : '아난'이 **칠처**(七處)를 가리켰으나 모두 마음이 없었다. 그렇다면 사람마다 모두 "마음이 없다"고 하면, 옳습니까?

**답**(答) : **심**(心)은 사구(四句)를 떠났으니, 그 당체(當體)가 유무(有無)에 걸리지 않고, **도**(道)는 백비(百非)가 끊어졌으니, 응념(應念)을 어떻게 이(離: 無)와 재(在: 有)로 논(論)하겠느냐! 모르면 시비(是非)가 봉기(鋒起)하고, 알면 범성(凡聖)의 정(情)이 융화(融和)한다. 그러므로 '아난'이 가리킨 곳에 "마음이 없다"고 누가 말하겠는가! 오직 심원(心源)을 몰라서 치우쳐 편소(偏小)에 떨어져 있으므로, 여래(如來)께서 곡진(曲盡)하게 잘 설명하시어 그 치우친 것을 공박(攻駁)하신 것이다.

또한 **마음의 이**(理)**는 일체 중생**(衆生)**이 제각기 구족**(具足)**하고 있다**. 하물며 사람이 만물(萬物)의 영장(靈長)인데, 어떻게 심체(心體)를 구족(具足)하지 않았겠느냐! 만약 "마음이 없다"고 말한다면, 참으로 스스로 미혹(迷惑)한 것이다.

**혹문**(或問) : 가리킨 바 **칠처**(七處)가 모두 치우친 **편**(偏)이라면, 어떤 것이 올바른 **정**(正)입니까?

**답**(答) : 코끼리는 몸을 감추지 않았는데, 코끼리 몸을 제대로 파악하지 못한 것은 **장님**들의 잘못이다. 허공에는 본래 방위(方位)가 없지만, 방향(方向)은 중생들의 **집착**(執着) 때문에 있는 것이다. 코끼리는 장님 때문에 일부러 숨지 않는데, 허공이 중생들의 집착 때문에 일부러 방향을 정(定)하겠는가. **성심**(聖心)**에 어찌 정**(正)**과 편**(偏)**이 있겠는가**! 편(偏)과 정(正)은 사람의 소견(所見) 때문에 생긴다.

이제 비유(譬喩)를 들어서 밝혀보자. 어떤 사람이 **칠처**(七處)에서 각각 거주(居住)한 적이 있었는데, 누군가 그에게 물었다.

"달이 뜨고 지는 방향(方向)이 어디였소?"

그 사람이 처음에 대답하기를,

"수(水)의 동(東)에서 뜨고, 서(西)로 지더라."고 하였으니, 이것은 전에 수국(水國)에 살면서 본 것을 대답한 것이다.

또 다시 대답하기를,

"산(山)의 꼭대기에서 뜨고, 산 너머로 지더라."고 하였으니, 이것은 전에 산(山)속에 살면서 본 것을 말함이다.

또 다시 대답하기를,

"성(城)의 머리에서 뜨고, 성 밖으로 지더라."고 하였으니, 이것은 전에 성내(城內)에 살면서 본 것이다.

또 다시 대답하기를,

"뱃머리의 좌(左)에서 뜨고, 우(右)로 지더라." 하고,

"누각(樓閣)의 위에서 뜨고, 아래로 지더라." 하고,

"마을의 앞에서 뜨고, 뒤로 지더라." 하고,

"성곽(城郭)의 동(東)에서 뜨고, 서(西)로 지더라."고 하였으니, 모두 다 종전(從前)에 거주(居住)하던 일곱 곳에서 본 것이 마침내 가슴에 집착을 이룬 것이니, 지혜(智慧)로운 사람이라면 그 설명을 모두 긍정할 리가 없다. 물론 그가 가리킨 곳이 모두 '달이 뜨고 지는 방향'이 아닌 것은 아니지만, 그러나 달이 실제로 이 **칠처**(七處)에서 출몰(出沒)한 것은 아니다. 그렇게 방향을 가리킨 대답들이 모두 틀린 것은, 비록 처처(處處)에서 달을 보기는 했으나, 저 멀리 하늘을 한 번 쳐다보지 않았기 때문이다. 마치 '아난'이 가리킨 칠처(七處)를 '모두 심(心)이 아니다.'라고 말할 수는 없는 것과 같다. 다만 그가 스스로 한 번 회광(回光)하여 조견(照見)해보지 않았기 때문이다.

**혹문**(或問) : 그렇다면, '아난'이 가리킨 곳에는 '**마음이 일찍이 없었다**'는 말입니까?

**답**(答) : 무형(無形)인 모습을 눈으로 어떻게 볼 수가 있으며, 없는 존재(存在)를 종적(蹤跡)을 가지고 어떻게 찾겠는가! 피(彼)를 떠나고 차(此)를 떠나서 탁연(卓然)히 독존(獨存)하고, 중(中)도 아니고 변(邊)도 아니면서 담연(湛然)히 상주(常住)한다. 이것을 일체 중생이 여러 겁(劫)을 거치면서도 스스로 알지 못하고 있다. 세상에서 가장 큰 것은 허공(虛空)이다. 티끌과 모래같이 수많은 세계를 이 허공이 모두 포괄(包括)하고 있다. 여래(如來)께서 〈능엄경〉에서, "**마땅히 알아라. 네 마음에서 허공(虛空)이 생긴 것이 마치 하늘에 한 조각의 구름이 생긴 것과 같다**(當知虛空生汝心內 猶如片雲點太淸裏)"고 하시고, 또 "**허공(虛空)이 대각(大覺)에서 생긴 것이 마치 바다에 물거품 한 개가 생긴 것과 같다**(空生大覺中 如海一漚發)"고 말씀하셨다. 즉 허공이 가장 크지만, 진짜 마음인 묘명심(妙明心)에서 보면, 구름 한 조각이나 물거품 한 개에 불과할 뿐이다. 그러하니 이러한 마음의 체량(體量)은 범우(凡愚)가 측량(測量)할 수 없다. '아난'이 보인 대답은 이와 같은 줄 모르는 미혹(迷惑) 때문이다. 망견(妄見)이 장애가 되어서 칠처(七處)를 가리킨 것이, 마치 큰 바다를 버려두고 뜬 물거품 한 개를 가지고 바다라고 생각하는 것과 같다. 그래서 여래(如來)께서 부득이 이렇게 징심(徵心)하지 않을 수가 없었으니, '아난'의 편소(偏小)한 집착(執着)이 분명하여져서 더 이상 숨길 수가 없게 되었던 것이다.

**혹문**(或問) : **심체**(心體)가 이미 산하대지(山河大地)에 두루하다면, 어찌하여 **몸을 떠난 외부**(外部)**에는 지각**(知覺)**이 전혀 없습니까**? 어떻게 '마음이 몸 밖에도 두루한데도, 지각(知覺)을 갖추지 않았다'고 말할 수가 있겠습니까?

**답**(答) : 바람이 불면 수많은 구멍이 같이 소리를 내지만, 바람은 자신이 유력(有力)한 줄 모르고, 해가 뜨면 사방의 어둠이 훤하게 밝아져도, 아침 햇살은 스스로 무공(無功)인 것과 같다. 지리(至理)는 항상 접촉(接觸)하고 있으면서도, 미망(迷妄) 때문에 스스로 미혹(迷惑)한다. 네가 지금 "몸을 떠나면 지각(知覺)이 없다."고 말했는데, 그것은 잠시 그만두고, **몸 안의 지각(知覺)이란 것을 한 번 살펴보자.** 지각(知覺)이란 것이 사실은 단순히, '밥 먹으면 배부르고, 옷 입으면 따뜻하고, 더럽히면 때가 묻고, 씻어내면 깨끗해지고', 나아가서 '같이 따라가면 기뻐하고, 거슬리면 성내고, 영화(榮華)를 즐겨하고, 치욕(恥辱)을 괴로워하는 것과, 사물(事物)에 박통(博通)하고 고금(古今)을 기억(記憶)하는 것' 등에 불과하다. 이렇게 반연(攀緣)한 것들은 모두 **지각(知覺)과 비슷하지만 진짜 지각(知覺)이 아니다.** 네가 아직 이것을 모르고 있으니, 어찌하여 비슷하다고 하느냐? 육근(六根)과 육진(六塵) 경계(境界)가 상대하여 허망한 연진(緣塵)이 화합(和合)하여 있는 듯하지만, **진짜 지각**(知覺)이 아니다. 여래(如來)께서 **징변**(徵辯)하신 것은 바로 이것을 밝히고자 하심이다. 네가 깨닫지 못하여 아직도 이것을 지각(知覺)이라고 여기고 있구나. 또 너의 몸 가운데서 이 망(妄)을 버린다면, 지각(知覺)이라고 할 것이 무엇이 있겠느냐?

**혹왈**(或曰) : 이 몸이 지각(知覺)이 없다면 토목(土木)과 같다는 말입니까?

**답**(答) : 이 몸이 허망(虛妄)한 인연(因緣) 기운(氣運)을 버리면 토목(土木)과 전혀 다름이 없다.

**혹왈**(或曰) : 이 '허망(虛妄)한 인연(因緣) 기운(氣運)'은 어디에서 생깁니까?

**답**(答) : 일어난 곳이 없다. 이것은 너의 **일념**(一念)이 스스로 진각(眞覺)의 바탕에 등을 진 것이다. 이리하여 진각(眞覺)이 변전(變轉)하여 허망(虛妄)한 연진(緣塵)이 되었다.

**혹왈**(或曰) : 깨달아 통달한 사람도, 밥 먹으면 배부르고, 옷 입으면 따뜻합니다. 배부르고 따뜻한 줄 **'알면'** 허망(虛妄)과 같고, **'알지 못하면'** 토목(土木)과 같습니까?

**답**(答) : 네가 잘 모르구나. **진각**(眞覺)**의 바탕이 어떻게 잠시라도 부재**(不在)**할 수가 있겠느냐!** 너는 아직 못 들었느냐? 미(迷)하면 식(識)이고, 오(悟)하면 지(智)이다. 이름은 바뀌지만 바탕은 안 바뀐다. 그래서 〈능엄경〉에서 "**근진**(根塵)**은 같은 근원**(根源)**이고, 결박**(結縛)**과 해탈**(解脫)**이 둘이 아니다. 식**(識)**의 성품은 허망**(虛妄)**하니, 마치 허공 꽃과 같다.**(根塵同源 縛脫無二 識性虛妄 猶如空花)"고 하였다. 어떤 것이 **식**(識)인가? 바탕을 인정하여 아(我)라고 여기고, 집착하여 분별(分別)하는 것이다. 어떤 것이 **지**(智)인가? 바탕이 아(我)가 아닌 줄을 알아서 모든 분별(分別)을 여의는 것이다.

**혹왈**(或曰) : 깨달아 통달한 사람도, 산(山)을 보고 물이라고 말하지 않고, 중을 보고 속인(俗人)이라고 말하지 않습니다. 이러한데도 분별(分別)이 없다고 하겠습니까?

**답**(答) : 진적(眞寂)인 바탕에는 본래 **영감분별**(靈鑑分別)을 갖추고 있어서, 식분별(識分別)과는 다르다. 즉 '식(識)'은 기심(起心) 분별(分別)이고, '지(智)'는 **무념**(無念) **분별**(分別)이다.

**혹왈**(或曰) : **무념**(無念)인데 어떻게 분별(分別)합니까?

**답**(答) : 그대는 세상에서 **밝은 거울**을 보지 못했는가. 거울은 무정(無情)이라서 식(識)이란 것이 없으니, 어떻게 염체(念體)가 있겠느냐. 그런데도 예쁜 것은 예쁘게 비추고, 못난 것은 못나게 비추니, 어찌 '분별(分別)을 아니한다'고 하겠느냐. 대개 그 바탕이 허명(虛明)하므로 통감(洞鑑)하여 훤히 비춘다. **분별**(分別)하는 것 같으나 실로 분별(分別)하는 생각이 없으니, 나의 **영감분별**(靈鑑分別)하는 바탕과 무엇이 다르겠느냐. 그래서 "만 개의 구멍이 바람만 불면 소리를 내고, 사방의 어둠이 햇빛을 만나면 밝아지지만", 바람은 구멍에서 소리를 내려는 **의도**(意圖)가 없이 움직이고, 햇빛은 어둠을 밝히려는 **생각** 없이 비춘다. 모두 바탕이 본래 그러하기 때문이다. 유위(有爲)인 것 같으나 실은 유위(有爲)의 마음이 없다. 네가 만일 이것을 체득(體得)하면, 하루 종일 먹고 마시더라도 배부름을 방해(妨害)하지 않고, 실로 음식을 씹는다는 능(能)이 없다. 종일 옷을 입어도 따뜻함을 장애(障碍)하지 않고, 옷을 걸친다는 집착(執着)이 없다. 그래서 고인(故人)이 말하기를, "공화(空華)인 범행(梵行)을 수습(修習)하고, 수월(水月)인 도량(道場)에 연좌(宴坐)한다."고 하였다. 범성(凡聖)의 정(情)을 잊고, 시비(是非)의 견(見)을 다 없애면, 진지(眞知)인 영각(靈覺)이 일도(一道)로 제평(齊平)하니, 어찌 몸 안과 몸 밖으로 나누겠느냐.

**네가 앞에서 묻기를, "몸의 밖에는 지각(知覺)이 전혀 없다."고 하였는데,** 이제 네게 묻겠다. 네가 지금 이 사대(四大) 색신(色身) 밖에, '물(物)이 있다'고 지각(知覺)하느냐? '물(物)이 없다'고 지각(知覺)하느냐? 만약 유물(有物)을 불각(不覺)하면 마땅히 토목(土木)과 같다. 유각(有覺)이라면 능히 요지(了知)하느냐? 요지(了知)가 불능(不能)이냐? 설령 네가 실심(失心)하여 요지(了知)가 불능(不能)하여서, 명(明)을 암(暗)이라 하고, 색(色)을 공(空)이라 하여 틀리게 말하더라도 지각(知覺)이 없는 것은 아니다. 손이 가리키는 바를 따라, 허공과 물상(物象)의 대소(大小)와 미오(美惡)를 분명하게 구별한다. 진실로 지각(知覺)이 아니라면 무엇이 이렇게 하겠는가. 문득, 망혹(妄惑)이 단번에 공(空)하고, 집착하는 정식(情識)을 털어버리면, 시방(十方)의 허공(虛空)이 곧 대원경(大圓鏡)으로서 갈고 닦지 않아도 고(古)를 비추고 금(今)을 비추며, 삼천(三千)세계의 찰해(刹海)가 능엄왕(楞嚴王)으로서 수증(修證)을 빌리지 않고도 범(凡)을 융화(融化)하고 성(聖)을 융화(融化)하는 것을 알게 된다.

여기에 도달하면 허망(虛妄)한 지각(知覺)이 의지할 곳이 없다. 그래서 영명(永明)화상은 일심(一心) 만법(萬法)으로 바탕을 삼고, 여래(如來)의 일대시교(一代時敎)에서 중요한 문장을 정리하여 〈종경록〉(宗鏡錄)을 지었으니, 일심(一心)으로 종(宗)을 삼아, 만법(萬法)을 조(照)하여서 경(鏡)을 삼았다. 비록 100권(卷)의 문장이 번잡하지만, 대의(大意)는 오직 허망(虛妄)을 가려내고 무념(無念)인 진각(眞覺)을 밝혀서 들어내려는 데 있다. 영명(永明)화상이 〈종경록〉을 짓기 전에도 일심(一心)은 만법(萬法)을 비추고 있었음을 알아야 한다. 어찌 영명(永明)화상만 그렇겠느냐. '석가모니'가 영축산(靈鷲山)을 나오기 전에도 일심(一心)은 만법(萬法)을 비추고 있었다.

이 이치(理致)는 고금(古今)을 통하여 무변(無變)이며, 어묵(語默)을 따르되 옮기지 않는다. 단적으로 말한다면, 견문(見聞)을 털어버리고 맨몸으로 체달(體達)하여야 알 수가 있지, 실로 말이나 뜻으로 통달할 수 있는 것이 아니다.

그리하여 영가(永嘉)대사가 이르되, "**만약 지(知)로서 적(寂)을 알더라도 이것은 무연지(無緣知)가 아니다**(若以知知寂 此非無緣知)"라고 하였으니, 이것은 문자(文字)와 능소(能所)에 의지하여 영지(靈知)의 바탕을 아는 것을 깨트렸다. 즉 〈능엄경〉에서 말한 "**지견(知見)에 입지(立知)하면 즉 무명(無明)의 근본(根本)이다**(知見立知 卽無明本)"에 해당한다. 왜냐하면, 영감(靈鑑)의 바탕에 본래 갖추고 있는 무념(無念)인 지(知)를 묘하게 계합(契合)하려고 하면, 이 무념(無念)인 지(知)가 따로 소지(所知: 客觀)가 있는 것을 용납하지 않기 때문이다.

또 "**저절로 아는 지(知)라고 알더라도 역시 무연지(無緣知)가 아니다**(若以自知知 亦非無緣知)"라고 하였으니, 이것은 비록 문자(文字)와 인연(因緣)을 빌리지는 않았으나, 숙근(夙根)이 불매(不昧)하여 태어나면서 능지(能知)하는 것이니 무연(無緣)이 아니고 능지(能知: 主觀)의 흔적이 아직 남아 있는 것이다. 〈능엄경〉에서 말한 "**자기 마음으로 자기 마음을 취하면 환(幻)이 아닌 것이 환법(幻法)을 이룬다**(自心取自心 非幻成幻法)"는 것이다. 왜냐하면, 대개 진적체(眞寂體) 가운데 있는 지각(知覺)은 원래 일법(一法)도 인연하지 않고서 갖추어져 있기 때문이다. 진실로 바탕에 의하지 않고 증(證)하더라도, 터럭만 한 말이 있으면 그 지견(知見)은 모두 희론(戱論)에 떨어진다. 네가 몸 안과 몸 밖을 말하는 것이 어찌 희론(戱論)이 아니겠느냐! 실로 광우(狂愚)이다.

**혹문**(或問) : 중생(衆生)의 지각(知覺)과 여래(如來)의 지각(知覺)이 같습니까, 다릅니까?

**답**(答) : 중생이 소금을 먹으면 "짜다"고 하고, 부처님은 "싱겁지 않다"고 한다. 부처님이 불을 보면 "뜨겁다"고 하고, 중생은 "차지 않다"고 한다. 비록 차전(遮詮: 否定)과 표전(表詮: 肯定)이 다르지만, 지각(知覺)하는 성품(性品)은 같다. 진실로 진(眞)과 망(妄)이 간격(間隔)이 없는데, 중생과 부처가 어떻게 다르겠는가. 그러나 지각(知覺)에 두 가지가 있으니, 하나는 '진지(眞知) 진각(眞覺)'이고, 하나는 '망지(妄知) 망각(妄覺)'이다. 이 두 가지는 같은 듯하지만 다르고, 비록 다르지만 같다. 그래서 범성(凡聖)이 이것으로 구분(區分)되고, 미오(迷悟)가 여기서 갈라진다. 〈원각경〉 서문(序文)에 말하기를 "혈기(血氣)가 있는 종류는 반드시 지(知)가 있다."고 했으니, 무릇 지(知)가 있는 것은 반드시 같은 바탕이다. 이 말씀은 진지(眞知)의 바탕을 일체 중생(衆生)이 본래 구족(具足)하고 있어서 부처님의 상주(常住)하는 법신(法身)의 바탕과 다르지 않다는 것을 바로 지적한 것이다. 이 바탕은 담연(湛然) 상적(常寂)하되 영지(靈知)하므로 마음이라고 하는데, 두루 법계(法界)를 포함한다. 비록 모든 세간의 모습들이 찰나 찰나에 생주이멸(生住異滅)하지만 이 바탕은 부동(不動)이다. 여래께서 징심(徵心)하신 것은 이 마음을 나타내고자 하신 것이다. 이 마음은 일체의 명상(名相)과 성범(聖凡)·염정(染淨)·인연(因緣)과 자연(自然)·진망(眞忘)·화합(和合)과 나아가 견문각지(見聞覺知) 등등의 법(法)을 여의었다. 소위 망(妄)이란 것은 지금 이 사대(四大)를 몸으로 삼고, 근진(根塵)이 상대하여 온(蘊)·장(藏)·음(陰)·식(識)이 처소를 따라 집착하고 분별을 일으켜서, 취사(取捨) 증애(憎愛)하는 생각이 천류(遷流)하여 쉬지 않는 것을 마음이라고 여기는 것이다. 이 망체(妄體)는 근진(根塵)으로 말미암아 허망하게 화합한 것이므로, 그 바탕이 있는 것 같지만, 근진(根塵)이 만일 사라지면 이 망(妄)인 마음도 역시 소멸한다. 이것을 '아난'이 마음이라고 가리킨 것이니, 여래(如來)께서 어찌 나무라지 않았겠느냐. 그래서 이 허망심(虛妄心)은 전진(前塵)을 여의면 필경에 바탕이 없다고 하시면서, 〈능엄경〉에서 "**육진(六塵)으로 말미암아 지(知)가 발현(發現)하고, 육근(六根)을 인연(因緣)하여 모습이 있다. 모습과 견(見)이 성품이 없어서 마치 서로 의지하고 서있는 교로(交蘆)와 같다**(有塵發知 因根有相 相見無性 同於交蘆)"고 하셨다. 이것이 앞에서 말한 '같은 듯하면서 다름'이다.

**혹문**(或問) : 이 **망**(妄)의 바탕이 '진(眞)을 의지하여' 존재합니까? 아니면 '진(眞)을 떠나서 따로' 존재합니까? 만약 진(眞)을 의지하여 존재한다면, 망(妄)이 곧 진(眞)이고, 만약에 진(眞)을 떠나서 따로 존재한다면, 두 개의 바탕을 이루게 됩니다.

**답**(答) : **진**(眞)을 의지하여 **망**(妄)이 생기니, 마치 물이 얼음이 되는 것과 비슷하다. 망(妄)을 말미암아 진(眞)을 나타내게 되니, 마치 연기(煙氣)를 보고 불이 있음을 아는 것과 같다. 단단한 얼음이 바로 물이라고 하지만 얼음은 유동(流動)하지 못하고, 맹렬(猛烈)한 불이 바로 연기(煙氣)라고 하지만 불은 막히는 성질이 없다. 집착(執着)하면 천 갈래 길이 제각기 있고, 요지(了知)하면 일도(一道)가 가지런하다. 법계(法界)의 이치가 이러하므로, 여래(如來)가 침묵을 지킬 수가 없다. 중생들이 성인(聖人)의 선권(善權)인 방편(方便)을 잘 알지 못하여, 그 말에 쏠려서 집착(執着)하고 얽매이어서, 동이(同異)가 없는 데서 깜냥대로 동이(同異)를 본다. 여래(如來)께서 동(同)에서 이(異)를 세워서 먼저 진(眞)과 망(妄)을 분명하게 구별하시고, 다시 이(異)를 부수고 동(同)을 세워서 **진망**(眞妄)을 모두 털어내었다. 〈능엄경〉에서 수건(手巾)에 여섯 번 매듭을 묶은 '**일건육결**(一巾六結)'을 비유로 들어서 자세히 밝혔는데, 일건(一巾)은 진(眞)을 비유하고 육결(六結)은 망(妄)을 비유한 것이다. 일건(一巾)이 아니면 육결(六結)을 이루지 못하니 망(妄)은 진(眞)을 의지하고, 또 육결(六結)이 아니면 일건(一巾)을 나타내지 못하니 진(眞)은 망(妄)을 의지한다. 그래서 여래께서 〈능엄경〉에서 이르시기를 "**매듭을 푸는 것은 차례(次例)를 따르고, 육결(六結)을 풀면 일건(一巾)도 없다(解結因次第 六解一亦亡)**"고 하시니, 망(妄)을 모두 없애면 일진(一眞)인들 어떻게 존재하겠는가! 이렇게 망(妄)을 가지고 진(眞)을 관찰하면, '비록 다르지만 같다'.

**혹문**(或問) : 진(眞)은 망(妄)의 끝을 껴잡고, 망(妄)은 진(眞)의 근원까지 사무치니, 진망(眞妄)이 같은데 중생(衆生)과 부처의 길이 항상 다른 까닭은 무엇입니까?

**답**(答) : **생기**지만 무생(無生)이니 제불(諸佛)은 중생의 식해(識海)에 있으면서 '열반'에 들고, 고요하지만 상동(常動)이니 중생(衆生)은 제불의 심원(心源)에 있으면서 생사(生死)에 떨어진다. **이**(理)로서 구하면 전혀 같고, **사**(事)로 미뤄보면 전혀 다르다. 지각(知覺)의 바탕을 똑같이 갖추었지만, **제불**(諸佛)은 공겁(空劫) 이래로 여리(如理)하게 이해(理解)하고, 해(解)를 따라 수행(修行)하고, 행(行)을 따라 증득(證得)하지만, **중생**(衆生)은 미혹(迷惑)하여서 이해(理解)하지 못하고, 해(解)하여도 수행(修行)하지 못하고, 행(行)하여도 증득(證得)하지 못한다. 그러므로 서로 다르다. 미혹(迷惑)하여 이해(理解)하지 못하는 부류는 논(論)할 필요조차 없지만, 입은 실상(實相)을 이야기하면서 **뜻**은 반연(攀緣)을 따르고, 행적(行跡)은 공종(空宗)을 밟으면서 **정식**(情識)은 유해(有海)에 빠지는 무리들은, 요해(了解)한다는 헛이름만 있고, 실은 범우(凡愚)의 열행(劣行)에 떨어져 있다. 그러나 진(眞)과 망(妄)이 동원(同源)임은 **자성**(自性)을 본래 구족(具足)하고 있음을 말하지만, 고금(古今)에 "망(妄)을 끊지 않고도 **진**(眞)에 돌아가고, 진(眞)을 내버리지 않고도 **계리**(契理)한 사람이 있다"는 말은 아직 들어보지 못했다. 물론 사람에 따라 돈(頓)과 점(漸)의 차이(差異)는 있다. 이상(以上)은 **사**(事)와 행(行)으로 말한 것이다.

다시 **이**(理)로 말한다면, 십법계(十法界)가 모두 같이 일심(一心)을 갖추고 있으니, 〈경〉(經)에 이르기를 "**심(心)과 불(佛)과 중생(衆生)은, 셋이 차별(差別)이 없다(心佛衆生 三無差別)**"고 했으니, 어찌 중생과 부처의 과(果)가 다르겠느냐. 즉 서로 다르고 같지 않은 것은, 망(妄)을 보내지 못하고, 진(眞)을 없애지 못하고, 견(見)을 버리지 못한 탓이다. 통틀어 말하자면, 아직 **유심**(唯心)인 이치를 밝혀내지 못하고 있다.

**혹문**(或問) : 진(眞)과 망(妄) 이외에 따로 마음이 있습니까? 없습니까?

**답**(答) : 가옥(家屋)은 총명(總名)인데, 이 가옥을 의지하여 성주괴공

(成住壞空)을 나타낸다. 마음은 정체(正體)이고 마음을 의지하여 진(眞)과 망(妄)을 밝힌다. 비유하는 글로써 거듭 설명해보자. 일심(一心)은 '허공'에 비유(譬喩)하고, 진(眞)은 '밝음'에, 망(妄)은 어둠에 비유하면, 밝은 낮에는 허공이 같이 밝고, 어두운 밤에는 허공이 같이 어둡다. 진(眞)과 망(妄)이 일심(一心)과 같이하는 것이 이것과 유사(類似)하다. 허공이 아니면 명암(明暗)을 나타내지 못하듯이 진망(眞妄)도 일심(一心)을 여의지 않는다. 생각해보면, 허공(虛空)의 바탕은 고금(古今)에 확연(廓然)하여 명(明)과 암(暗)에 따라가지 않음이 분명하다.

**혹문**(或問) : **육근**(六根)이 모두 묘용(妙用)을 가지는데 여래(如來)께서 단지 **견**(見)만 설명하신 것은 무슨 까닭입니까?

**답**(答) : 오직 견(見)만 설명하신 것은, 처음에 '아난'이 "**제가 눈으로 여래의** 32**상**(相)**을 보았습니다**."라고 하였기 때문에 견(見)만 가지고 설명하셨다. 일근(一根)만 요달(了達)하면 모든 육처(六處)를 분명하게 알게 된다. 견(見)에 두 가지가 있다. 여래께서 '심체(心體) 영지(靈知)가 요료불매(了了不昧)하는 것을 견(見)이라'고 하신 것은 '진견(眞見)'이고, '아난'이 중생들의 버릇에 의지하여 '눈으로 전진(前塵)의 색상(色象)을 대(對)하는 것을 견(見)이라'고 말한 것은 '망견(妄見)'이다. **망견**(妄見)은 여러 가지 **전진**(前塵)을 여의면 견(見)이 없고, **진견**(眞見)은 전진(前塵)이나 인연(因緣)·화합(和合) 등의 모습과 관련이 없는 진적체(眞寂體)의 확연(廓然)한 **영감**(靈鑑)을 가리키므로, 어떻게 해와 달이 능히 견(見)하게 할 수 있겠느냐. 여래(如來)께서 '아난'과 같이 **전진**(前塵)이 모두 8종(種)임을 설명하시고, 전진(前塵)을 그 소속(所屬)한 곳으로 돌려보내고는, "**돌려보낼 수 없는 것은 네가 아니고 무엇이냐**(不汝還者 非汝而誰)"라고 하시어, 망(妄)을 깨트리고 진(眞)을 보이셨다.

**혹문**(或問) : 눈이 전진(前塵)을 대(對)하는 것을 견(見)이라 할 수 없다면, '**내 눈에는 견**(見)**이 없다**'고 하겠습니까?

**답**(答) : 여래(如來)께서 〈능엄경〉에서 이르시되 "**눈이 본다면, 금방 죽은 사람도 눈은 현재 그대로 있는데, 어찌하여 못 보느냐**(若曰眼見 諸已死人 眼目現在 云何不見)"라고 하셨으며, 또 "**비유컨대, 장님이 수술**(手術)**을 하여 안광**(眼光)**이 열리면 '눈이 본다'고 말한다. 만약 눈이 정상적인 사람이 암실**(暗室)**에 있다가 문득 불을 켜서 밝게 보이면 '불이 본다'고 할 수가 있느냐**? **불은 빛깔을 나타내고, 보는 것은 눈이지 불이 아니다. 이와 같이 눈은 빛깔을 나타내고, 보는 것은 마음이지 눈이 아니다.**"라고 하셨다. 여기서 알아차리면 눈에는 실로 견(見)이 없는 줄을 알게 된다.

**혹문**(或問) : "**만약 물건**(物件)**이 견**(見)**이라면, 이 (물건은) 견**(見)**이니 물건**(物件)**이 아니다. 만약 물건**(物件)**이 견**(見)**이 아니라면, 어떻게 물건**(物件)**을 보겠느냐**?"라는 법문(法門)은, 견(見)과 물건(物件)이 같다는 말입니까? 다르다는 말입니까?

**답**(答) : 요컨대 물건(物件)은 **견**(見)이 아니고, **견**(見)은 물건(物件)이 아니다. 견(見)은 물건을 나타내고, 물건은 견(見)을 나타낸다. 물건은 견(見)이 아니면 물건이 아니고, 견(見)은 물건이 없으면 견(見)이 아니다.

**혹문**(或問) : 물건을 여의면 오직 견(見)뿐이고, 오직 견(見)이라면 바로 마음입니다. "**견(見)을 견(見)할 적에 견(見)은 견(見)이 아니다**(見見之時 見非是見)"라는 것은 무슨 뜻입니까?

**답**(答) : 원래(原來) 여래께서 **영감**(靈鑑) **심체**(心體)를 직지(直指)하신 것은, 특별히 근진(根塵)이 상대(相對)하여 일어나는 **망심**(妄心)만 깨트리려는 것이 아니고, 동시에 망(妄)을 여읜 절대(絶對)인 **진심**(眞心)도 함께 깨트리려는 것이다. 무릇 **진**(眞)**과 망**(妄) '두 가지'는 모두 중생의 무시(無始)로부터 내려온 **견병**(見病)이다. 그러므로 〈능엄경〉에서 "**명(明)을 볼 적에 견(見)은 명(明)이 아니다**(見明之時 見不是明)"라고 설명한 것은 망(妄)을 깨트려서 **진**(眞)을 밝히는 파망현진(破妄顯眞)이고, 그 다음에 "**견(見)을 견(見)할 적에 견(見)은 견(見)이 아니다**(見見之時 見非是見)"라고 설명한 것은 **진**(眞)도 같이 털어버리는 망진구견(妄眞俱遣)이다. 그래서 〈능엄경〉 게송(偈頌)에서 이르되, "**망(妄)을 설명하여 진(眞)을 나타내지만, 망(妄)과 진(眞)은 같은 이망(二妄)이다. 오히려 진(眞)도 비진(非眞)도 아니거늘, 어찌 능견(能見)과 소견(所見)이 있으랴**(言妄顯諸眞 妄眞同二妄 猶非眞非眞 云何見所見)"라고 설명하시니, 여래(如來)께서 여기에서 말과 이치가 궁극(窮極)에 이르렀던 것이다. 그렇게 진망(眞妄)을 모두 털어버리고 나서, "**견(見)은 오히려 견(見)을 여의었으니, 견(見)으로는 미칠 수가 없다**(見猶離見 見不能及)"라고 하신 것은, **영감**(靈鑑)의 바탕이 내외(內外)가 원명(圓明)하여 견문각지(見聞覺知)를 여읜 것임을 가리킨 것이다. 그래서 '유마힐'(維摩詰)이 이르시되 "**법(法)은 견문각지(見聞覺知)가 아니다. 만약 견문각지를 구(求)하면, 그것은 견문각지를 구하는 것이지 법(法)을 구하는 것이 아니다.**"라고 하셨다. 대개 견문각지(見聞覺知)는 모두 허망한 근진(根塵)이 화합하여 존재하는 것이다. 묘명진심(妙明眞心)은 탁 트이어서 변제(邊際)가 없다. 이것으로 견(見)하면 태양을 장공(長空)에 붙인 것이고, 이것으로 문(聞)하면 칩뢰(蟄雷)를 허곡(虛谷)에다 계(啓)함이다. 어떻게 다시 부광(浮光)과 환영(幻影)에 농락(籠絡)당하겠는가.

**혹문**(或問) : 오랫동안 망(妄)에 묶여 있었는데, 이제 망(妄)을 단절(斷絶)하고자 하나 방편(方便)이 없으니, 가르쳐주십시오.

**답**(答) : 나는 망(妄)이 어디에서 일어나는지 모르는데, 그대는 망(妄)을 단절(斷絶)하고자 하는구나. 만약 **망**(妄)**이 마음에서 일어난다면**, 망(妄)을 단절(斷絶)할 수 있고, 마음도 역시 단절할 수 있다. 마음이 단절(斷絶)된다면, 제불(諸佛)의 일승(一乘), '보살'의 6 '바라밀', 연각(緣覺)의 12연(緣), 성문(聲聞)의 4제(諦), 천인(天人)의 10선(善)을 모두 단절(斷絶)할 수 있다. 나아가서, 눈으로 보는 것, 귀로 듣는 것과, 코로 냄새 맡고, 혀로 맛보고, 의(意)의 법연(法緣) 내지 수습(水濕)·화열(火熱)·풍동(風動)·지견(地堅)과 세간(世間)·출세간(出世間)을 모두 단절(斷絶)할 수가 있다. 그러나 이러한 제연(諸緣)을 단절(斷絶)할 수가 없으므로, 네가 말하는 망(妄)도 역시 단절(斷絶)시킬 이치(理致)가 없다.

**문왈**(問曰) : 진실로 단절(斷絶)할 수가 없다면, 상속(相續)할 수밖에 없는 것입니까?

**답**(答) : 쯧쯧! 이 무슨 말인가. 마음을 일으켜서 망(妄)을 단절(斷絶)하는 것도 허용되지 않는데, 어찌 상속(相續)을 용납하겠느냐. 네 말을 들어보니, 너의 망체(妄體)는 과연 단멸(斷滅)한 적이 있었구나. 진실로 단멸(斷滅)한 적이 없다면, 어떻게 상속(相續)한다고 할 수가 있느냐. 무시(無始)인 겁전(劫前)에 최초(最初)에 불각(不覺)하여 촌념(寸念)을 문득 일으켜 진심(眞心)을 위배하여 천류(遷流)하면서 지금까지 머문 적이 없었다. 나아가서, 제불(諸佛)의 출세(出世)와 조사(祖師)의 서래(西來)도 모두 너의 망정(妄情)이 집수(執受)하는 바이다. 만약 이 망(妄)을 단절(斷絶)코자 한다면 마땅히 자심(自心)을 밝혀야 한다. 자심(自心)을 한 번 밝히면 무변(無邊)인 망연(妄緣)을 적체(覿體)하고 융회(融會)한다. 글에 이르기를 "망(妄)은 마음이 밝지 않으면 단절(斷絶)하지 못하고, 마음은 망(妄)을 단절(斷絶)하지 않으면 밝지 않다. 마음이 밝은 것은 망(妄)을 단절(斷絶)하여 밝고, 망(妄)이 단절(斷絶)되는 것은 마음을 밝혀서 단절(斷絶)된다."고 하였다. 망(妄)이 단절(斷絶)되는 고로 색공(色空)과 명암(明暗)이 안광(眼光)을 장애(障碍)하지 못하니, **변견**(辯見)**할 것**이 무엇이 있으며, 마음이 밝은 고로 견문각지(見聞覺知)가 호말(毫末)에 돌아가니, **징심**(徵心)**할 것**이 무엇이 있겠는가!

이상(以上)은 〈능엄징심변견혹문〉에서 초역(抄譯)함.

# 제5장

# 규봉(圭峰)의 『법집별행록』(法集別行錄)

## 1. 간단한 소개

〈**법집별행록**〉(法集別行錄)은 당(唐)나라 때 선교(禪敎)를 겸수(兼修)한 규봉(窺峰)종밀(宗密)대사가 지은 글이라고 전해진다. 종밀(宗密, 780~841)대사는 출가 후에 〈원각경〉(圓覺經)을 읽다가 견성(見性)한 스님으로, 후에 화엄경(華嚴經)을 보고서 청량(淸凉)국사 징관(澄觀)의 뒤를 이어 후세에 화엄종 제5조로 추앙받았다. 그는 선교(禪敎)의 일치(一致)를 위하여 많은 저술(著述)을 했는데, 이 〈법집별행록〉은 〈**법집**〉(法集)이라는 책에서 초록(抄錄)한 것이라고 전한다. 다만 현존(現存)하지 않으나, 그가 지은 〈사자승습도〉(師資承襲圖)에도 같은 내용이 들어 있으므로 그의 저술(著述)이라고 알고 있다. 고려(高麗)의 보조국사(普照國師) 지눌(知訥)대사가 이 글을 존중하여 스스로 〈사기〉(私記)라는 해설을 붙여서 〈절요〉(節要)라는 이름으로 오늘날까지 전해오고 있다. 대한불교 조계종(曹溪宗)의 강원(講院)에서 사집과(四集科)의 필수과목으로 가르쳐왔는데, 여기에는 〈법집별행록〉 중에서 **식심**(識心)에 필요한 부분만 초역(抄譯)하였다. 〈능엄경〉의 **'사마타' 법문**과 서로 참조(參照)하면, **식심**(識心)하는 데 크게 도움이 되리라고 생각한다.

## 2. 초역(抄譯)

규봉(圭峰) 종밀(宗密)대사가 〈법집별행록〉(法集別行錄)에서 말하였다.

“선문(禪門)의 취지(趣旨)는 안으로 반조(返照)하는 내조(內照)에 있으므로, 글로 쓸 수가 없고 말로 전할 수가 없다. 비록 말로는 표현하지 못하지만, 오히려 억지로 말할 수가 있지만 글로는 표현하지 못하므로 글로 쓰기가 더욱 어렵다. 이제 부득이(不得已)하여 글로써 나타내고자 하니, 바라건대 글을 보고서 마음을 내조(內照)하되 글에는 걸리지 않아야 할 것이다.”

**하택(荷澤) 신회(神會)대사**[38]**의 종지(宗旨)**

제법(諸法)이 꿈과 같다고 여러 성인(聖人)들이 다 같이 말씀하셨다. 그러므로 망념(妄念)이 본래 고요하고 육진(六塵) 경계(境界)가 본래 비었다. 비고[空] 고요한[寂] 마음이 **신령(神靈)하게 알아서**[知] 어둡지 아니하니, 이 공적(空寂)한 마음이 일찍이 달마(達磨)대사께서 전하신 청정(淸淨)한 마음이다. 미혹(迷惑)하여 중생으로 지내거나 깨달아서 부처가 되더라도, **마음은 본래 저절로 아는데,** 이 저절로 아는 영지(靈知)는 인연(因緣)을 빌려서 나는 것도 아니고 경계(境界)를 만나서 일어나는 것도 아니다. 미(迷)한 때는 번뇌(煩惱)이지만 이 영지(靈知)는 번뇌(煩惱)가 아니고, 깨달은 때는 신통(神通)이지만 이 영지(靈知)는 신통(神通)이 아니다.

---

38) 하택(荷澤) 신회(神會)대사는 신수(神秀)대사와 혜능(慧能)대사의 제자로, 낙양(洛陽)의 **하택사**(荷澤寺)에서 혜능(慧能)의 돈교(頓敎)를 널리 펴서 북종(北宗)을 비판하고 혜능(慧能)을 육조(六祖)로 추앙한 남종(南宗)의 선사이다.

荷澤意者는 謂 諸法如夢을 諸聖이 同說故로 妄念이 本寂하고 塵境이 本空이라 空寂之心이 靈知不昧하니 卽此 空寂之知가 是前達磨所傳淸淨心이라 任迷任悟하나 心本自知요 不藉緣生이요 不因境起라 迷時에는 煩惱이나 知非煩惱요 悟時에는 神變이나 知非神變이라

그러나 이 '**안다**'[知]는 한 단어(單語)는 온갖 묘한 모습의 근원(根源)이다. 이 **지**(知)를 미혹(迷惑)하게 되면서, '나'[我]라는 모습[相]을 일으키고, '나'[我]와 '내것'[我所]을 헤아리며, 사랑과 미움이 저절로 생기고, 사랑과 미움의 정(情)을 따라서 선업(善業)과 악업(惡業)을 행하므로, 선(善)과 악(惡)의 과보(果報)로 육도(六道)에 몸을 받아 세세생생(世世生生)에 끊임없이 윤회(輪廻)한다.

然이나 知之一字는 是衆妙之源이어늘 由迷此知하여 卽起我相하고 計我我所하여 愛惡自生하고 隨愛惡情하여 卽爲善惡하고 善惡之報로 受六道形하여 世世生生에 循環不絶하나니

만일 깨달은 선우(善友)의 개시(開示)를 받아 공적(空寂)한 지(知)를 문득 깨달으면, 공적(空寂)한 영지(靈知)는 생각도 없고 모습도 없는데 누가 '나라는 모습'[我相]과 '남이라는 모습'[人相]을 짓겠

는가.

모든 모습이 공(空)한 줄 깨달으면, 마음은 저절로 생각이 없다. "생각이 일어나자마자 곧 알아차려라. 알아차리면 곧 (생각이) 없다." 수행(修行)하는 묘문(妙門)이 바로 이것이다. 그러므로 비록 갖추어서 만행(萬行)을 닦는다고 하더라도 오직 **무념**(無念)으로써 으뜸을 삼는다. 이 무념(無念)이 되면 사랑하고 미워하는 마음이 저절로 엷어지고, 자비와 지혜가 저절로 더욱 밝아지며, 죄업(罪業)은 저절로 끊어지고 공덕행(功德行)은 저절로 늘어난다. 해(解)에 있어서는 곧 '모든 모습이 아닌 모습'[諸相非相]임을 보고, 행(行)에 있어서는 '닦음이 없는 닦음'[無修之修]이라 할 것이다. 번뇌(煩惱)가 다할 때에 생사가 끊어지고, 생멸(生滅)이 모두 없어지면 적조(寂照)가 앞에 나타나, 응용(應用)이 무궁(無窮)하게 되니, 부처님이라고 부른다.

약득선우 개시 돈오공적지지 적지 차무념무
若得善友의 開示하여 頓悟空寂之知하면 寂知는 此無念無
형 수위아상인상 각제상공 심자무념
形이어니 誰爲我相人相이리오 覺諸相空하면 心自無念이니
념기즉각 각지즉무 수행묘문 유재차야 고
念起卽覺하라 覺之卽無니라 修行妙門이 唯在此也로다 故
수비수만행 유이무념 위종 단득무념 즉
로 雖備修萬行이나 唯以無念으로 爲宗이니 但得無念하면 則
애오 자연담박 비지 자연증명 죄업 자연단
愛惡가 自然淡薄하고 悲智가 自然增明하고 罪業이 自然斷
제 공행 자연증진 어해 즉견제상비상 어
除하고 功行이 自然增進하여 於解에 則見諸相非相하고 於
행 즉명무수지수 번뇌진시 생사즉절 생멸 멸
行에 則名無修之修라 煩惱盡時에 生死卽絶하고 生滅이 滅

이 적조 현전 응용 무궁 명지위불
已하면 寂照가 現前하여 應用이 無窮하니 名之爲佛이니라.

**북종(北宗)[39]의 종지(宗旨)**

중생이 본래부터 갖추고 있는 **각성**(覺性)은 마치 거울에 허명(虛明)한 성품이 있는 것과 같고, 번뇌(煩惱)에 덮여 각성(覺性)이 나타나지 못하는 것은 마치 거울에 때가 끼어서 어두운 것과 같다. 만약 [불조(佛祖)의] 언교(言敎)를 의지하여 **망념**(妄念)**을 쉬어 생각이 다 없어지면** 심성(心性)이 각오(覺悟)하여 알지 못하는 바가 없게 된다. 마치 거울의 먼지와 티끌을 털어서 먼지와 티끌이 다하면 거울의 본체가 밝고 깨끗하여져서 비추지 않는 곳이 없는 것 같다.[40]

**규봉**(圭峰)**종밀**(宗密)**스님의 평**(評): 이것은 단지 염정(染淨)의 법(法)이 연기(緣起)하는 모습을 설명한 것으로, 수행(修行)하여 생사(生死)의 유전(流轉)을 거슬러 역행(逆行)하고, 분별(分別)하는 습기(習氣)를 없애가는 **점교**(漸敎)이다. 망념(妄念)이 본래 없어서 심성(心性)이 본래 깨끗한 것을 깨닫지 못한 것이다. 깨달음[悟]이 이미 철저(徹底)하지 못한데 수행(修行)이 어찌 참된 수행이 되겠는가?

---

39) 북종(北宗)은 신수(神秀)대사의 점오(漸悟)를 공부하는 선종(禪宗)이다. 중국 선종은 오조(五祖) 홍인대사의 문하에서 혜능(慧能)의 남종선(南宗禪)과 신수(神秀)의 북종선(北宗禪)으로 갈라졌다. 측천무후(則天武后)가 신수(神秀)대사를 국사(國師)로 모셔 가, 북쪽에서 점오(漸悟)의 선풍(禪風)을 떨쳤으므로 북종(北宗)이라고 한다.

40) 육조단경(六祖壇經)에 나오는 신수(神秀)대사의 게송(偈頌)인 '신시보리수(身是菩提樹) 심여명경대(心如明鏡臺) 시시근불식(時時勤拂拭) 물사야진애(勿使惹塵埃)'와 같은 뜻이다.

## **홍주**(洪州)[41]**의 종지**(宗旨)

마음을 일으키고 생각을 움직이고 손가락을 퉁기고 눈을 껌벅이는 모든 작위(作爲)가 모두 **불성**(佛性)**의 전체지용**(全體之用)이므로, 다시 별다른 작용이 없다. 욕심(慾心)내고 성내고 어리석은 생각을 하는 것과 선악(善惡)을 지어서 고락(苦樂)을 받는 것이 모두 다 **불성**(佛性)이다. 마치 밀가루로 여러 가지 음식을 만들면, 그 음식이 모두 밀가루인 것과 같다.

뜻으로 미루어보면, 지수화풍(地水火風)인 사대(四大)로 된 이 몸의 뼈·살·목구멍·혀·이빨·눈·귀·손·발 따위는 모두 스스로 말하고·보고·듣고·동작(動作)하지 못한다. 가령 수명(壽命)이 다하였을 때에 아직 온몸이 변하고 부패(腐敗)하지 아니하였을지라도, 곧 입은 능히 말을 하지 못하고, 눈은 보지 못하며, 귀는 듣지 못하고, 다리는 걷지 못하며, 손은 놀리지 못하니, 그러므로 말하고 움직이는 것은 모두 **불성**(佛性)인 줄을 알 수 있다. 또 사대(四大)로 된 뼈와 살을 낱낱이 살펴보아도, 도무지 탐진치(貪瞋癡)를 부리지 못하니 그러므로 탐진번뇌(貪瞋煩惱)가 모두 **불성**(佛性)이다. 불성의 바탕은 일체 여러 가지 차별(差別)이 아니지만 능히 일체 여러 가지 차별(差別)을 조작(造作)한다. "바탕이 여러 가지가 아니다"라는 것은, 불성(佛性)이, 범부(凡夫)도 성인(聖人)도 아니고, 인(因)도 과(果)도 아니며, 선(善)도 악(惡)도 아니고, 색깔도 모습도 없고, 뿌리도 줄기도 없으며, 내지 부처도 중생도 없다는 것을 말한다. 또 "능히 여러 가지를 조작(造作)한다"고 한 것은 **불성**(佛性)**이**

41) 홍주(洪州)는 지명(地名)인데, 육조(六祖) 혜능(慧能)대사의 손자뻘인 마조(馬祖)대사가 **홍주**(洪州)의 개원사(開元寺)에서 선풍을 진작하였다고 하여 **홍주가**(洪州家)라고 불렀다.

**곧 바탕에 즉(卽)한 작용**[卽體之用]이므로, 능히 범부(凡夫)도 되고 성인(聖人)도 되며, 인(因)도 되고 과(果)도 되며, 선(善)도 되고 악(惡)도 되며, 빛깔도 나투고 모습도 나투며, 부처도 되고 중생도 되며, 내지 탐진치(貪瞋痴) 등이 된다는 것을 말한다.

만약 불성(佛性)의 체성(體性)을 살펴보면 필경엔 **가히 볼 수도 없고 증득(證得)할 수도 없는 것**이, 마치 '눈이 눈을 스스로 보지 못하는 것'과 같다.

만약 그 작용(作用)을 살펴보면 거동(擧動)과 행동(行動)이 모두 **불성**(佛性)이고, 다시 달리 증득(證得)할 주체(主體)도 없고 증득할 대상(對象)도 없다.

저 뜻은, 〈**능가경**〉(楞伽經)에서 "**여래장**(如來藏)이 선(善)과 불선(不善)의 원인(原因)이다. 능히 일체 육취(六趣)와 사생(四生)을 두루 일으켜서 고락(苦樂)을 받는 것이 원인(原因)에 갖추어져 있다."고 한 것과, 또 "**부처님은 마음이 근본이라고 말씀하셨다**."고 한 것과, 또 "어떤 부처님의 세계에서는 눈썹을 치켜 올리고 눈을 껌벅이고 웃고 하품하고 기침하고 재채기하고 요동(搖動)하는 것 등이 다 이 불사(佛事)다."라고 한 것을 근거(根據)로 삼는다.

이미 깨달아 이해한 이치(理致)가 모두 천진(天眞) 자연(自然)스러워서 수행(修行)하는 것도 이치가 마땅히 이에 따르므로, 마음을 일으켜서 악(惡)을 끊거나 선(善)을 닦지 않으며, 또한 마음을 일으켜서 도(道)를 닦지 않는다. 도(道)가 곧 이 마음인지라, **마음으로써 마음을 닦을 수 없으며**, 악(惡)이 곧 마음인지라, **마음으로써 마음을 끊을 수 없다**. 악(惡)을 끊지도 않고 선(善)을 닦지도 않으면서, 임운(任運: 뜻에 맡겨)하며 자유자재(自由自在)하면서 스스로 해탈인(解脫人)이라고 부른다. 구속(拘束)받을 법(法)이 없고 지어갈 부처도 없다. 마치 허공(虛空)과 같아서 늘지도 않고 줄지도 않으니, 무엇을 더 보완(補完)할 것이 있겠는가. 왜냐하면, 심성(心性)밖에 한 법(法)도 더 얻을 것이 없기 때문이다. 그러므로 다만 마음에 맡기는 **임심**(任心)이 곧 수행(修行)이다.

**규봉**(圭峰) **종밀**(宗密)**스님의 평**(評): 이것은 앞의 북종(北宗)과 완전히 서로 반대된다. 앞에서 '북종(北宗)'은 아침저녁으로 분별(分別)하고 동작(動作)하는 것이 모두 **망**(妄)이라 하였는데, 이 '홍주(洪州)'는 아침저녁으로 분별(分別)하고 동작(動作)하는 것이 모두 **진**(眞)이라고 말한다.

### 우두(牛頭)[42]의 종지(宗旨)

제법(諸法)이 꿈과 같아서 본래 **무사**(無事)하니, 마음과 경계가 본래 고요하여 지금에 와서 비로소 공(空)한 것이 아니다. 그런데 혼미(昏迷)하여 '있다'고 잘못 생각한 탓으로 영고(榮枯) 귀천(貴賤) 등의 일을 보게 되었다. 사물(事物)에는 위(違)와 순(順)이 있기 때문에 사랑하고 미워하는 감정(感情)들이 생기고, 감정(感情)이 나면 모든 괴로움에 끄달림을 받지만, 실은 **꿈속에서 짓고 꿈속에서 받는 것이라** 무슨 손해(損害)와 이익(利益)이 있겠는가. 이렇게 능히 요달(了達)하는 지혜도 역시 **꿈속의 마음**이고, 내지 설사 열반(涅槃)을 초월하는 진리(眞理)가 있다 할지라도 또한 **몽환**(夢幻)이다. 이미 본래부터 무사(無事)인 줄을 요달(了達)하였다면 이치가 마땅히 '제 몸을 버리고 감정(感情)을 잊어야' 한다. 감정(感情)을 잊으면 괴로

---

42) 우두(牛頭)는 사조(四祖) 도신(道信)대사의 제자(弟子)인 법융(法融)대사가 금능(金陵)의 **우두산**(牛頭山)에서 주창한 선종(禪宗)이다.

움의 원인(原因)을 끊어서 비로소 모든 고액(苦厄)을 제도(濟度)하게 된다. 이것은 감정(感情)을 잊는 **망정**(忘情)으로써 수행(修行)을 삼는 것이다.

**규봉**(圭峰) **종밀**(宗密)**스님의 평**(評): 앞에서 '홍주(洪州)'는 생각 생각이 모두 진실한 것으로써 오(悟: 깨달음)를 삼고 마음에 맡기는 것으로써 수(修: 닦음)를 삼았는데, 여기서 '우두(牛頭)'는 본래부터 무사(無事)함으로써 오(悟: 깨달음)를 삼고 망정(忘情)으로써 수(修: 닦음)를 삼는다.

이상(以上)에서 본 바와 같이, **삼가**(三家)**의 견해**가 각각 다르다. 첫째 북종(北宗)은 "일체가 다 망(妄)이다."라고 하고, 둘째 홍주(洪州)는 "일체가 다 진(眞)이다."라고 하며, 셋째 우두(牛頭)는 "일체가 다 무(無)다."라고 하였다.

또 그 수행(修行)에 대해서 말하면, 첫째는 마음을 항복받아 망(妄)을 멸(滅)함이고, 둘째는 성정(性情)을 믿고서 맡김[信任]이고, 셋째는 마음을 쉬어서 일으키지 않음이다.

종밀(宗密)은 성격이 종합(綜合)하는 것을 좋아하여 [삼가(三家)의 종지(宗旨)를] 낱낱이 찾아서 각각의 지취(旨趣)를 이와 같이 정리(整理)하였지만, 만약 이 종합정리한 말을 가지고 저 삼가(三家)의 후배(後輩)인 학인(學人)들에게 물어보면, 모두 그대로 수긍하지 않을 것이다. "있느냐?"고 물으면 "공(空)"이라고 대답하고, "공(空)이냐?"고 물으면 "있다"고 대답하며, 혹은 "모두 아니다."라고 하거나, 혹은 "모두 얻을 수 없다."고 하거나, "닦아도 닦을 수 없다."고 대답하는 것이 모두 그런 부류(部類)이다.

그들의 뜻은 문자(文字)에 떨어질까 항상 두려워하고, 얻은 바에 걸릴까 봐 항상 걱정하는 까닭에, 말을 하면서도 다 털어버린다. 그들은 마음에 돌아가 스승 삼아 배우려는 학인(學人)이라야, 비로소 자세히 가르쳐서 그들로 하여금 자주 관조(觀照)하여 그 행(行)과 해(解)를 익히게 한다.

**보조국사**(普照國師)**의 사기**(私記): 다음에 나오는 글에서 규봉(圭峰) 종밀(宗密)대사가 이렇게 말하였다.

"홍주(洪州)는 항상 말하기를 '탐진(貪瞋)과 자선(慈善)이 모두 불성(佛性)이니, 무슨 다름이 있겠는가!' 하였다. 그러나 이것은 물의 습성(濕性)이 시종 다름이 없는 것만 보고, 건너가는 배와 전복(顚覆)되는 배는 서로 공덕(功德)과 허물이 아주 다른 것임을 알지 못하는 것과 같다. 그러므로 이 '홍주(洪州)'는 "돈오문(頓悟門)에 있어서는 비록 가까우나 적실(的實)하지 못하고, 점수문(漸修門)에 있어서는 완전히 어긋난다. '우두(牛頭)'는 이미 공(空)을 요달(了達)한 까닭에 돈오문(頓悟門)을 반(半)쯤은 알고 있으나, 정(情)을 잊는 수행(修行)을 하므로 점수문(漸修門)에는 결함(缺陷)이 없다. '북종(北宗)'은 단지 점수(漸修)뿐이므로 전혀 돈오(頓悟)가 없어서 수행(修行)도 진짜가 아니다. '하택(荷澤)'은 반드시 먼저 돈오(頓悟)한 뒤에 그 오(悟)에 의지하여 수행한다."

이 글의 뜻에 의거하면, '홍주(洪州)'는 돈오문(頓悟門)에 가까우면서도 적실(的實)하지 못하고, '우두(牛頭)'는 절반(折半)만 알았다. 이와 같다면 마음을 닦는 수심인(修心人)은 오직 '하택(荷澤)'의 말을 믿고 따르고, 다른 종(宗)의 말은 믿지 말아야 할 것이다.[43]

그러나 그 '홍주(洪州)'와 '우두(牛頭)' 두 종(宗)이 서술한 뜻을 보면, 넓기도 하고 깊기도 하면서 비밀(秘密)한 뜻을 끝까지 밝혀서, 수심인(修心人)으로 하여금 말하고 행동하는 가운데서 환하게 제 마음을 보게 하니, 그 묘(妙)하고 비밀한 지취(旨趣)가 수승(殊勝)하다!

종밀(宗密)스님의 뜻이 두 종지(宗旨)를 비방(誹謗)하는 것인지 칭찬(稱讚)하는 것인지 자세히 알 수는 없지만, 그러나 후학(後學)들이 표현한 말에만 집착(執着)하는 것을 깨트려서 여래(如來)의 지견(知見)을 원만(圓滿)히 깨닫게 하려는 의도(意圖)이지, 두 종(宗)에 대하여 비방(誹謗)하거나 칭찬(稱讚)하는 마음은 없는 것 같다. 어떻게 그것을 아는가?

종밀(宗密)스님이 〈선원제전집서〉(禪源諸詮集序)[44]에서 **선종**(禪宗)을 셋으로 분류하였는데, 간략(簡略)하게 설명하면 다음과 같다.

제1은 **식망수심종**(息妄修心宗: 北宗)이다.

제2는 **민절무기종**(泯絶無寄宗: 牛頭)인데, "범부와 성인의 법(法)이 모두 꿈이나 허깨비와 같다."고 하니까, 참선(參禪)하는 사람들이 모두 이 말을 극칙(極則)으로 잘못 알고, 우두종(牛頭宗)이 원래 '이 말로서 법(法)을 삼지 않음'을 모른다고 하였다. 이 말로 미루어 보면, 종밀(宗密)스님이 '**우두**(牛頭)의 도(道)가 원만(圓滿)하게 성취(成就)된 줄을 알고 있었음'을 알 수 있다. 다만 "**반**(半)**밖에 알지 못했다**."고 한 말은, 우두(牛頭)가 공적(空寂)한 이치를 말한 것을 학인(學人)들이 극칙(極則)으로 잘못 인정하므로, 그 학인(學人)들

---

43) 〈능엄경〉에는 진심(眞心)과 망심(妄心)을 구별(區別)하는 공부를 가장 먼저 하여야 한다고 하셨는데, **하택**(荷澤)의 뜻이 이와 같다.

44) 규봉(圭峰)대사가 당시의 선종(禪宗) 유파(流派)에 대한 각종 자료를 수집 정리하여 만든 〈선원제전집〉(禪源諸詮集) 100권에 붙어 있던 서문(序文)으로 일명 〈도서〉(都序)라고 한다.

에게 **영지**(靈知)를 알게 하여 바야흐로 원만히 요달(了達)케 하려는 뜻이었다.

제3은 **직현심성종**(直顯心性宗: 洪州와 荷澤)이다. "일체법이 이렇게 유(有)하고 이렇게 공(空)함이 모두 오직 진성(眞性)이다."라고 말한다. 그중에 심성(心性)을 지시(指示)함에 두 종류가 있다.

첫째, **홍주**(洪州)는 "지금 말하고 동작하고 탐내고 성내고 사랑하고 참는 것 등이 곧 너의 **불성**(佛性)이니, 단지 때와 곳을 따라 업(業)을 쉬고 정신을 길러 성태(聖胎)를 더욱 자라나게 하면 자연히 신통(神通)과 묘용(妙用)이 나타나게 된다."고 하면서, 이것이 곧 "참되게 깨닫고[오(悟)], 참되게 닦고[수(修)], 참되게 증득(證得)하는 것이다."라고 한다.

둘째, **하택**(荷澤)은 "제법(諸法)이 **꿈과 같다**고 여러 성인(聖人)들이 같이 말씀하셨으니, 허망(虛妄)한 생각이 본래 고요하고 육진(六塵) 경계(境界)가 본래 공이다. **공적**(空寂)**한 마음이 영지**(靈知)**하여** 어둡지 아니하니 이것이 너의 진성(眞性)이다."라고 하였다.

그러나 이 양가(兩家)는 모두 상(相)을 포섭하여서 성(性)으로 돌렸기 때문에 동일한 종(宗)이다.

이렇게 〈선원제전집서〉(禪源諸詮集序)에서 설명한 삼종(三宗)은 여러 가지로 다르지만, 모두 자리(自利)와 이타(利他)에 각기 그 편의(便宜)를 따른 것이므로 또한 잃은 것이 없다. 그들의 종지(宗旨)는 두 개가 아니다.

따라서 종밀(宗密)스님이 "**홍주**(洪州) 마조(馬祖)대사의 설법이 바로 심성(心性)을 나타내어서 자리(自利)와 이타(利他)의 이리행문(二利行門)에 깊이 좋은 방편이 있다."는 사실을 모르는 것이 아니다. 그런데도 "홍주(洪州)가 돈오문(頓悟門)에 가깝기는 하나 아주 적실(的實)하지 못하다"고 평(評)한 것은, 홍주(洪州)의 학인(學人)들이 '능히 말하는 놈인 반연심(攀緣心)'을 진심(眞心)으로 잘못 인정하여 수연(隨緣)하는 응용(應用)에 끄달려서 **적지**(寂知: 空寂靈知)를 깨닫지 못할까 걱정을 하여서 그렇게 평(評)한 것이다.

그러므로 이제 말법시대에 마음을 닦는 사람들은 먼저 **하택**(荷澤) 신회(神會)대사가 가르친 언교(言敎)로써 자기 마음의 성상(性相)과 체용(體用)을 가려내어서 공적(空寂)에도 떨어지지 말고 수연(隨緣)에도 걸리지 않아야 한다. 이렇게 진정(眞正)한 지견(知見)을 오해(悟解)한 연후(然後)에 **홍주**(洪州)**와 우두**(牛頭)의 종지(宗旨)를 차례차례 읽어보면 계합(契合)하여 들어맞을 것이니, 어찌 경망스럽게 **홍주**(洪州)**와 우두**(牛頭)에 대하여 취(取)하고 버리는 마음을 내겠는가.

그러므로 이르되, "삼점(三點)이 각각 다르면 이자(伊字)를 이루지 못하고,[45] 삼종(三宗)이 만약 어긋나면 부처를 이루지 못한다."라고 한 말이, 바로 이것을 두고 한 말이다.

앞에서 말하기를 "**홍주**(洪州)**는 점수문**(漸修門)**엔 완전히 어긋난다.**" 하고, 또 이르되 "**참된 수행**(修行)**이요 참된 증득**(證得)**이다.**"라고 말하니, 두 가지 말이 서로 어긋난 것 같다. 그러나 "오해(悟解)한 이치가 천진자연(天眞自然)하여 가히 닦고 다스릴 것이 없기 때문에 **점수문**(漸修門)**엔 완전히 어긋난다.**"고 말하였고, 또 "장소를 따라 정신을 길러 신통묘용(神通妙用)의 행(行)을 나타내므로 **참된 수행이다.**"라고 말한 것이니, 모두 지취(旨趣)가 있어서 서로 상위(相違)하는

---

45) 이자(伊字)의 삼점(三點)은 (∴)이다. 이것은 마혜수라왕(摩醯首羅王)의 얼굴의 삼목(三目)에서 유래된 것인데, 불교에서는 삼학(三學), 삼관(三觀), 삼덕(三德) 등에 비유한다.

것이 아니다. 그러므로 수심(修心)하는 사람은 **홍주**(洪州)의 종지(宗旨)를 의심하지 마라.

거울을 보는 사람은 모름지기 자기(自己) 얼굴의 곱고 추한 것을 먼저 가릴 줄 알아야 한다. 어찌 그들의 말과 글에 걸려서 쟁론(諍論)으로 세월을 허비하면서, 제 마음을 살피고 정관(正觀)을 닦는 것을 게을리 하겠는가. 고인(古人)이 이르되, "불법(佛法)은 행지(行持)가 귀중한 것이니, 입으로만 한때에 판단하는 것으로 능사(能事)를 삼아서는 안 된다."고 하니, 간절히 모름지기 새겨두어야 한다.

다시 〈**법집별행록**〉에 이르되,

위에서 이미 **삼종**(三宗)을 서술하였으므로, 이제부터 그 종지(宗旨)의 깊고 얕음과 장점(長點)과 단점(短點)을 가려서 밝혀보겠다.

**마음**은 만법(萬法)을 꿰뚫고 있기 때문에 의미(義味)가 끝이 없다. 부처님의 교(敎)는 널리 펼친 것이고, 반대로 선종(禪宗)은 간단하게 간추린 것이다. 간단히 간추리면, **법**(法)에 있어서는 **불변**(不變)**과 수연**(隨緣) 두 가지의 뜻이 있고, **사람**[人]에 있어서는 **돈오**(頓悟)**와 점수**(漸修) 두 가지의 문(門)이 있다. 이 두 가지 뜻이 분명하면 모든 경론(經論)의 귀결(歸結)을 알 수 있고, 두 문(門)이 열리면 일체 성현(聖賢)의 수행과정을 볼 수 있다. '달마'대사의 깊은 뜻이 여기에 있다.

**첫째, 법**(法)**에는 불변**(不變)**과 수연**(隨緣)**이 있다.**

원래 형상(形象)이 없는 이치(理致)는 직설(直說)하여 증명(證明)하기 어려우므로, 이제 **'마니**(摩尼)**'구슬** 비유(比喩)로써 저울을 삼아서, 제종(諸宗)의 득실(得失)을 결정하고, 자심(自心)의 진망(眞妄)을 분변(分辨)하고자 한다.

이 글은, 처음에는 **비유**(比喩) **부분**만을 읽어서 근본(根本)과 지말(枝末)을 대강 알고 난 연후에, 다시 **주**(注)를 읽어서 그 이치를 자세하게 살펴보는 것이 좋다.

**비유**(譬喩): '마니(摩尼)'구슬은 오직 두렷하고[圓] 맑고[淨] 밝아서[明] 일체의 차별(差別)되는 빛깔과 모습이 **전혀 없다**.

**규봉**(圭峰)**종밀**(宗密)**스님의 주**(注): 신령(神靈)스런 심성(心性)이 공적(空寂)하면서 상지(常知)하지만, 본래 일체의 분별(分別)과 선악(善惡)이 없다.

**비유**(譬喩): 구슬의 바탕인 체(體)가 **허명**(虛明)하기 때문에 바깥 물건을 대(對)하게 되면 능히 일체 차별(差別) 색상(色相)을 나타낸다.

**규봉**(圭峰)**종밀**(宗密)**스님의 주**(注): 마음의 바탕이 앎[知]인 까닭에, 모든 경계를 만나면 능히 일체(一切) 옳고 그른 것과 좋고 나쁜 것을 분별하고, 나아가서 세간(世間)과 출세간(出世間)의 여러 가지 일들을 경영(經營)하고 만들어낸다. 이것을 "수연(隨緣)한다"라고 한다.

**비유**(譬喩): 구슬에 비친 색깔과 모습은 스스로 차별(差別)이 있지만, 밝은 구슬은 한 번도 변(變)하지 않았다.

**규봉**(圭峰)**종밀**(宗密)**스님의 주**(注): 어리석음과 지혜, 선(善)과 악(惡)은 스스로 차별이 있으며, 근심하고 기뻐하고 미워하고 사랑하는 것도 저절로 일어났다 꺼졌다 하지만, 능히 아는 마음인 능지지심(能

知之心)은 일찍이 끊어진 일이 없다. 이것을 "변역(變易)하지 않았다"고 한다.

**비유**(譬喩): 구슬에 나타난 색깔은 백천(百千) 가지가 넘는다. 이제부터 '밝은 구슬'과 그 구슬에 비친 '검은 색깔'을 예(例)로 들어서, 밝은 지견(知見)과 어두운 무명(無明)이 비록 서로 다르지만, 본바탕인 체(體)는 하나임을 밝히겠다.

예컨대, 구슬에 '검은 색깔'이 나타나면, 전체가 모두 검게 보이고 조금도 밝은 빛이 없으므로, 어리석은 아이들이나 구슬을 모르는 사람은, 그것을 보고 바로 '검은 구슬'이라고 말할 것이다.

**규봉**(圭峰)**종밀**(宗密)**스님의 주**(注): 신령(神靈)스럽게 아는 마음인 영지(靈知)가 범부(凡夫)에게 있을 때에는 완전히 우미(愚迷)와 탐애(貪愛)이기 때문에, 미혹한 사람은 다만 그를 범부(凡夫)라고만 본다. 이것은 육도중생(六道衆生)에 비유한 것이다.

**비유**(譬喩): 어떤 사람이 말하기를 "이것은 밝은 구슬이다."라고 해도 믿지 않고, 도리어 그 사람에게 성을 내면서 "나를 속인다."라고 말하고, 비록 여러 가지 도리(道理)로써 설명하여도 끝내 곧이듣지 않는다.

**규봉**(圭峰)**종밀**(宗密)**스님의 주**(注): 나, 종밀(宗密)이 자주 이 같은 무리들을 만나서 설명을 하되, "네가 지금 요료(了了)하게 능히 아는 그것이 바로 부처의 마음이다."라고 하여도 전혀 믿지도 않고, 또 비추어서 살펴보지도 않고서 "저는 둔(鈍)한 근기(根機)라서 능히 들어갈 수가 없습니다."라고 말한다. 이것이 대승(大乘)·소승(小乘)·법상(法相)·인천교(人天敎) 가운데서 모습[相]에 집착(執着)

한 사람들의 소견(所見)이다.

**보조국사**(普照國師)**의 사기**(私記): 여기서 망설이지 않고 제 마음을 확실히 믿어, 제 심성(心性)을 되돌아보고 친히 공적영지(空寂靈知)의 법미(法味)를 조금이라도 맛보면, 이곳이 바로 수심인(修心人)이 해오(解悟)하는 자리이다. 만약 간절한 마음으로 반조(返照)하는 공부(工夫)를 하지 않고, 다만 스스로 고개만 끄덕거리면서, "지금 요료(了了)하게 능히 아는 놈이 이것이 불심(佛心)이다."라고 말만 한다면, 공적영지(空寂靈知)의 뜻을 아는 사람이 아니다.

**비유**(譬喩): 어떤 사람들은, 비록 이것을 '밝은 구슬'이라고 믿기는 하지만, 눈으로 본 그 '검은 색깔' 때문에 말하기를 "검은 색깔에 싸여 있으니, 구슬을 갈거나 닦거나 씻어서 '검은 색깔'을 없애버려야, 밝은 모습이 출현(出現)하여, 비로소 '밝은 구슬'을 친히 보게 된다."고 말한다.

**규봉**(圭峰)**종밀**(宗密)**스님의 주**(注): **북종**(北宗)의 견해가 이와 같다.

**보조국사**(普照國師)**의 사기**(私記): 바라건대, 수심인(修心人)은 "모름지기 자세히 잘 판단하여" 이런 견해에 떨어지지 마라. 망(妄)을 여의고 진(眞)을 따로 구하지도 말고, 또한 망(妄)을 잘못 알아서 진(眞)이라고 여기지도 마라. 만일, 망념(妄念)이 심성(心性)에서 일어나지만 일어나더라도 일어난 것이 없는 줄을 알면, 그 자리가 문득 고요하리니, 어찌 진(眞)과 망(妄) 두 가지 견해가 있겠는가.

**비유**(譬喩): 또 어떤 사람은 말하기를 "곧 이 '검은 색깔'이 바로 '밝은 구슬'이다. 밝은 구슬의 바탕은 영원히 볼 수 없다. 만일 그것을 알려고 하면 검은 색깔이 곧 그것이며, 내지 여러 가지 푸르고 누른 색깔도 모두 그것이다."라고 하여, 어리석은 사람으로 하여금 이 말을 듣고서 오로지 '검은 색깔'만 기억하게 하거나, 혹은 여러 가지 모습을 모두 '밝은 구슬'이라고 인정(認定)하게 한다. 그리하여 다른 곳에서 검은 열매 · 미취(米吹) · 청주(靑珠) · 붉은 호박(琥珀) · 흰 석영(石暎) 등등의 '색색(色色) 가지 구슬'들을 보게 되면 모두 '마니(摩尼)'구슬이라고 생각하게 된다. 그리하여 '마니(摩尼)'구슬이 아무 색깔도 대(對)하지 않고 다만 밝고 깨끗한 모습으로 있는 것을 보게 되더라도, 그것이 진짜 '마니(摩尼)'구슬인 줄 알아보지 못한다. 이것은 인식(認識)할 수 있는 색깔이 없으니까, 어떤 '밝은 모습'에 국집(局執)하고 있다고 의심하고 두려워하기 때문이다.

**규봉**(圭峰)**종밀**(宗密)**스님의 주**(注): 홍주(洪州)의 견해가 이와 같다. 어리석은 사람이란 저 홍주(洪州)의 후학(後學)들이다. '검은 열매'는 마음이 세상에서 거친 경계를 분별할 때에 '탐애(貪愛)하고 진만(嗔慢)하는 생각들'이고, '호박(琥珀) · 석영(石暎)'은 '자비 · 선행 · 겸양 · 공경의 생각들'이며, '색깔을 대(對)하지 아니하는 시점(時點)'은 '생각하는 것이 없는 것'이고, '밝고 깨끗한 모습'은 '요료(了了)하게 저절로 알아서 무념(無念)인' 것이며, '국집(局執)할까 의심한다'는 것은 '인지(認知)하면 바로 편국(偏局)'이라고 말하는 것이다.

**보조국사**(普照國師)**의 사기**(私記): 수심인(修心人)이 만일 선악(善惡)의 성품이 공(空)하여 도무지 얻을 수 없는 것인 줄을 알면, 비록 종일토록 마음을 굴려도 항상 저절로 무심(無心)하여, 어리석은 사람의 견해(見解)에 떨어지지 않는다. 만일 반연(攀緣)이 없어 요료(了了)하여 저절로 알되 생각이 없는 때에, 다시 일부러 인식(認識)을 내면 곧 견망(見網)만 더 많아진다.

**비유**(譬喩): 또 어떤 사람은 "이 여러 가지 색깔이 모두 허망(虛妄)하여 모든 바탕이 모두 공(空)하다"는 말을 듣고서, 곧 이 한 덩어리 구슬도 공(空)하다고 생각하여 "도무지 아무것도 집정(執定)하지 않아야만 비로소 달인(達人)이니, 한 법(法)이라도 있다고 인정하면 아직 모르는 사람이다."라고 말한다. 그러나 그것은 색깔과 모습이 모두 공(空)한 곳이 바로 불공(不空)인, 밝고 빛나는 구슬인줄을 깨닫지 못한 것이다.

**규봉**(圭峰)**종밀**(宗密)**스님의 주**(注): **우두**(牛頭)의 견해가 이와 같다. 〈반야경〉(般若經)에서 공(空)을 말하는 것을 듣고 "본각(本覺)인 자성(自性)도 공(空)하여 있는 것이 없다."고 한다. 지금 공(空)이라고 하는 말은, 참 마음인 진심(眞心) 가운데 분별(分別)하고 탐진(貪瞋)하는 등의 생각이 없는 것을 밝혀서 심공(心空)이라고 말한 것이지, "마음조차 없다"는 뜻의 무심(無心)을 말한 것이 아니다. 이른바 무심(無心)이란 단지 마음속의 번뇌(煩惱)를 털어버렸다는 것이다. 그러므로 우두(牛頭)는, 다만 그릇됨[非]을 버렸을 뿐이고 아직 옳음[是]은 나타내지 못했음을 알 수 있다.

**보조국사**(普照國師)**의 사기**(私記): 만일 수심인(修心人)이 공망(空亡)에만 떨어지지 않으면, 말을 따라 집착하는 병자(病者)들의 심목(心目)의 병(病)을 고치고자 "본각의 자성(自性)도 또한 없다"는 뜻으로 무심(無心)을 말한들 무슨 허물이 있겠는가. 다음은 하택(荷澤)의 뜻을 비유한다.

**비유**(譬喩): 어찌하여, "오직 빛나고 깨끗하며 두렷하고 밝음'이 구슬의 본바탕이다"라고 직지(直指)하는가?

**규봉**(圭峰)**종밀**(宗密)**스님의 주**(注): 오직 비고 고요하되 아는 것이 **공**

**적지**(空寂知)다. 만일 다만 공적(空寂)만 말하고 지(知)를 나타내지 아니하면 허공(虛空)과 무엇이 다르겠는가. 또 둥글고 빛나며 깨끗한 '자기(瓷器)구슬'은 비록 깨끗하기는 하나 허명(虛明)한 성품이 없는데 어찌 '마니(摩尼)구슬'이라고 부를 수 있으며 어떻게 영상(影像)을 나타낼 수 있겠는가?

**비유**(譬喩): 그 검은 색깔과 일체(一切) 푸르고 누른 색깔 등이 모두 허망(虛妄)한 것이다. 검은 색깔을 볼 때는 검은 것이 원래 검은 것이 아니라 **다만 구슬의 허명**(虛明)이고, 푸른 색깔도 원래 푸른 것이 아니라 **다만 구슬의 허명**(虛明)이며, 내지 붉고 희고 노란 색깔들도 모두 다 그러하여 다만 구슬의 허명(虛明)이다. 곧 모든 빛깔과 모습에서 하나하나 모두 '빛나고 깨끗하며 두렷하고 밝은' **허명**(虛明)**만 본다면** 그 구슬에 미혹(迷惑)되지 않을 것이다.

**규봉**(圭峰)**종밀**(宗密)**스님의 주**(注): 일체(一切)가 다 공(空)하지만 오직 마음만은 불변(不變)이다. 미혹(迷惑)한 때에도 역시 영지(靈知)하니 영지(靈知)는 원래 미(迷)하지 않으며, 생각이 일어나도 또한 영지(靈知)하니 영지(靈知)는 원래 무념(無念)이며, 내지 슬프고 즐겁고, 기쁘고 노엽고, 사랑하고 미워할 때도 하나하나가 모두 영지(靈知)이다. 영지(靈知)는 원래 공적(空寂)하고, 공적(空寂)하되 영지(靈知)하니 심성(心性)이 요연(了然)하여 미혹(迷惑)하지 않는다. 이것이 **하택**(荷澤)이 다른 종(宗)과 아주 다른 특색이다.

**비유**(譬喩): 다만 구슬에 미혹(迷惑)되지만 아니하면, "구슬이 검은 색깔이 있어도 사실은 구슬에 검은 색깔이 없으니, 검은 색깔이 바로 구슬이며, 여러 가지 색깔도 모두 그러하다."라고 말할 것이다.

즉 유(有)와 무(無)가 자재(自在)하고, **허명**(虛明)**과 검은 색깔이 융통**(融通)하니, 다시 무슨 장애(障碍)가 있겠는가.

단 어 주 불 혹 즉 혹 즉 무 혹 혹 즉 시 주 제 색 개 이

但於珠에 不惑則 黑卽無黑이니 黑卽是珠라 諸色도 皆爾하

즉 시 유 무 자 재 명 혹 융 통 부 하 애 재

여 卽是有無가 自在하고 明黑이 融通하니 復何礙哉리오

**규봉**(圭峰)**종밀**(宗密)**스님의 주**(注): '검은 색깔이 있어도 사실은 구슬에 검은 색깔이 없다.'는 것은 **우두**(牛頭)와 같고, '검은 색깔이 바로 구슬이다.'라는 주장은 **홍주**(洪州)와 같다. 만일 직접 '밝은 구슬'을 보면, 깊은 것이 얕은 것을 포함하게 된다.

**비유**(譬喩): 만일 '**허명**(虛明)이 능현(能現)하는 구슬의 바탕으로서 영원히 변치 않는 것'임을 알지 못하고, 다만 "검은 색깔이 구슬이다"라고 말하거나(洪州宗), 혹은 "검은 색깔을 여의고 구슬을 찾아야 한다"고 생각하거나(北宗), 혹은 "허명(虛明)과 검은 색깔이 모두 없다"고 한다면(牛頭宗), 모두 아직도 구슬을 직접 보지 못한 것이다.

약 불 인 득 명 시 능 현 지 체 영 무 변 역 단 운 흑 등 시 주

若不認得 明是能現之體로 永無變易하고 但云 黑等이 是珠

혹 의 이 흑 멱 주 혹 명 흑 도 무 자 개 시 미

라 하거나 或擬 離黑覓珠하거나 或 明黑이 都無者는 皆是未

견 주 야

見珠也니라

**보조국사**(普照國師)**의 사기**(私記): 앞에서 이른바 "오해(悟解)가 고명(高明)하고, 결택(決擇)이 요연(了然)하다"고 말한 것은 바로 이것을 가리킨 것이다.

## 문답장(問答章)

**문**(問) : 여러 대승경(大乘經)과 고금(古今)의 여러 선문(禪門)과 하택(荷澤)이 말한 종지(宗旨)에서, 모두가 같이 "**생**(生)**도 없고 멸**(滅)**도 없으며**, 함[爲]도 없고 모습[相]도 없으며, 범부(凡夫)도 없고 성인(聖人)도 없고, 옳음도 없고 그름도 없으며, 가히 설명(說明)할 것도 없고 증득(證得)할 것도 없다."고 하였으니, 이제 다만 이것들에 의거(依據)하면 충분한데, 무슨 필요가 있어서 **영지**(靈知)를 설명하는가?

**답**(答) : 이것은 모두 잘못된 생각을 막아내기 위한 말이고, 마음의 바탕인 심체(心體)를 직접 나타내 보인 것이 아니다. 만일 "**지금 요료**(了了)**하여 상지**(常知)**하되 단절**(斷絶)**되지 않고 매**(昧)**함이 없는 것이 자기의 마음이다**"라고 바로 가르쳐 설명하지 않고, 다만 '함도 없고[無爲] 모습도 없음[無相]'을 식으로 설명한다면 무슨 도움이 되겠느냐? 모든 교(教)에서는 다만 "이 지(知)가 무생(無生)이고 무멸(無滅)한다."는 식으로 설명한다. 그러므로 하택(荷澤)대사가 공(空)하여 무상(無相)인 곳에다 **지견**(知見)을 가리켜 보여서 사람들로 하여금, 문득 자심(自心)이 세세생생(世世生生)을 지나더라도 영원히 끊어짐이 없고, 내지 성불(成佛)한다.'는 사실을 알게 하였다. 또 하택(荷澤)대사는 무위(無爲)·무주(無住)·불가설(不可說) 등(等)의 여러 가지 표현을 하나로 묶어서, 다만 '**공적지**(空寂知)'라고 말하여 모든 것을 남김없이 다 포섭(包攝)하였다. **공**(空)은 제상(諸相)을 공각(空却)함이니 막고 보내버리는 말이고, **적**(寂)은 실성(實性)이 변동(變動)이 없다는 뜻이니, 공무(空無)와는 같지 않다. **지**

(知)는 당체(當體)를 나타낸 것인데, 분별(分別)과는 같지 않다. 오직 이것이라야 바야흐로 진심(眞心)의 본체(本體)가 된다. 그러므로 처음에 발심(發心)한 때로부터 성불(成佛)에 이르기까지 오직 적(寂)하고 오로지 지(知)할 뿐이니, 변(變)하지도 않고 단절(斷絕)되지도 않는다. 다만 그 지위(地位)에 따라서 이름과 뜻이 조금씩 다를 뿐이다.[이하(以下)의 글은 이미 보조(普照)국사의 〈정혜결사문〉(定慧結社文)에 실려 있으므로 생략한다.]

**문**(問) : 홍주(洪州)도 또한 **영각**(靈覺)**과 감조**(鑑照) 등을 말했는데, 하택(荷澤)의 **지**(知)와 어떻게 다른가?

**답**(答) : 만약 여러 가지 뜻으로 한 가지 바탕을 표현한다면, 곧 만법(萬法)은 모두 일심(一心)인지라 어찌 **깨닫고**[覺] **거울함**[鑑]뿐이겠는가? 이제 당체(當體)에 대하여 설명하면, 어리석은 사람과 지혜로운 사람, 선(善)한 사람과 악(惡)한 사람, 내지 금수(禽獸)와 축생(畜生)에 이르기까지, **심성**(心性)**은 모두 자연**(自然)**히 요료상지**(了了常知)하여서 나무나 돌과 다르다. 그러나 그 **각**(覺)이나 **지**(智)라는 말은 일체(一切)에 통하지 않으니, 소위 미혹한 사람은 **불각**(不覺)이고, 어리석은 사람은 **무지**(無智)하며, 마음이 무기(無記)일 때는 **감조**(鑑照)**라고 하지 않는다**. 그런데 어떻게 "**심체**(心體)**가 자연**(自然)**히 상지**(常知)**한다**."는 것과 같다고 하겠는가.

그러므로 화엄소(華嚴疏)를 쓴 청량(淸凉)국사가 〈심요전〉(心要牋)에서 이르되 "무주(無住)인 심체(心體)가 영지(靈知) 불매(不昧)하다(無住心體 靈知不昧)."라고 말하였다.

홍주(洪州)가 비록 **영각**(靈覺)이라고 말하였지만 다만 중생(衆生)

에게도 그것이 있음을 표시한 것이니 저 "**모두에게 불성**(佛性)**이 있다.**"는 말과 같은 것일 뿐이고, 적실(的實)하게 진심(眞心)을 지시(指示)한 것이 아니다. 또한 지시(指示)한 말이라고는 단지 "**능히 말한다**[能語言]"는 식의 표현뿐이다. 만일 자세히 따져본다면 곧 "일체(一切)가 가명(假名)이라, 정(定)해진 법(法)이 없다."라고 말한 것이다.

또 총론(總論)으로 말한다면, 교(敎)에는 견교(遣敎)와 현교(顯敎)의 두 문(門)이 있고,46) 그 실의(實義)를 추구하면 진공(眞空)과 묘유(妙有)가 있고, 그 본심(本心)을 찾아보면 바탕[體]과 쓰임이[用]가 있다. 이제 홍주(洪州)와 우두(牛頭)는 자취를 털어버리는 것을 지극(至極)한 도리(道理)라고 보아서, 견교(遣敎)와 진공(眞空)의 뜻을 얻었으니 그 바탕인 체(體)는 설명하였다. 그러나 현교(顯敎)의 의미(意味)와 묘유(妙有)의 의미(義味)를 잃었으니, 그 쓰임이인 용(用)은 빠트린 것이다.

**문**(問) : 홍주(洪州)는 '능히 말하고[能語言] 동작(動作)하는 것' 등(等)으로써 심성(心性)을 표현(表顯)했으니 **현교**(顯敎)에 해당한다. 이것이 바로 그 쓰임이인 용(用)인데 무슨 흠결(欠缺)이 있다는 말인가?

**답**(答) : 진심(眞心)의 본체(本體)에는 두 가지 작용이 있다. 첫째는 그 **자성**(自性) **본용**(本用)이고, 둘째는 **수연**(隨緣) **응용**(應用)이다.

---

46) 견(遣)은 차견(遮遣)이고, 현(顯)은 표현(表顯)이다. 진여(眞如)의 성품을 설명하면서, 불생불멸(不生不滅), 비범비성(非凡非聖), 무성무상(無性無相) 등으로 不, 非, 無 자(字)를 써서 모두 부정(否定)하는 설명은 차견(遮遣)이고, 역생역멸(亦生亦滅) 역범역성(亦凡亦聖) 유성유상(有性有相) 등으로 有, 亦 자(字)를 사용하여 내용을 긍정적(肯定的)으로 설명한 것은 표현(表顯)이다.

예컨대 구리로 만든 거울에서, 구리쇠는 자성(自性)의 바탕이고, 구리거울의 허명(虛明)은 자성(自性)의 본용(本用)이며, 거울에 비친 영상(影像)은 수연(隨緣)한 응용(應用)이다. 영상(影像)은 인연을 따라서 나타나므로 그 모양이 천차만별(千差萬別)이지만, 거울의 허명(虛明)은 항상 밝으니 상명(常明)하여 오직 일미(一味)다.

이것을 마음에 비유(譬喩)하면, 마음이 상적(常寂)함은 자성(自性)의 바탕이고, 마음이 상지(常知)함은 **자성(自性)의 본용(本用)**이며, 그 영지(靈知)가 능히 말하고 분별(分別)하는 등등은 **수연(隨緣)한 응용(應用)**이다. 이제 홍주(洪州)가 '능히 말하고[能語言] 동작(動作)하는 것' 등등(等等)을 열거(列擧)한 것은 다만 **수연(隨緣)한 응용(應用)**이니, 저 **자성(自性)의 본용(本用)**은 빠트린 것이다.

또 현교(顯敎)에는 비량현(比量顯)과 현량현(現量顯)이 있다.[47] 홍주(洪州)는 "마음은 가히 지시(指示)할 수가 없으므로, '능히 말하는 것'[能語言] 등(等)으로 징험(徵驗)하고서야 불성(佛性)이 있는 줄 안다."고 주장하니 이것은 **비량현(比量顯)**이다. 하택(荷澤)은 "마음 바탕이 능히 안다[心體能知]."라고 직지(直指)하니, 아는 '지(知)가 곧 마음'이고, 따로 지(知)를 빌려서 마음을 표현(表顯)한 것이 아니므로 이것은 **현량현(現量顯)**이다.

直云 心體能知 知卽是心 不約知以顯心 是現量顯也

이상(以上)으로, **불변(不變)과 수연(隨緣)**의 두 가지 뜻을 설명하여 마친다.

47) 비량(比量)과 현량(現量)은 비량(非量)과 함께 삼량(三量)이라고 한다. 비량(比量)은 연기를 보고 분별(分別)하여 불의 존재를 아는 것이고, 현량(現量)은 직접 불을 보고 불의 존재를 아는 것이고, 비량(非量)은 잘못 아는 것을 말한다.

**보조국사**(普照國師)**의 사기**(私記): 배상국(裵相國)이[48] 종밀(宗密)선사에게 보낸 편지에 이르되, "종도(宗徒)들이 제각기 견해가 달라서 서로 비방하고 헐뜯어서 회동(會同)하지 않는다."고 말하고, 또 종밀(宗密)선사도 이르되, "어리석은 사람들이란 저 종(宗)의 후학(後學)들을 말한다."고 말하였으니, 지금 장점과 단점을 밝힌 것은 모두 그 종지(宗旨)를 잘못 계승한 무리들을 위한 것이 분명하다. 또 홍각범(洪覺範)이 〈임간록〉(林間綠)[49] 가운데서 종밀(宗密)대사의 비판(批判)을 배척(排斥)하고서 홍주(洪州)와 우두(牛頭)의 종지(宗旨)를 드날린 것은, 종밀(宗密)대사가 비판한 양종(兩宗)의 과실(過失)이 여러 종주(宗主)들에게 잘못 돌아가서 그 후학(後學)들의 마음을 미혹(迷惑)시킬까 봐 두려워한 탓이다. 이것은 곧 고인(古人)이 제자의 근기(根機)에 따라 교화하는 경우에 사용하던 방편(方便)이다. 그러므로 뜻을 살피지 않고 말만 그대로 따라가서 허망하게 피아(彼我)라는 견해를 내어서는 안 된다. 모름지기 이 명경(明鏡)을 가지고 자기 마음을 비추어보고, 정사(正邪)를 가려서 선택하고, 정(定)과 혜(慧)를 아울러 닦아서, 속히 보리(菩提)를 증득(證得)하여야 할 것이다.

이상(以上)은 〈법집별행록〉에서 초역(抄譯)함.

---

48) 배상국(裵相國)은 성은 배(裵), 이름은 휴(休)로서, 상국(相國)은 벼슬이름이다. 원래 규봉(圭峰) 종밀(宗密)과 도반(道伴)이었으나, 뒤에 황벽(黃蘗) 희운(希運)선사를 만나 그 제자가 되었다.

49) 홍각범(洪覺範)은 중국 송(宋)나라 때 승려로, 〈임간록(林間錄)〉의 저자이다.

# 제6장

# 연수(延壽)의 『주심부』(註心賦)

## 1. 간단한 소개

〈주심부〉(註心賦)는 송(宋)나라 때 항주의 영명사(永明寺)에 주석하던 연수(延壽, 903~975)대사가 저술하였다. 그는 자기가 지은 7,500자(字)의 〈심부〉(心賦)에다가 **자기가 직접 주석**(註釋)을 붙여서 전4권으로 만들었다. 그래서 이 책을 〈주심부〉(註心賦) 또는 〈심부주〉(心賦註)라고 부른다. 그는 선종(禪宗)이 풍미(風靡)하던 송(宋)대에 활동한 고승(高僧)으로, 지각선사(智覺禪師) 연수(延壽)로 불렸다. 그는 선(禪)과 교(敎)에 통달한 대사(大師)로서 이미 당대(當代)에 존경을 받았으며 그 명성이 해외에도 알려져, 고려(高麗)의 광종(光宗)이 승려 36명을 선발하여 연수대사의 문하(門下)에 유학(留學)을 보내고 국왕(國王) 자신도 수계(受戒)할 정도로 존경했다. 그는 비록 선사(禪師)로 통했지만, 〈종경록〉(宗鏡錄) 100권과 〈만선동귀집〉(萬善同歸集)·〈유심결〉(唯心訣)·〈주심부〉(註心賦) 등의 많은 저술을 통하여 교(敎)와 선(禪)이 동귀(同歸)함을 설명했다. 그중 이 〈**주심부**〉(註心賦)는 그가 만년(晩年)에 저술한 것으로 알려져 있으며, 그의 대표작이라고 해도 과언이 아니다. 이 번역은 〈주심부〉 전4권 중에서 **식심**(識心)**과 견성**(見性)을 설명한 부분만 초역(抄譯)한 것이다.

그는 **식심**(識心) 부분은 규봉(圭峰)대사의 〈법집별행록〉(法集別行錄)에서 주로 인용하였고, **견성**(見性) 부분은 영가(永嘉)대사의

〈영가집〉(永嘉集)에서 인용하였는데, 연수대사가 자기 나름대로 원문(原文)의 순서를 바꾸어가면서 편집한 중요(重要)한 내용이므로, 원문(原文)과 함께 발음(發音)도 같이 적었다.

## 2. 초역(抄譯)

### 심부(心賦)

모든 부처님이 똑같이 받으셨고, 모든 조사(祖師)들은 친히 전(傳)하셨다. 진제(眞諦)와 속제(俗諦)의 근본을 크게 여시고, 하늘과 땅이 생기기 이전(以前)을 홀로 표시(標示)했다.

각 왕 동 품 조 윤 친 전
覺王이 同稟하시고 祖胤이 親傳하사
대 개 진 속 지 본 독 표 천 지 지 선
大開 眞俗之本하시며 獨標 天地之先이샷다.

(마음이) 항상 여러 부처님의 스승이 되어서, 온갖 묘(妙)함을 능히 포함(包含)하고.

상 위 제 불 지 사 능 함 중 묘
常爲諸佛之師하야 能含衆妙하고

### 주(註)

제불(諸佛)이 법(法)으로써 스승을 삼는다. 〈대승기신론〉(大乘起信論)에서 이르되, "소위 법(法)이라고 하는 것은 중생(衆生)의 마음이 바로 그것이다."라고 말했다. 또 지(知)라는 한 글자는 온갖 묘(妙)의 문(門)이다.

諸佛이 以法으로 爲師니라 起信論에 云 所言法者는 衆生心이 是라 하시고 又 知之一字는 衆妙之門이라

〈선원제전집〉(禪源諸詮集)에서 이렇게 말했다. "대저 마음(心)이라 말한 것은 이 마음의 명칭이고, 지(知)라는 것은 이 마음의 본체이다."라고 말했다. '**능히 온갖 묘(妙)함을 포함한다**'는 것은 한마음의 아득하고 그윽한 그 속에 온갖 묘(妙)함이 있다는 말이다. 청정법계(淸淨法界)는 아득하고 그윽하여서 '능함(能含)'이 되고, '갠지스' 강의 모래 수(數)의 묘덕(妙德)과 미묘한 상대(相大)는 '소함(所含)'이 된다. 모습[相]은 성품(性品)에 의지하고, 성품(性品)은 모든 것을 포함(包含)하므로 함(含)이라고 부른다.

禪源集에 云 夫言心者는 是心之名이요 言知者는 是心之體라 能含衆妙者는 一心杳明之內에 衆妙가 存焉이니 淸淨法界者는 杳杳冥冥하여 以爲能含이요 恒沙妙德과 微妙相大는 以爲所含이다 相依乎性하고 性無不包일새 故稱爲含이니라

또 이르기를, “허망(虛妄)한 생각이 본래 고요하고, 육진(六塵) 경계는 본래 비었는데, **공적**(空寂)**한 마음**[心]이 영지(靈知)하여 어둡지 않다. 곧 이 **공적**(空寂)**한 지**(知)가 옛날 ‘달마’대사께서 전하신 깨끗한 마음이다. 미(迷)를 따르고 오(悟)를 따르지만, **마음은 본래 저절로 안다**[知]. 인연(因緣)을 만나서 생긴 것도 아니고 경계(境界)로 인하여 일어난 것도 아니다. 미(迷)할 때는 번뇌(煩惱)하나 **지**(知)는 번뇌가 아니고, 깨달을 적에는 신변(神變)을 나투나 **지**(知)는 신변이 아니다. 그러나 이 **지**(知)를 혼미(昏迷)함으로 인하여 곧 아상(我相)을 일으킨다.”라고 말했다. 만약에 이 **지**(知)를 요달(了達)하면 찰나(刹那)에 성불(成佛)이다.

우 운 망 념 본 적 진 경 본 공 공 적 지 심 영 지 불
又云 妄念이 本寂하고 塵境이 本空인데 空寂之心이 靈知不
매 즉 차 공 적 지 지 시 전 달 마 소 전 청 정 심 야 임
昧하나니 卽此 空寂之知가 是前達磨所傳淸淨心也니라 任
미 임 오 심 본 자 지 부 적 연 생 불 인 경 기 미 시
迷任悟하나 心本自知요 不籍緣生이요 不因境起니라 迷時
번 뇌 지 비 번 뇌 오 시 신 변 지 비 신 변
에는 煩惱이나 知非煩惱요 悟時에는 神變이나 知非神變이다
연 유 미 차 지 즉 기 아 상 약 료 차 지 찰 나 성 불
然由迷此知하여 卽起我相하니 若了此知하면 刹那에 成佛
이다

그러므로 〈심요전〉(心要牋)에서 이르되,[50] “심법(心法)이 무주(無住)에 근본하니, 머뭄 없는 마음 바탕이 영지(靈知)하여 어둡지

50) 화엄종(華嚴宗)의 제사조(第四祖)인 청량국사(淸涼國師) 징관(澄觀) 대사가 당시의 태자(太子)에게 보낸 편지글이다.

않다.”라고 말했다.

故로 心要牋에 云 心法은 本乎無住하니 無住心體가 靈知不昧라 하시니라

또 비유컨대, 한 개의 ‘마니’주(珠)는, 하나의 신령한 마음과 비슷하나니, 오직 (‘마니’주가) 두렷이 허명(虛明)하고 깨끗하듯이, (마음은) 공적(空寂)하여 영지(靈知)하다. (‘마니’주는) 도무지 일체(一切) 차별(差別) 있는 색상(色相)이 없으나, (‘마니’주는) 바탕이 허명(虛明)하기 때문에 바깥으로 물건을 대하면 능히 일체 차별(差別) 있는 색상(色相)을 나타낸다. (비치는) 색상(色相)은 차별(差別)이 있을지언정, 허명(虛明)한 ‘마니’주는 변하거나 바뀐 적이 없다.

又況 如一摩尼珠는 一靈心也요 唯圓明淨은 空寂知也라 都無一切差別色相이나 以體明故로 對外物時에 能現一切差別色相하나니 色相은 自有差別이언정 明珠는 不曾變易이다

또 ‘마니’주(珠)에 검은 빛깔이 나타나면, 다만 “검은 것이 바로 구슬이다”라고 주장하기도 한다. 홍주(洪州)의 마조(馬祖)대사가 이르되, “마음을 일으키고 생각을 움직이며, 손가락을 튕기고 눈을 깜짝이는 등, 짓는 바와 하는 짓이 모두 이 불성(佛性)이다”라고 말했다. 이것은 망(妄)에 즉(卽)해서 진(眞)을 밝히려는 것이다.

차 여 주현흑시 단운흑등시주 여홍주 마대사 운
且如 珠現黑時에 但云黑等是珠라 하니 如洪州 馬大師가 云
기심동념 탄지순목 소작소위 개시불성
起心動念과 彈指瞬目과 所作所爲가 皆是佛性이라 하시니
차시 즉망명진
此是 卽妄明眞이다

혹자(或者)는 "(구슬에 비친) 검은 빛깔을 떠나서 구슬을 찾아야 한다"고 주장한다. 북종(北宗)의 신수(神秀)대사가 이르되, "중생에게 본래 각성(覺性)이 있는 것은, 거울에 허명(虛明)한 성능이 있는 것과 같고, (마음에) 번뇌(煩惱)가 덮이면 (제대로) 보지 못하는 것은, 거울에 티끌이 있고 어둠이 있는 것과 같다. 망념(妄念)이 없어진즉 마음이 밝아지고, 어두운 티끌이 없어진즉 거울이 밝은 것과 같다."라고 말했다.

이것은 망(妄)을 떠나서 진(眞)을 밝히려는 것이다.

혹의 이흑멱주 여북종 수대사 운 중생 본유각성
或擬 離黑覓珠라 하니 如北宗 秀大師가 云 衆生의 本有覺性
여경유명성 번뇌복지불견 여경유진암 망념
은 如鏡有明性이고 煩惱覆之不見은 如鏡有塵暗이라 妄念
진즉 심명 혼진멸즉 경랑 차시 이망명진
盡卽 心明하고 昏塵滅卽 鏡朗이라 하니 此是 離妄明眞이다

혹자(或者)는 말하되 "['마니'주(珠)의] 밝음과 [영상(影像)인] 검은 빛이 모두 없는 것이다"라고 주장한다. 우두(牛頭)의 법융(法融)대사가 이르되, "제법(諸法)이 꿈과 같아서 본래 무사(無事)하고, 마음과 경계가 본래 고요하니, (전에는 있다가) 지금에 와서 비로소

공(空)한 것이 아니다. 마땅히 '나'라는 것을 잃고 정식(情識)을 잊어버려야 하나니, 정식(情識)을 잊으면 곧 끊어진다."라고 말했다.

이것은 진(眞)과 망(妄)이 함께 없다는 주장이다.

혹 운 명 흑 도 무 자 여 우 두 융 대 사 운 제 법 여 몽
或云 明黑이 都無者라 하니 如牛頭 融大師가 云 諸法이 如夢
본 래 무 사 심 경 본 적 비 금 시 공 의 상 기 망 정
하여 本來無事요 心鏡本寂이니 非今時空이라 宜喪己忘情
정 망 즉 절 차 시 진 망 구 무
이니 情忘卽絶이라 하시니 此是 眞妄이 俱無라

처음(마조대사)은 "모두 진(眞)이다"라고 말했고, 다음(신수대사)은 "모두 망(妄)이다"라고 말했고, 마지막(법융대사)은 "모두 없다"고 말했는데, 모두가 다 '마니'주(珠)를 아직 제대로 보지 못한 것이다.

초 일 개 진 차 일 개 망 후 일 개 무 개 시 미 견
初一은 皆眞이요 次一은 皆妄이요 後一은 皆無니 皆是 未見
주 야
珠也니라

하택(荷澤)화상이 공적(空寂)하여 모습이 없는 곳에서 지견(知見)을 지시(指示)하기를, "요료(了了)하게 항상 알아서, 심성(心性)을 매(昧)하지 않는다."라고 말했으니, '마니'주에서 검은 빛을 볼 때, 다만 구슬 바탕이 허명(虛明)함을 보고, 흑색(黑色)이나 청색(靑色)·황색(黃色) 등을 보지 않는다. ('마니'주는) 이미 검은 빛깔에 즉(卽)한 것도 아니고, 또한 검은 빛깔을 떠난 것도 아니며, 또한

검고 흰 것을 모두 떨쳐버린 것도 아니다. 요료(了了)하게 심성(心性)을 볼 때에, 즉(卽)함도 아니고 떠남도 아니며, 머묾도 없고 집착도 없으며, 하나도 아니고 다름도 아니며, 취(取)하지도 아니하고 버리지도 아니한다.

여 하 택 화 상 어 공 무 상 처 지 시 지 견 요 료 상 지<br>
如荷澤和尙이 於空無相處에 指示知見하시되 了了常知하<br>
불 매 심 성 견 주 흑 지 시 단 견 주 체 명 백 불<br>
여 不昧心性이라 하시니 見珠黑之時에 但見珠體明白이요 不<br>
관 흑 색 급 청 황 등 잡 색 기 부 즉 흑 역 불 리 흑 역<br>
觀黑色及靑黃等雜色이니 旣不卽黑이며 亦不離黑이며 亦<br>
불 흑 백 구 불 요 료 견 심 성 지 시 부 즉 불 리 무 주 무 착<br>
不黑白俱拂하여 了了見心性之時에 不卽不離며 無住無着<br>
비 일 비 이 불 취 불 사<br>
이며 非一非異며 不取不捨니라

또 진심(眞心)의 본체에는 두 가지의 작용이 있으니, 첫째는 자성(自性)의 본용(本用)이요, 둘째는 수연(隨緣)하는 응용(應用)이다. 구리거울에다 비유해보면, 구리쇠는 자성체(自性體)이고, 구리거울의 허명(虛明)은 자성(自性)의 본용(本用)이고, 허명한 구리거울에 나타난 영상(影像)은 수연(隨緣)하는 응용(應用)이다. 영상(影像)은 인연을 대하면 바로 나타나는데 나타날 적에는 천(千) 가지의 차별(差別)이 있으나, 허명(虛明)은 광명(光明)이므로 허명(虛明)은 오직 일미(一味)이다.

우 진 심 본 체 유 이 종 용 일 자 자 성 본 용 이 자<br>
又 眞心本體는 有二種用하니 一者는 自性本用이요 二者는

수연응용 유여동경 동지질 시자성체 동지명
隨緣應用이다 猶如銅鏡에 銅之質이 是自性體요 銅之明은
시자성용 명소현영 시수연용 영즉 대연방현
是自性用이요 明所現影은 是隨緣用이라 影卽 對緣方現이
현유천차 명즉광명 명 유일미
니 現有千差이언정 明卽光明이니 明은 唯一味니라

이 비유(譬喩)에서, 마음이 '항상 고요함'은 이 자성(自性)의 본체(本體)이고, 마음이 '항상 앎'은 이 자성(自性)의 작용(作用)에 비유한 것이다. 지금 홍주(洪州)가 "능히 말하고 분별하는 것" 등을 가리킨 것은, 단지 이 수연응용(隨緣應用)일 뿐이니, 자성본용(自性本用)이 빠졌다.

이유 심상적 시자성체 심상지 시자성용 금
以喩에 心常寂은 是自性體요 心常知는 是自性用이라 今
홍주 지시 능어언분별등 단시수연용 궐자성용야
洪州가 指示 能語言分別等은 但是隨緣用이요 闕自性用也
니라

또 교(敎)를 나타내는 방식에는 비량현(比量顯)과 현량현(現量顯)이 있다. 홍주(洪州)가 이르되, "마음을 가리킬 수는 없지만, 다만 능히 말하는 것 등으로써 시험해서 불성(佛性)이 있는 줄을 안다"고 한 것은, 비량현(比量顯)이다. 하택(荷澤)은 직지(直指)하여 이르되, "심체(心體)가 능히 지(知)하니, 이 지(知)가 곧 마음이다."라고 말한 것은, 지(知)를 가지고 마음을 나타낸 것이 아니니 이것은 현량(現量)이다. 홍주(洪州)는 이 현량(現量)이 빠졌다.

우 현교 유비량현 현량현 홍주운 심불가지시 단
又 顯教에 有比量顯과 現量顯하니 洪州云 心不可指示니 但
이능어언등 험지 지유불성 시비량현야
以能語言等으로 驗之하야 知有佛性이라 함은 是比量顯也니
하택 직운 심체능지 지즉시심 불약지이
라 荷澤이 直云 心體能知하니 知卽是心이라 함은 不約知以
현심 시현량현 홍주 궐차
顯心이므로 是現量顯이다 洪州는 闕此니라

또 불변(不變)은 이 본체(本體)이고, 수연(隨緣)은 이 작용이다.

우 불변 시체 수연 시용
又 不變은 是體요 隨緣은 是用이다

또 하택(荷澤)대사가 종지(宗旨)로 삼는 **공적지**(空寂知)라는 것은, **공적**(空寂)은 곧 모습 없음인 무상(無相)이고, 그 신비롭게 이해하는 성품이 비록 모습이 없으나 영지(靈知)하여 어둡지 않으므로, 고로 **적지**(寂知)라고 부른다. 또한 **적조**(寂照)라고도 부르며, 또한 **모습이 없는 지**(知)나 **앎이 없는 지**(知)라고도 부른다.

우 하택소종 공적지자 공적 즉시무상 신해지성
又 荷澤所宗 空寂知者의 空寂은 卽是無相이오 神解之性은
수무형상 이영지불매 고 운 적지 역운 적조
雖無形相이나 而靈知不昧일새 故로 云 寂知며 亦云 寂照며
역운 무상지지 역운 무지지지
亦云 無相之知며 亦云 無知之知라

〈조론〉(肇論)에서 다음과 같이 말했다. 〈방광반야경〉(放光般

若經)에서 "반야(般若)는 소유상(所有相)이 없고, 생멸상(生滅相)이 없다"고 하시고, 또 〈도행반야경〉(道行般若經)에서, "반야(般若)는 아는 바도 없고, 보는 바도 없다"고 하시니,

如 肇論에 云하시되 放光般若에 云 般若는 無所有相이고 無生滅相이라 하시며, 道行般若에 云 般若는 無所知며 無所見이라 하시니

이것은 '지혜로 비추는 작용'을 설명하는 말인데, '모습이 없다', '아는 것이 없다'라고 말한 것은 무엇 때문이냐? 과연 **'모습 없는 앎'**과 **'앎이 아닌 비춤'**이 있는 것이 분명하다. 왜냐하면 대저 아는 것이 있으면 모르는 것도 있기 마련이다.

此辯智照之用이어늘 而曰 無相無知者는 何耶오 果有 無相之知와 不知之照가 明矣라 何者오? 夫有所知면 則有所不知라

성인(聖人)의 마음은 무지(無知)이므로 모르는 것이 없으니, 부지지지(不知之知)라야 이에 일체지(一切知)라고 할 수 있다. 그러므로 〈사익범천소문경〉(思益梵天所問經)에 이르되, "성인(聖人)의 마음은 무지(無知)이므로, 모르는 것이 없다"고 하시니, 정말 믿을

만하다. **공적**(空寂)이란 곧 이 무상(無相)이요, 곧 이 무지(無知)이다.

以聖心은 無知일새 故로 無所不知니 不知之知라야 乃曰 一切智니라 故로 經에 云 聖心은 無知이므로 無所不知라 하시니 信矣로다 空寂은 卽是無相이며 卽是無知니라

〈조론〉(肇論)에서 일렀다. '모르는 바가 없다'라고 하고, 또 '일체(一切)를 다 아는 일체지(一切知)라는 것은, 이 지(知)가 곧 진지(眞知)이다'라고 말하니, 일체 중생(衆生)의 자심(自心)의 바탕이 된다.

論에 云 無所不知라하며 又云 乃曰 一切知者는 此知가 卽是眞知라 하니 爲一切衆生 自心之體니라

진성(眞性)인 **영지**(靈知)는 고요히 항상 비춤[照]이니, 또한 '생각 없이 앎'[無念之知]이다. 만약 유념(有念)으로 알면 범부(凡夫)의 경계이다. 그러므로 이르되, 지각(知覺)은 이에 중생(衆生)이고, 만약 무념(無念)이고 무지(無知)면 이승(二乘)의 경계이고, 만약 무념(無念)으로 알면 부처님들의 경계이다.

眞性靈知가 湛然恒照일새 亦云 無念之知니 若有念而知면 凡夫境界라 故云 知覺은 乃衆生이오 若無念無知하면 二乘

경계 약무념이지 제불경계
境界요 若無念而知하면 諸佛境界니라

공적(空寂)은 곧 무념(無念)이오, 또한 무주(無住)인 지(知)이다. 만약 머뭄이 있으면, 어떤 사람이 암흑에 들어가서 보는 바가 없는 것과 같고, 만약 머뭄이 없으면 일월(日月)의 광명(光明)이 가지가지 빛깔을 비추어 보는 것과 같다.

공적 즉시무념 역운 무주지지 약유소주 여인
空寂은 卽是無念이요 亦云 無住之知라 若有所住면 如人이
입암 즉무소견 약무소주 여일월광명 조견종
入暗에 則無所見이요 若無所住하면 如日月光明이 照見種
종색
種色이니라

〈화엄금관〉(華嚴錦冠)에서 일렀다. "중묘(衆妙)를 포함하고도 남음이 있다"는 것은, 일체의 모든 일(事)이 모두 본래의 모습을 고치지 않고, 본래의 자리를 떠나지 아니하면서, 삼라만상(森羅萬象)이 모두 능히 크게도 되고 작게도 되며, 하나도 되고 많은 것도 되며, 주(主)가 되기도 하고 반(伴)이 되기도 하며, 차(此)에도 즉(卽)하고 피(彼)에도 즉(卽)하며, 은밀(隱密)함에도 즉(卽)하고 나타남에도 즉(卽)하며, 긴 시간(延)에도 즉(卽)하고 짧은 시간(促)에도 즉(卽)한다. 서로서로 포섭하여 들어가서 겹겹으로 무궁하게 펼쳐서 중중(重重) 무진(無盡)한 것이 마치 '제석천왕(帝釋天王)의 궁전 앞에 장식한 주름에 달린 구슬'인 제망천주(帝網天珠)와 같다.

화엄금관 운 함중묘이유여자 위 일체사 개불개
華嚴錦冠에서 云 含衆妙而有餘者는 謂 一切事가 皆不改
본상 불리본위 법법 개능위대위소 위일위다 위
本相하고 不離本位하되 法法이 皆能爲大爲小 爲一爲多 爲
주위반 즉차즉피 즉은즉현 즉연즉촉 호상섭입 중
主爲伴 卽此卽彼 卽隱卽顯 卽延卽促하며 互相攝入하야 重
중무진 여제망천주
重無盡하니 如帝網天珠라

요컨대, 하나하나의 사(事)마다 생각 생각에 모두 십현(十玄)의 뜻을 갖추되, 동시(同時)에 구족(具足)하여 전후(前後)가 없다. 마치 바닷물 한 방울에 곧 백천(百川)을 갖춘 것과 같아서, 방울방울마다 모두 그러하므로 묘(妙)하다고 이름한다.

이요언지 수일일사 염념개구십현지의 동시
以要言之컨대 隨一一事하여 念念皆具十玄之義요 同時에
구족 무유전후 여해일적 즉구백천 적적 개
具足하여 無有前後라 如海一滴에 卽具百川이며 滴滴이 皆
이 고명위묘
爾일새 故名爲妙니라

**심부(心賦)**

항상 군현(群賢)의 어머니가 되니, 깊고 그윽하다고 할 수 있다. (마음의) 영성(靈性)이 다르고 모두에 통(通)하지만 하나가 아니니, 천도(千途)가 모두 그것을 향하여 생기고, 만상(萬象)이 모두 이것으로부터 나온다.

항 작 군 현 지 모　가 위 유 현
恒作群賢之母하니 可謂幽玄이로다
영 성　유 수　해 통　비 일
靈性이 有殊나 該通은 匪一이니
천 도　진 향 어 피 생
千途가 盡向於彼生이요
만 상　개 종 어 차 출
萬象이 皆從於此出이로다

바닷물을 털구멍에다 삼키는 것이, 오직 자심(自心)의 정인(正因)에서 그렇게 되는 것이요, 법계(法界)를 조그마한 먼지 속에다 말아 넣는 것이 특별한 기술(奇術)이 아니다. 모든 근기에 따라서 이름을 붙이고, 사물(事物)에 응(應)하여 이름을 이루나니, 고금(古今)을 모두 찾아 뒤져서, 혼자 깊이 간직하여 독점(獨占)함이로다.

탄 창 명 어 모 공　유 시 자 인
呑滄溟於毛孔이 唯是自因이요
권 법 계 어 진 중　비 구 타 술
捲法界於塵中이 匪求他術이라
임 기 계 호　응 물 성 명
任機啓號하고 應物成名하나니
괄 고 수 금　심 함 독 점
括古搜今하야 深含獨占이로다

오르내림은 작용(作用)을 표시하며, 바탕은 영지(靈知)를 갖추고 있다.

승 침　표 용　체 구 영 지
陞沈은 表用이요 體具靈知라

## 주(註)

이 지(知)라는 것은 바로 일체중생의 심체(心體)로서, 허공(虛空)과 같지 아니하여, 그 성품이 저절로 신령(神靈)스럽게 이해(理解)하니, 또한 뜻을 짓지도 않고, 그대로 걸림 없이 안다. 〈선원제전집〉(禪源諸詮集)에서 이르되, 이 지(知)라는 것은 증득(證得)해서 아는 지혜(智慧)인 증지(證知)가 아니고, 진심(眞心)의 자성(自性)이 목석(木石)과는 다르다는 것을 말하려고 지(知)라고 부르는 것이다.

차 지 시 일 체 중 생 심 체 부 동 허 공 성 자 신 해
此知는 是一切衆生心體로서 不同虛空하여 性自神解하니
역 부 작 의 임 운 이 지 선 원 집 운 차 언 지 자 불 시 증
亦不作意하고 任運而知라 禪源集에 云 此言知者는 不是證
지 의 설 진 성 부 동 목 석 고 운 지 야
知요 意說眞性이 不同木石일새 故云 知也니라

경계(境界)를 반연(攀緣)하여 분별(分別)하는 식(識)도 아니고, 마음의 본체를 비추어서 요달(了達)하는 지(智)도 아니니, 바로 이 진여(眞如)의 성품이 자연(自然)히 상지(常知)함이다. 또 허공(虛空)과 같지 않다는 것은 신령(神靈)스럽게 깨달아 알기 때문인데, 이 '깨달아 아는' 각지(覺知)는 즉 '신령스럽게 이해한다'는 의미이다. 음양(陰陽)의 변화를 예측(豫測)할 수 없는 것을 신(神)이라 하고, 해(解)는 곧 이 지(智)며, 지(智)는 곧 이 지(知)이며, 지(知)는 곧 일심(一心)이다.

비 여 연 경 분 별 지 식　비 여 조 체 료 달 지 지　직 시 진 여 지
非如緣境分別之識이오 非如照體了達之智요 直是眞如之
성　자 연 상 지　우 부 동 허 공 자　영 연 각 지　각 지 즉 신 해
性이 自然常知라 又 不同虛空者는 靈然覺知니 覺知卽神解
의　음 양 불 측　위 지 신　해 즉 시 지　지 즉 시 지　지 즉 일
義라 陰陽不測 謂之神이요 解卽是智니 智卽是知요 知卽一
심 야
心也라

그러므로 조사(祖師)가 이르되, "공적(空寂)한 본체(本體) 위에 스스로 본지(本智)가 있어서 능지(能知)한다"라고 말했으니, 일체 염법(染法)과 정법(淨法) 가운데 진실한 본체(本體)가 있어서, 요연(了然)히 감각(鑑覺)하는 것을 지목(指目)하여 마음이라고 한다. 그와 같은 무루(無漏)와 무명(無明)인 가지가지 업환(業幻)이 모두 같이 진여(眞如)의 성(性)과 상(相)이다.

고　조 사　운　공 적 체 상　자 유 본 지　능 지
故로 祖師가 云 空寂體上에 自有本智하여 能知라고 하시니
어 일 체 염 정 법 중　유 진 실 지 체　요 연 감 각　목 지 위 심
於一切染淨法中에 有眞實之體가 了然鑑覺함을 目之爲心
여 시 무 루　무 명　종 종 업 환　개 동 진 여 성 상
이라 如是 無漏와 無明인 種種業幻이 皆同眞如性相이니라

대개 진여(眞如)가 인연(因緣)을 따라서 일체(一切)를 이루니, 일체(一切)가 진여(眞如)를 떠나지 않는다. 이치(理致)로써 융통하면 오직 한 맛이니 일미(一味)이다. 이것은 통상(通相)이니, 모습[相]은 곧 무상(無相)이다.

개위진여 수연 성어일체 일체 불리진여
蓋爲眞如가 隨緣하여 成於一切하니 一切가 不離眞如니라
이리융지 유시일미 차시통상 상즉무상
以理融之하면 唯是一味라 此是通相이니 相卽無相이다

만약 개별적으로 나투어서 보면, 염(染)과 정(淨)으로 시위(施爲)하고 조작(造作)하는 것이, 곧 이 진심(眞心)이 자성(自性)을 지키지 않고, 인연(因緣)을 따르는 모습(相)과 작용(作用)인지라, 숨기도 하고 나타나기도 하는 것이 결정(決定)된 것이 없어서, 오르고 내림이 같지 않다.

약약별현 염정시위조작 즉시진심 불수자성
若約別顯하면 染淨施爲造作이 卽是眞心이 不守自性하고
수연지상용 은현부정 승강 일차
隨緣之相用이라 隱現不定하고 陞降이 一差니라

**심부(心賦)**

은혜(恩惠)가 군생(群生)을 덮어주되 그러나 얻은 바가 없어서, 짓지도 않고 하지도 않음이요, 광명(光明)이 만상(萬象)을 머금되 생각이 끊어져서, 앎을 잊고, 비춤을 잊는다.

은복군생 이무득 부작불위
恩覆群生호대 而無得하야 不作不爲요
광함만상 이절사 망지망조
光含萬象하되 而絶思하여 忘知忘照로다

**주(註)**

〈영가집〉(永嘉集)에서 이렇게 말했다. "만약에 지(知)로서 공적(空寂)을 안다면 그것은 반연(攀緣)이 없는 무연지(無緣知)가 아니니, 비유컨대 손으로 여의주(如意珠)를 잡으면 '여의주가 없는 맨손'이 아니다. 만약에 저절로 지(知)하는 것이라고 알아도 또한 반연(攀緣)이 없는 무연지(無緣知)가 아니니, 마치 손으로 스스로 주먹을 쥐면 '주먹을 쥐지 않은 맨손'이 아니다.

영가집 운 약이지 지적 차비무연지 여수집여의
永嘉集에 云 若以知로 知寂하면 此非無緣知니 如手執如意
비무여의수 약이자지 지 역비무연지 여수
에 非無如意手요 若以自知라고 知라도 亦非無緣知니 如手
자작권 비시불권수
自作拳에 非是不拳手요

또한 지(知)로서 공적(空寂)을 알지 아니하고, 또한 저절로 지(知)하는 것이라고 알지 않더라도, 가히 '앎이 없다'[無知]고 하지는 못하니, 자성(自性)이 요연(了然)하기 때문에 목석(木石)과 같지 않다. 마치 손으로 물건을 잡지 아니하고, 또한 스스로 주먹을 만들지 아니 하더라도, 가히 '손이 없다'[無手]라고 하지는 못하니, 손이 여전(如前)히 그대로 있으니, 토끼뿔과 같지 않다."

역부지 지적 역부자지 지 불가위무지 이성
亦不知로 知寂하고 亦不自知로 知라도 不可爲無知니 以性
요연 부동어목석 여수부집물 역부자작권
了然고로 不同於木石이다 如手不執物하고 亦不自作拳이라

불가위무수 이수안연고 부동어토각
도 不可爲無手라 以手安然故로 不同於兎角이다

이것이 바로 선종(禪宗)의 묘지(妙旨)이다. 그러므로 지금 이것을 인용(引用)하였지만, 그러나 다시 조금 다른 점도 있다. 저 영가(永嘉)대사는 다만 반연(攀緣) 없는 진지(眞智)를 밝혀서 진도(眞道)를 삼았지만, 만약에 영가(永嘉)의 말씀을 탈(奪)하여, 본심(本心)이 망심(妄心)을 따르지 아니하면, 지혜(智慧)로 심원(心原)을 비추어서 요지(了知)할 것이 없음을 나타낸 것이다.

사위선종지묘 고금용지 이부소이 이피 단현
斯爲禪宗之妙라 故今用之하되 而復小異하니 以彼는 但顯
무연진지 이위진도 약탈지자 단현본심 불
無緣眞智하여 以爲眞道이나 若奪之者인댄 但顯本心이 不
수망심 미유지혜조료심원
隨妄心하면 未有智慧照了心原이다

그러므로 이르되, "바로 모름지기 능(能)과 소(所)가 평등(平等)하여 비춤을 잃어버리지 아니하면 무지(無知)의 지(知)가 된다."고 말하였으니, 이 지(知)가 공적(空寂)하고 무생(無生)인 여래장성(如來藏性)을 지(知)하므로 바야흐로 묘(妙)가 된다.

고 운 직수능소평등 등불실조 위무지지지 차
故로 云 直須能所平等하여 等不失照하면 爲無知之知니 此
지 지어공적무생 여래장성 방위묘이
知로 知於空寂無生 如來藏性이 方爲妙耳니라

### 심부(心賦)

치우치지도 않고 내세우지도 않으니, 지극(至極)함이오 지존(至尊)이다. 천 갈래 길을 모두 훑어서 종지(宗旨)를 얻고, 일체(一切)를 살펴서 뿌리에 돌아간다.

무 편 무 당　　　지 극 지 존
無偏無黨하여 至極至尊이다
총 천 기 이 득 지　　수 일 체 이 귀 근
總千岐而得旨요 搜一切而歸根이로다

### 주(註)

〈절관론〉에서 일렀다. 무엇이 종지(宗旨)인가? 마음이 종지이다. 무엇이 근본(根本)인가? 마음이 근본이다. 무엇이 본체(本體)이며 무엇이 작용(作用)인가? 허공이 법체(法體)이고, 삼라만상(森羅萬象)이 법용(法用)이다.

절 관 론　　운 운 하 위 종　　답 심 위 종　　운 하 위 본　　답
絶觀論에 云 云何爲宗인가 答 心爲宗이다 云何爲本인가 答
심 위 본　　운 하 위 체　운 하 위 용　　답 허 공 위 법 체　　삼
心爲本이다 云何爲體며 云何爲用인가 答 虛空爲法體요 森
라 위 법 용
羅爲法用이니라

저 〈돈교오위문〉(頓敎五位門)에서 일렀다.

제일(第一) 식심(識心)이란 것은, '어(語)가 마음이오, 견(見)이

마음이오, 문(聞)이 마음이오, 각(覺)이 마음이오, 지(知)도 마음이다'라는 말이니 이것이 첫 번째 깨달음이다. 일일(一一)이 능히 아는 허다(許多)한 마음이 모두 일심(一心)이다. 일심(一心)이 능히 일체(一切) 처소(處所)에 두루하다.

여 돈 교 오 위 문 운 제 일 식 심 자 어 시 심 견 시 심<br>
如頓敎五位門에서 云 第一識心者는 語是心이오 見是心이<br>
문 시 심 각 시 심 지 시 심 차 시 제 일 오 일<br>
오 聞是心이오 覺是心이오 知是心이라 此是 第一悟니라 一<br>
일 능 지 여 허 다 심 개 시 일 심 일 심 능 변 일 체 처<br>
一能知 如許多心이 皆是一心이니 一心能徧一切處니라

제이(第二)는 **지신**(知身)이니 육신(肉身)이 무정물(無情物)과 같은 줄 앎이다. 몸은 아프고 가렵고 좋고 싫음을 모른다. 일체는 모두 이 마음이니 신사(身事)와는 관계가 없다. 마음이 사람을 짓고, 마음이 짐승을 짓고, 마음이 물고기를 짓고, 마음이 새를 짓는다.

제 이 지 신 동 무 정 신 부 지 통 양 호 오 일 체 개 시 심<br>
第二는 知身同無情이니 身은 不知痛痒好惡라 一切皆是心<br>
불 관 신 사 심 능 작 인 심 능 작 축 심 능 작 어<br>
이오 不關身事니라 心能作人이오 心能作畜이오 心能作魚요<br>
심 능 작 조<br>
心能作鳥니라

제삼(第三)은 **사대**(四大)로 된 몸을 파(破)함이니, 몸은 이 공(空)이오, 공(空)은 곧 이 무생(無生)이다. 공(空)은 내외(內外)와 중간(中間)이 없어서 일체(一切)의 모습을 여의었다.

제 삼　파 사 대 신　신 즉 시 공　공 즉 시 무 생　공
第三은 破四大身이니 身卽是空이오 空卽是無生이라 空은
무 내 외 중 간　이 일 체 상
無內外中間하여 離一切相이니라

제사(第四)는 **오음**(五陰)을 파(破)함이니, 색음(色陰)이 만약 있다면 나머지 사음(四陰)도 허망한 것이 아니겠지만, 색음(色陰)이 만약 없다면 사음(四陰)이 어떻게 있겠는가?

제 사　파 오 음　색 음　약 유　사 음 불 허　색 음
第四는 破五陰이니 色陰이 若有면 四陰不虛이어니와 色陰이
약 무　사 음 하 유
若無면 四陰何有리오

제오(第五)는 **견성**(見性)하여 성불(成佛)함이니, 고요하여 상주(常住)하니라.

제 오　견 성 성 불　담 연 상 주
第五는 見性成佛이니 湛然常住하니라

이상(以上)은 〈주심부〉에서 초역(抄譯)함.

저자 황정원黃鉦源

호는 야청也靑. 1945년생. 부
산중·고등학교, 서울대학교 법과대학 졸업.
전 한국해양대학교 법학부 교수.
현 한국해양대학교 명예교수.

10대에는 '바이블' 들고 예배당 다니다가,
1964년 봄에 청담(靑潭)스님 설법 처음 듣고,
60년대 후반에 탄허(呑虛)스님께 배우고,
1973~1985년 백봉(白峯)거사의 寶林禪院에서 배우고,
80년대에 각성(覺性)스님께 배우고,
80년대 말에 寶林會 회장 지내다.

현재, 부산에서 <능엄경>을 강의하고 있다.

번역서로 『능엄경』(上·下), 『원각경 이가해』가 있고,
편저로 中國法思想史(上), 『주역삼가해』가 있다.

**:: 산지니 · 해피북미디어가 펴낸 큰글씨책 ::**

## 문학

랑(전2권) 김문주 장편소설
데린쿠유(전2권) 안지숙 장편소설
볼리비아 우표(전2권) 강이라 소설집
마니석, 고요한 울림(전2권)
페마체덴 지음 | 김미헌 옮김
방마다 문이 열리고 최시은 소설집
해상화열전(전6권) 한방경 지음 | 김영옥 옮김
유산(전2권) 박정선 장편소설
신불산(전2권) 안재성 지음
나의 아버지 박판수(전2권) 안재성 지음
나는 장성택입니다(전2권) 정광모 소설집
우리들, 킴(전2권) 황은덕 소설집
거기서, 도란도란(전2권) 이상섭 팩션집
폭식광대 권리 소설집
생각하는 사람들(전2권) 정영선 장편소설
삼겹살(전2권) 정형남 장편소설
1980(전2권) 노재열 장편소설
물의 시간(전2권) 정영선 장편소설
나는 나(전2권) 가네코 후미코 옥중수기
토스쿠(전2권) 정광모 장편소설
가을의 유머 박정선 장편소설
붉은 등, 닫힌 문, 출구 없음(전2권)
김비 장편소설
편지 정태규 창작집
진경산수 정형남 소설집
노루똥 정형남 소설집
유마도(전2권) 강남주 장편소설
레드 아일랜드(전2권) 김유철 장편소설
화염의 탑(전2권)
후루카와 가오루 지음 | 조정민 옮김
감꽃 떨어질 때(전2권) 정형남 장편소설
칼춤(전2권) 김춘복 장편소설
목화-소설 문익점(전2권) 표성흠 장편소설
번개와 천둥(전2권) 이규정 장편소설
밤의 눈(전2권) 조갑상 장편소설
사할린(전5권) 이규정 현장취재 장편소설
테하차피의 달 조갑상 소설집
무위능력 김종목 시조집
금정산을 보냈다 최영철 시집

## 인문

파리의 독립운동가 서영해 정상천 지음
삼국유사, 바다를 만나다 정천구 지음
대한민국 명찰답사 33 한정갑 지음
효 사상과 불교 도웅스님 지음
지역에서 행복하게 출판하기 강수걸 외 지음
재미있는 사찰이야기 한정갑 지음
귀농, 참 좋다 장병윤 지음
당당한 안녕-죽음을 배우다 이기숙 지음
모녀5세대 이기숙 지음
한 권으로 읽는 중국문화
공봉진 · 이강인 · 조윤경 지음
차의 책 The Book of Tea
오카쿠라 텐신 지음 | 정천구 옮김
불교(佛敎)와 마음 황정원 지음
논어, 그 일상의 정치(전5권) 정천구 지음
중용, 어울림의 길(전3권) 정천구 지음
맹자, 시대를 찌르다(전5권) 정천구 지음
한비자, 난세의 통치학(전5권) 정천구 지음
대학, 정치를 배우다(전4권) 정천구 지음